卓越涉外法治人才培养系列教程

丛书主编 ◎ 苗连营

涉外刑事诉讼
案例教程

主　编 ◎ 卢少锋
副主编 ◎ 崔　玮　马春娟　张志英

知识产权出版社
全国百佳图书出版单位
—北京—

图书在版编目（CIP）数据

涉外刑事诉讼案例教程/卢少锋主编；崔玮，马春娟，张志英副主编. —北京：知识产权出版社，2024.10. —（卓越涉外法治人才培养系列教程/苗连营主编）. —ISBN 978-7-5130-8291-4

Ⅰ. D925.205

中国国家版本馆 CIP 数据核字第 2024798CS9 号

责任编辑：李芸杰　　　　　　　　　责任校对：潘凤越
封面设计：戴　鹏　　　　　　　　　责任印制：刘译文

卓越涉外法治人才培养系列教程

涉外刑事诉讼案例教程

主　编◎卢少锋

副主编◎崔　玮　马春娟　张志英

出版发行：知识产权出版社 有限责任公司	网　　址：http://www.ipph.cn
社　　址：北京市海淀区气象路50号院	邮　　编：100081
责编电话：010-82000860 转 8739	责编邮箱：liyunjie2015@126.com
发行电话：010-82000860 转 8101/8102	发行传真：010-82000893/82005070/82000270
印　　刷：天津嘉恒印务有限公司	经　　销：新华书店、各大网上书店及相关专业书店
开　　本：787mm×1092mm　1/16	印　　张：11.75
版　　次：2024年10月第1版	印　　次：2024年10月第1次印刷
字　　数：256千字	定　　价：46.00元
ISBN 978-7-5130-8291-4	

出版权专有　侵权必究

如有印装质量问题，本社负责调换。

编 委 会

主　编　卢少锋

副主编　崔　玮　马春娟　张志英

编　委　张英哲　丰怡凯　王英杰
　　　　马若飞　刘　畅　王云伊

总　序

习近平总书记指出："加强涉外法治建设既是以中国式现代化全面推进强国建设、民族复兴伟业的长远所需，也是推进高水平对外开放、应对外部风险挑战的当务之急。"涉外法治工作不仅是全面依法治国的重要组成部分，也是统筹"两个大局"在法治领域的具体体现。作为中国特色社会主义法治体系的重要组成部分，涉外法治事关全面依法治国的实现，有利于更好地在法治轨道上全面建设社会主义现代化国家。

涉外法治人才在涉外法治建设中具有源头性、基础性和战略性的地位和作用。涉外法治的建设离不开涉外法治人才的培养。党的二十届三中全会通过的《中共中央关于进一步全面深化改革 推进中国式现代化的决定》更进一步强调，加强涉外法治建设，建立一体推进涉外立法、执法、司法、守法和法律服务、法治人才培养的工作机制，完善以实践为导向的法学院校教育培养机制。教育部高等教育司《关于开展2024年度普通高等学校本科专业设置工作的通知》也支持高校面向涉外法治领域布局相关专业，有的放矢培养国家战略人才和急需紧缺人才。加强涉外法治人才培养是系统工程，高校是人才培养的主阵地，要充分发挥高校在涉外法治人才培养中的"主力军"作用，大力推进涉外法治人才培养的教育改革和要素配置，加强制度设计和资源协同。学科体系、教学体系、课程体系和教材体系是涉外法治人才培养的核心要素，这些要素解决的是培养什么样的涉外法治人才的问题，需要合理配置，统筹考虑。

郑州大学法学院一直以来高度重视涉外法治建设和涉外法治人才培养。特别是2023年12月入选全国首批涉外法治人才协同培养创新基地（培育）名单后，学院打破学科院系壁垒、整合相关校内外资源，重构人才培养方案，联合共建单位的特色涉外法治资源，组织出版这套"卓越涉外法治人才培养系列教程"。该系列教程坚持以实践为导向，以其独特的编纂理念与方法，力争为涉外法治人才培养的困境提供破局之策。该系列教程以精炼的知识要点为引领，化繁为简，有效帮助学生搭建所学知识的思维框架。采用经典案例，通过介绍基本案情，提炼存在的主要法律问题及其法律依据，同时对案例进行理论和实操分析，以针对性地回应所学知识，并设置思考题，鼓励、启发学生持续性学习。一些具有丰富实践经验的涉外实务部门专家也参与了该系列教程的编写，所选案例均改编自司法实践中的真实案例。

当今世界正经历百年未有之大变局，我国正以前所未有的广度和深度参与国际竞争和全球治理。无论是推动贸易和投资自由化、便利化，建设更高水平开放型经济新体制，还是积极参与全球治理体系改革和建设，都对涉外法治人才的实践能力和综合素质提出了更高要求。郑州大学法学院将以该系列教程的出版为契机，致力于培养出一批政治立场坚定、专业素质过硬、通晓国际规则、精通涉外法律实务的涉外法治人才，为中国式现代化的稳健前行筑牢人才基石，为全球法治的进步与发展中的中国智慧、中国方案贡献郑大力量。

需要说明的是，由于编者的能力和水平有限，教程中的错讹之处在所难免，敬请诸位方家批评指正。

是为序。

苗连营

郑州大学法学院院长、教授

2024 年 8 月 23 日

前言

近些年来，全国各级司法机关办理涉外案件数量日益增多，特别是我国《国际刑事司法协助法》颁布以来，诸如如何进行境外取证、境外证据如何转换等问题，已成为办好涉外案件的关键环节。涉外法学素质教育的本质应当是培养学生理解法律运行的内在规律，运用法律解决实际涉外问题的能力，而不是单纯地灌输知识。这对涉外法学科学生提出了更高的要求，迫切需要有针对性、实操性、创新性的涉外刑事诉讼案例教材与之匹配。

基于此，本教材精选司法实践中的涉外真实案例，分析涉外刑事案件办理的基本理论，将相关理论融入案例的解决中，并举一反三，总结实操技巧，启发学生对类案解决的思路，培养涉外案件办理的能力。因此，本书的编写具有一定的针对性、创新性、实用性。

《涉外刑事诉讼案例教程》由主编卢少锋提出编写大纲，拟定编写目录并提出撰写方法，进行分工写作。参与编写的人员包括高校教师和法官、检察官等实务工作者，他们分别来自郑州大学、中南财经政法大学、河南财经政法大学等科研单位及河南省人民检察院、云南省高级人民法院、苏州市相城区人民法院等实务部门。

本书主要分工如下：

卢少锋（郑州大学）：前言，第一、二、三章，第六章第二、三、四节；

马春娟（郑州大学）：第三章第二节，第六章；

丰怡凯（中南财经政法大学）：第四章；

张志英（郑州大学）：第五、七章；

崔玮（郑州大学）：第八、十章；

张英哲（河南财经政法大学）：第九章；

王云伊（河南大学）：第三章第一节。

本书编写中，十余名诉讼法专业研究生积极参加了本书的案例收集、初稿编校等工作，他们从最高人民检察院公报、最高人民法院指导性案例、中国裁判文书网、北大法宝等案例库中，经海量收集、披沙拣金，精心筛选出典型的涉外刑事诉讼案例，付出了艰辛努力。此外，王英杰（河南省人民检察院检察官，法学硕士）、马若飞（云南省高级人民法院法官，法学博士）、刘畅（苏州市相城区人民法院法官，法学硕士）等实务专家也参与了本书的编校，在此一并感谢。全书经反复修改、打磨，最后由主编定稿。由于编者水平有限，在编写中难免挂一漏万，有不足之处，欢迎读者提出指正意见，以便我们予以改进。

卢少锋
2024 年 6 月

目　录

第一章　涉外刑事诉讼的概述 ································· 001

　　第一节　涉外刑事诉讼的界定 ································· 001
　　　　案例一　黄某金故意杀人案 / 1
　　第二节　涉外刑事诉讼的特点 ································· 007
　　　　案例二　席某瓦掩饰、隐瞒犯罪所得案 / 007

第二章　涉外刑事诉讼的特有原则 ································· 015

　　第一节　外国籍当事人域内犯罪的特有诉讼原则 ················ 015
　　　　案例一　上海世贸商城钻石盗窃案 / 016
　　第二节　中国公民域外犯罪的特有诉讼原则 ···················· 021
　　　　案例二　黄某兴等绑架案 / 021

第三章　涉外刑事诉讼的管辖 ································· 028

　　第一节　涉外刑事管辖的基本规定 ···························· 028
　　　　案例一　朱某等拐卖妇女、诈骗案 / 028
　　第二节　涉外重婚犯罪案件的管辖 ···························· 033
　　　　案例二　桥某甲诉桥某乙重婚案 / 034

第四章　涉外刑事诉讼的辩护 ································· 037

　　第一节　涉外刑事诉讼中的辩护权 ···························· 037
　　　　案例一　岩某、岩某勒走私、贩卖、运输、制造毒品案 / 037
　　第二节　涉外刑事诉讼中辩护人的产生方式 ···················· 041
　　　　案例二　金某职务侵占案 / 042
　　　　案例三　陈某雄故意伤害案 / 042
　　第三节　涉外刑事诉讼中常见的辩护类型 ······················ 048

案例四　斯某故意伤害案／049
　　案例五　李某伟合同诈骗案／050
　　案例六　欧某到贩卖毒品案／051
　　案例七　秦某、王某、刘某、祁某掩饰、隐瞒犯罪所得案／052
　　案例八　李某南故意杀人案／054

第五章　涉外刑事诉讼的证据 …………………………………………… 063
第一节　涉外刑事诉讼证据的审查认定 ………………………………… 063
　　案例一　陈某、韦某犯走私普通货物罪一案／063
第二节　涉外刑事诉讼证据的合法性和关联性认定 …………………… 069
　　案例二　梁某伟走私普通货物、物品罪／070

第六章　涉外刑事诉讼的强制措施 ……………………………………… 075
第一节　涉外刑事诉讼中的取保候审 …………………………………… 075
　　案例一　吴某偷越国境案／076
第二节　涉外刑事诉讼中的监视居住 …………………………………… 082
　　案例二　史某组织他人偷越国（边）境案／083
第三节　涉外刑事诉讼中的拘留 ………………………………………… 088
　　案例三　乔治某故意伤害案／088
第四节　涉外刑事诉讼中的逮捕 ………………………………………… 094
　　案例四　阮某心诈骗案／094

第七章　涉外刑事诉讼的审前程序 ……………………………………… 100
第一节　涉外刑事案件的侦查取证 ……………………………………… 100
　　案例一　李某南故意杀人案／100
第二节　涉外刑事案件的立案与审查起诉 ……………………………… 105
　　案例二　张某闵等52人电信网络诈骗案／106

第八章　涉外刑事诉讼的一审程序 ……………………………………… 114
第一节　涉外刑事一审中外国籍当事人的国籍认定 …………………… 114
　　案例一　胡某涉黑案／114
第二节　涉外刑事一审中为外国籍当事人提供翻译 …………………… 119
　　案例二　拉某走私毒品案／119
第三节　涉外刑事诉讼一审案件的管辖 ………………………………… 123
　　案例三　桥某甲诉桥某乙重婚案／123

第九章　涉外刑事诉讼的复审程序 ·· 129

第一节　涉外刑事诉讼的第二审程序 ·· 129
案例一　罗某走私毒品案／129

第二节　涉外刑事诉讼的审判监督程序 ·· 136
案例二　罗某故意伤害案／136

第三节　涉外刑事诉讼的死刑复核程序 ·· 142
案例三　秦某故意杀人案／142

第十章　涉外刑事司法协助 ·· 147

第一节　涉外刑事司法协助的界定 ·· 147
案例一　黄某金故意杀人案／147

第二节　涉外刑事司法协助的原则和依据 ·· 153
案例二　李某贪污案／153

第三节　涉外刑事司法协助中的"或引渡或起诉" ·· 159
案例三　李某南故意杀人案／159

第四节　涉外刑事司法协助中的办案机关及证据交换 ·· 163
案例四　席某瓦掩饰、隐瞒犯罪所得案／163

第五节　涉外刑事移管 ·· 167
案例五　崔某某刑罚执行转换案／168

主要参考文献 ·· 173

第一章
涉外刑事诉讼的概述

本章知识要点

（1）涉外刑事案件是指以下几类案件：在中华人民共和国领域内，外国人犯罪或者中国公民对外国或者外国人犯罪的刑事案件；在中华人民共和国领域外，符合我国《刑法》规定情形的中国公民犯罪或者外国人对中国国家和公民犯罪的案件；中国所承担国际条约义务范围内行使管辖权的案件。（2）涉外刑事诉讼是指刑事诉讼活动涉及外国人或无国籍人，或者某些诉讼活动需要在国外进行的情况。涉外刑事诉讼包括涉外案件的刑事诉讼，但又不仅指涉外案件的刑事诉讼。（3）涉外刑事诉讼具有诉讼标的涉外性、法律适用双重性、法律规定特殊性的特点。

第一节　涉外刑事诉讼的界定

涉外刑事案件作为法律实践中的独特领域，其范畴明确界定为：一是在我国境内发生的涉及外国籍人士的犯罪案件，以及我国公民针对外国或外国籍个人的刑事犯罪；二是在境外发生，但依据我国《刑法》需追究责任的案件，包括中国公民的犯罪行为及针对我国利益的外国犯罪；三是我国依据国际条约所承担司法管辖的案件。涉外刑事诉讼，则特指那些因涉及外国籍或无国籍个人，以及诉讼程序需跨国执行的特殊刑事诉讼情况，它不仅限于纯粹的涉外案件，还涵盖更广泛复杂的司法互动。

案例一　黄某金故意杀人案[①]

【基本案情】

2004年1月，被告人黄某金与妻子持旅游签证赴日投靠朋友孟某平一同居住。

[①] 参见上海市第二中级人民法院（2017）沪02刑终532号刑事裁定书。

2004年7月19日中午，因被告人黄某金未陪同被害人孟某平外出购物，二人发生争执，孟某平要求黄某金立即搬出其住所，随后发生肢体冲突。黄某金持刀追刺孟某平至公寓门前的道路，追上后将刀连续刺入孟某平的胸部及背部等处。经鉴定，孟某平系因前胸部心脏刺创导致的瞬间大量失血过多而死亡，该前胸部心脏刺创系致命伤。

2004年12月17日，东京地方法院以被告人黄某金犯故意杀人罪、非法滞留罪，合并判处其有期徒刑十一年。被害人孟某平家属认为日本法院判罚过轻，坚持要求我国司法机关追究被告人黄某金的刑事责任。2014年12月2日，黄某金在日本被假释。同年12月12日，上海市公安局在虹桥国际机场将被日本遣返回国的黄某金抓获，以涉嫌故意杀人罪对黄某金刑事拘留，羁押于上海市看守所。黄某金在接受上海市公安局侦查员讯问时，辩称日本司法机关伪造证据、制造假案，且情绪激动，但黄某金在日本法院接受审判时认罪态度较好，且从移送的证据材料看，黄某金所谓日方制造假案的辩解没有任何依据。对此，上海市公安局认为有必要对其进行精神病鉴定，于2014年12月17日至2016年1月4日，申请并委托复旦大学医学院司法鉴定中心对犯罪嫌疑人黄某金进行精神病司法鉴定，鉴定结论为：黄某金目前无精神病、具有受审能力。

2015年1月28日，上海市公安局根据《中华人民共和国和日本国关于刑事司法协助的条约》（以下简称《中日刑事司法协助条约》），通过公安部向日本法务省提出刑事司法协助请求，拟与上海市人民检察院第二分院共同组成工作小组赴日本调取黄某金故意杀人案的证据材料。赴日前，检察机关针对案件事实提出调查核实建议，会同公安机关拟定了《黄某金故意杀人案赴日工作提纲》，先行将该工作提纲提供给日方，拟从提取物证、现场调查、询问证人、询问鉴定人、了解黄某金假释情况等方面开展调查，并专门和工作组主检法医商定了询问司法解剖执刀医生的方案。2015年12月7日至12月12日，上海市公安局刑侦部门与上海市人民检察院第二分院侦查监督部门组成联合工作组，赴日本调查核实证据。在日期间，日本警方根据联合工作组的要求，对担任本案司法解剖的执刀医生、鉴定书制作人以及侦查人员进行询问，赴案发现场再次勘查周边地形环境、被害人被害位置以及目击证人案发时所处位置，并出具相应的答复书、报告书。上述材料以及日本转递的东京地方法院判决认定的相关证据均依照《中日刑事司法协助条约》规定的方式获取，并由日本法务省盖章确认，具备了相应的证据资格。

2016年1月12日，上海市人民检察院第二分院批准逮捕黄某金。2016年5月24日，上海市杨浦区人民检察院以被告人黄某金犯故意杀人罪向上海市杨浦区人民法院提起公诉。2017年4月6日，上海市杨浦区人民法院经审理认为，被告人黄某金持刀故意非法剥夺他人生命，符合我国《刑法》关于故意杀人罪的规定，公诉机关指控的罪名成立，鉴于被告人黄某金已在外国受过刑罚处罚，以故意杀人罪判处黄某金有期徒刑八年。黄某金不服一审判决，提出上诉。2017年6月7日，上海市第二中级人民法院裁定驳回上诉，维持原判。

【主要法律问题】

（1）本案是否属于涉外刑事诉讼？
（2）我国司法机关对本案是否有管辖权？
（3）外国法院审判后，我国司法机关能否继续追究被告人的刑事责任？

【主要法律依据】

《最高人民法院关于适用〈中华人民共和国刑事诉讼法〉的解释》（2021年3月1日起施行）

第475条　本解释所称的涉外刑事案件是指：

（一）在中华人民共和国领域内，外国人犯罪或者我国公民对外国、外国人犯罪的案件；

（二）符合刑法第7条、第10条规定情形的我国公民在中华人民共和国领域外犯罪的案件；

（三）符合刑法第8条、第10条规定情形的外国人犯罪的案件；

（四）符合刑法第9条规定情形的中华人民共和国在所承担国际条约义务范围内行使管辖权的案件。

第477条　外国人的国籍，根据其入境时持用的有效证件确认；国籍不明的，根据公安机关或者有关国家驻华使领馆出具的证明确认。

《中华人民共和国刑法》（2023年12月修正）

第7条　中华人民共和国公民在中华人民共和国领域外犯本法规定之罪的，适用本法，但是按本法规定的最高刑为三年以下有期徒刑的，可以不予追究。

中华人民共和国国家工作人员和军人在中华人民共和国领域外犯本法规定之罪的，适用本法。

第8条　外国人在中华人民共和国领域外对中华人民共和国国家或者公民犯罪，而按本法规定的最低刑为三年以上有期徒刑的，可以适用本法，但是按照犯罪地的法律不受处罚的除外。

第9条　对于中华人民共和国缔结或者参加的国际条约所规定的罪行，中华人民共和国在所承担条约义务的范围内行使刑事管辖权的，适用本法。

第10条　凡在中华人民共和国领域外犯罪，依照本法应当负刑事责任的，虽然经过外国审判，仍然可以依照本法追究，但是在外国已经受过刑罚处罚的，可以免除或者减轻处罚。

【理论分析】

一、涉外刑事诉讼的界定

1. 涉外案件的刑事诉讼

涉外刑事案件是指属人或属地具有涉外因素,以及属于普遍管辖的刑事案件,具体包括四类:在中华人民共和国领域内,外国人犯罪或者我国公民对外国、外国人犯罪的案件;符合《刑法》第7条、第10条规定情形的我国公民在中华人民共和国领域外犯罪的案件;符合《刑法》第8条、第10条规定情形的外国人犯罪的案件;符合《刑法》第9条规定情形的中华人民共和国在所承担国际条约义务范围内行使管辖权的案件。

认定是否属于涉外刑事案件,主要依据人和地两方面来判断:

首先是人的判断。即外国人在中华人民共和国领域内的犯罪,以及外国人在中华人民共和国领域外对中国国家和中国公民的犯罪。这里需要注意的是,外国人在中国领域外对中国国家或者中国公民犯罪,最低刑为三年以上有期徒刑的,可以适用我国刑法,但是按照犯罪地的法律不受处罚的除外。另外,外国人在域外对外国人的犯罪不具备涉外性。此外,虽然在中国领域内,如果我国公民对外国或外国人犯罪,即被害人为外国或外国人,同样属于涉外案件。

其次是地的判断。任何在中华人民共和国领域内(包括领陆、领水、领空以及根据国际法视为领土延伸的部分,例如悬挂中国国旗的航空器和船舶)实施的犯罪行为,不论行为人是本国人还是外国人,我国均有权管辖。但并非我国有权管辖的案件均属于涉外案件,这是两个不同的概念,牵涉适用普通刑事诉讼程序还是涉外刑事诉讼程序的问题。例如,在中国的飞机离境后降落美国机场前,中国人甲殴打中国人乙构成故意伤害罪,显然不具备涉外性。在中国领域内,外国人对中国人犯罪属于涉外案件,自不待言,那么外国人对外国人犯罪呢?在这里,尽管地域上不具备涉外性,但外国人这一要素具备,当然也属于涉外案件。此外,对于中国缔结或者参加的国际条约所规定的罪行,中国在所承担条约义务的范围内行使刑事管辖权的,也属于涉外案件。目前我国已经加入的重要国际公约有《联合国反腐败公约》《联合国打击跨国有组织犯罪公约》等,我国在适用这些条约时,对所管辖的犯罪可能适用涉外刑事诉讼程序。

2. 涉外刑事诉讼

涉外刑事案件适用的程序叫作"涉外案件的刑事诉讼",与"涉外刑事诉讼"并不完全等同。涉外刑事诉讼包括涉外案件的刑事诉讼,以及非涉外案件中,某些活动需要在国外进行的刑事诉讼。在司法实践中,有些案件不是涉外案件,但案发时或案发后的一些特殊情况,使这些案件的诉讼活动需要在国外进行。例如,案件中的目击证人在诉讼时身在国外,需要通知其出庭作证。再如,案件发生后,犯罪嫌疑人潜逃国外等。在影响重大的程某昌贪污案中①，我们可以看到，被告人程某昌犯罪时系中国人，所涉及的犯罪也是在中国境内实施，因而不具有涉外因素。但其案发后潜逃境外，本案虽然采用的是刑事缺席审判程序，但送达起诉书、判决书等活动需要在国外进行或需要其他国家进行司法协助等②，因而从性质上来说，该案虽不属于涉外案件，不是涉外案件的刑事诉讼，却属于涉外刑事诉讼，因而可以适用相关规定。

二、本案评析

1. 本案应当适用涉外刑事诉讼程序

本案中，被告人黄某金虽然在日本境内实施了犯罪行为，但其属于中国人，具备属人因素，因而具备诉讼标的涉外性，属于涉外案件的刑事诉讼。我国司法机关对本案当然具备合法且必要的管辖权。依据《刑法》第7条所确立的属人管辖原则，中华人民共和国公民在中华人民共和国领域之外，若触犯我国刑法中所列举的罪行，无论其身处何地，我国刑法依然适用。同时，依照该条的规定，如果最高刑期不超过三年有期徒刑的，可选择不予追究。但在本案中，被告人黄某金与被害人孟某平均为中华人民共和国公民，黄某金涉嫌的是故意杀人罪，其法定最高刑期显然超过三年有期徒刑，因此，本案完全满足属人管辖原则的适用条件。

2. 我国司法机关可以继续追责

根据《刑法》第10条之规定，无论犯罪行为发生在何国，只要依照我国刑法，行为人应对其行为承担刑事责任，即使该行为已在国外受到审判并施以刑罚，我国司法机关仍可根据国家主权原则，继续追究其刑事责任，不过既然在外国已接受刑罚处罚的，我国司法机关在后续追诉过程中，可依法减轻或免除其刑罚。具体到本案，尽管黄某金已在日本东京地方法院接受了审判并被判处相应刑罚，但鉴于其中国公民身份以及其犯罪行为对另一位中国公民生命权的侵害，我国司法机关立足于捍卫本国公民合法权益的角度，完全有权力对其进行追诉。

针对此类在国外犯罪且已受外国审判，但按照我国刑法规定仍需承担刑事责任的中国公民，如外国判决未得到我国的承认或执行，我国司法机关依法享有再次进行追诉的权力。在这一过程中，我国司法机关会充分考量行为人已承受的外国刑罚，确保在量刑阶段作出适当调整，避免出现重复处罚的现象，以体现司法公正与人道主义精神。综上所述，尽管黄某金已在日本服刑，但鉴于案件的涉外性、犯罪性质及我国司法管辖权的适用，我国司法机关依法对其展开追诉，既体现了对本国公民权益的有力

---

① 该案被称为中国"刑事缺席审判第一案"。程某昌外逃前历任河南省漯河市委书记、豫港公司董事长等职。任职期间，他利用担任豫港公司董事长的职务便利，贪污公款308万余元。案发后，程某昌于2001年2月潜逃国外。2002年2月8日，公安部通过国际刑警组织对其发出红色通报。2015年4月，中央追逃办将其列入"百名红通人员"，但程某昌一直未归案。2021年12月9日，郑州市人民检察院对程某昌贪污案提起公诉，郑州市中级人民法院开庭审理，于2022年1月17日公开宣判，判处被告人程某昌有期徒刑12年，并处罚金人民币50万元。

② 该案中，郑州市人民检察院积极探索刑事司法协助送达、警务执法合作送达等多种涉外送达方式，使传票和起诉书副本等法律文书准确送达程某昌本人。

保障，又严格遵循了国际司法合作的原则与我国刑法的相关规定。

【实操分析】

一、规范域外调查取证

域外调查取证要遵守正当程序。尽管黄某金的犯罪行为发生于日本境内，并已在日本司法体系下接受审判，但由于本案的被害人孟某平系中国公民，我国司法机关依据属人管辖原则，以及出于对本国公民权益的坚定保护，确立了对本案的司法管辖权。为确保案件审理的公正性和合法性达到国际标准，上海市公安局积极启动与日本法务省的刑事司法协助机制，派遣专门人员赴日，对黄某金故意杀人案的关键证据进行全面、深入的调取。这些证据涵盖了物证、现场勘查记录、司法解剖报告、证人证言等多个维度，力求构建严谨、完整的证据链条。所有从日本获取的证据材料均经由日本法务省正式盖章确认，从而确保其在国际司法领域的互认性和法律效力，为后续的国内司法程序提供了坚实的证据基础。

二、重视涉外权利保障

涉外刑事诉讼中要高度重视、充分保障当事人的正当权利。针对黄某金提出的日本司法机关存在伪造证据、制造假案的辩解，上海市公安局坚持公正、公开的司法原则，主动申请并委托权威的专业机构——复旦大学医学院司法鉴定中心，对黄某金的精神状态进行科学、严谨的司法鉴定。鉴定结果明确指出，黄某金并无任何精神病症状，具备完全的受审能力，从而有效排除了因其精神状况可能导致的诉讼程序障碍，确保了案件审理的正常推进。

三、注重涉外程序协作

涉外案件要注重国际合作和程序衔接。上海市司法机关在处理此案的过程中，充分发挥国际刑事司法协助机制的作用，与日本警方建立了紧密的合作关系，双方共同对案件证据进行深入调查、核实，形成了一条完整、翔实且无可辩驳的证据链。待关键证据收集完毕并顺利引渡回国后，我国司法机关严格按照中国法律法规，历经刑事拘留、批准逮捕、提起公诉、开庭审理等一系列法定程序，确保了黄某金在每个诉讼阶段均能充分行使自己的法定权利，彰显了我国司法体系对程序正义的坚守。

四、审慎考虑量刑折抵

涉外案件要审慎量刑、合理折抵。上海市杨浦区人民法院在对黄某金作出判决时，即充分考虑了其已在日本服刑的事实，在量刑时审慎考量，对其在日本已承受的刑罚进行了合理折抵，最终判处其有期徒刑八年。这一判决不仅体现了我国司法机关在处理涉外刑事案件时，能够坚持独立行使审判权，尊重并整合国际司法合作的成果，更实现了对跨国犯罪行为的有效惩治。与此同时，本案全过程亦生动展示了我国司法系统在处理涉外案件时，对国际法、国际刑事司法协助条约的严格遵守与高效执行，展现出我国司法的开放性与国际化水平。

【思考题】

(1) 为什么外国法院审判后，我国法院仍能追究被告人法律责任？
(2) 我国法院和外国法院在证据互认上存在哪些难题？

第二节　涉外刑事诉讼的特点

涉外刑事诉讼的重点是涉外案件的刑事诉讼，因而具有诉讼标的涉外性。同时，基于加强对外国人的权利保障，避免出现外交纠纷，涉外刑事诉讼在强制措施采取、犯罪嫌疑人和被告人的辩护权保障、境外证据审查、法庭审理、领事探视以及域外送达等方面均有其法律规定的特殊性。另外，涉外刑事诉讼还具有法律适用双重性的特点。

案例二　席某瓦掩饰、隐瞒犯罪所得案[①]

【基本案情】

被告人席某瓦，男，1990年5月4日出生，格鲁吉亚人，大学文化，西安某足球学校教练，住西安市雁塔区。

2018年8月1日14时左右，席某瓦的同国籍朋友班某亚在西安市雁塔区某小区物业收费处，使用假枪抢走该小区物业部收取的物业费人民币67682元。事后，班某亚分两次将20000元现金交给席某瓦，并告知这是其抢劫小区物业部的物业费，让其帮助购买回国机票。席某瓦从该20000元中支出4255元用于帮班某亚购买回国机票。班某亚后又将47000余元藏在席某瓦家中的鞋盒里。

2018年8月2日，班某亚潜逃回格鲁吉亚，在席某瓦送班某亚去机场的路上，班某亚再次告知这笔钱是其抢劫小区物业部的钱。2018年8月4日、8月11日、8月13日，席某瓦通过其本国朋友娜某（具体身份信息不详）分三次将该笔赃款中的20795元转账给已回格鲁吉亚的班某亚；剩余赃款除在席某瓦的中国银行借记卡中查扣的14033.87元、在其家中查扣的6082元外，被席某瓦用于日常花销、偿还自身债务及支付房屋租金。

2018年8月1日，西安市公安局雁塔分局接被害人报案后以抢劫罪立案侦查。后在侦查过程中发现涉案相关赃款存入了席某瓦的个人账户，于2018年8月24日将席某瓦抓获归案。公安机关在讯问犯罪嫌疑人席某瓦时，因时间紧迫没有聘请到格鲁吉亚语翻译，所以采取了通过英语翻译与犯罪嫌疑人交流的方式，并为其翻译笔录内容。

---

① 参见陕西省西安市碑林区人民法院（2020）陕0103刑初111号刑事判决书。

2018年9月26日,席某瓦被西安市雁塔区人民检察院以掩饰、隐瞒犯罪所得罪批准逮捕。2018年12月29日,西安市人民检察院指定西安市碑林区人民检察院管辖。2019年1月23日,因部分事实不清、证据不足,检察机关将案件退回公安机关补充侦查。2019年2月18日,公安机关补充侦查完毕后重新移送检察机关审查起诉。经审查,检察机关认为案件关键证据缺乏,一是无法确定上游犯罪是由谁实施的,不属于上游犯罪已经查证属实;二是本案犯罪嫌疑人席某瓦是否属于抢劫罪的共犯,在班某亚未到案的情况下,无法确定;三是本案犯罪嫌疑人席某瓦供述的将部分赃款通过娜某转给已经回国的班某亚一事,因未找到娜某,未调取到相关的转账记录,也无法证实。2019年3月18日,检察机关第二次将案件退回公安机关补充侦查,建议公安机关重点查证上游犯罪的具体情况以及本案犯罪嫌疑人席某瓦是否参与了抢劫。审查起诉阶段,被告人对语言问题提出异议,检察机关通过专业的翻译公司联系到外地的格鲁吉亚语翻译人员,通过翻译告知被告人诉讼权利义务的内容,解释相关罪名、法律术语的含义及司法文书的内容,被告人对此表示认可。

根据检察机关的建议,2019年12月14日,西安市公安局雁塔分局工作组赴格鲁吉亚开展调查取证工作。在我国驻格鲁吉亚使馆的协助下,工作组与格鲁吉亚哥里市地方检察院办案人员及内务部调查人员进行了沟通,并通过当地警方对班某亚进行了询问,同时也对班某亚及其律师的提问作了回答。工作组还提取了班某亚的笔迹,并请求格方执法机关提取班某亚的DNA信息后尽快将上述证据移送给我方。

格鲁吉亚总检察院在与中方工作组会面期间表示,希望中方将班某亚的犯罪证据材料通过外交途径提供给格方,格鲁吉亚总检察院将进行研判,拟提请法院对班某亚进行审判,并将在第一时间告知中方对班某亚的处理结果。根据格方请求,工作组在回国前通过我国驻格鲁吉亚使馆将侦查中取得的相关证据移交给了格方。

2019年5月31日,西安市碑林区人民检察院将案件起诉至西安市碑林区人民法院(起诉书翻译成格鲁吉亚语文本);因调取证据问题,分别于2019年9月9日和2019年12月2日两次申请延期审理;2020年1月2日,申请恢复庭审。西安市碑林区人民法院开庭审理本案,并聘请英语翻译参与庭审,现场告知了被告人权利义务,并询问被告人是否同意使用英语翻译,被告人表示同意。2020年6月23日,西安市碑林区人民法院判决席某瓦犯掩饰、隐瞒犯罪所得罪,判处有期徒刑一年又十一个月,并处罚金人民币5万元,附加驱逐出境。

【主要法律问题】

(1) 本案是否属于涉外刑事诉讼?我国司法机关对本案是否具有管辖权?

(2) 涉外刑事诉讼有何特点?

(3) 本案中,西安市公安局雁塔分局工作组赴格鲁吉亚开展调查取证工作是否存在法律依据?

【主要法律依据】

《中华人民共和国刑事诉讼法》（2018年10月修正）

第18条　根据中华人民共和国缔结或者参加的国际条约，或者按照互惠原则，我国司法机关和外国司法机关可以相互请求刑事司法协助。

《最高人民法院关于适用〈中华人民共和国刑事诉讼法〉的解释》（2021年3月1日起施行）

第491条　请求和提供司法协助，应当依照《中华人民共和国国际刑事司法协助法》、我国与有关国家、地区签订的刑事司法协助条约、移管被判刑人条约和有关法律规定进行。

对请求书的签署机关、请求书及所附材料的语言文字、有关办理期限和具体程序等事项，在不违反中华人民共和国法律的基本原则的情况下，可以按照刑事司法协助条约规定或者双方协商办理。

《中华人民共和国刑法》（2023年12月修正）

第6条　凡在中华人民共和国领域内犯罪的，除法律有特别规定的以外，都适用本法。

凡在中华人民共和国船舶或者航空器内犯罪的，也适用本法。

犯罪的行为或者结果有一项发生在中华人民共和国领域内的，就认为是在中华人民共和国领域内犯罪。

《中华人民共和国国际刑事司法协助法》（2018年10月26日起施行）

第5条　中华人民共和国和外国之间开展刑事司法协助，通过对外联系机关联系。

中华人民共和国司法部等对外联系机关负责提出、接收和转递刑事司法协助请求，处理其他与国际刑事司法协助相关的事务。

中华人民共和国和外国之间没有刑事司法协助条约的，通过外交途径联系。

【理论分析】

一、涉外刑事诉讼的特点

涉外刑事诉讼主要有诉讼标的涉外性、法律适用双重性和法律规定特殊性三个特点。

1. 诉讼标的涉外性

涉外刑事诉讼的重点是涉外案件的刑事诉讼，因而，诉讼标的具有属人或属地的涉外因素，就是其显著特征。

首先是当事人具有涉外性。即涉外刑事案件中，犯罪嫌疑人和被告人系外国人或无国籍人，或者被害人为外国或外国人。外国人的国籍，根据其入境时持用的有效证件确认；国籍不明的，根据公安机关或者有关国家驻华使领馆出具的证明确认。至于证人等诉讼参与人如果是外国人或无国籍人，其所涉及的案件并不属于涉外刑事案件，不具备诉讼标的涉外性。但如前所述，由于涉及涉外送达、通知、告知诉讼权利等活动，可能需要在域外进行，属于涉外刑事诉讼，遵循相关的法律规定。

其次是犯罪地域具有涉外性。即犯罪发生在中华人民共和国领域外，包括发生在外国境内、公海等。这里需要注意的是，犯罪的行为和结果是不是都必须发生在域外，才具有涉外性？根据《刑法》第6条的规定，凡在中国领域内犯罪的，除法律有特别规定的以外，都适用本法。犯罪的行为或者结果有一项发生在中国领域内的，就认为是在中国领域内犯罪。据此可以推断，犯罪的行为或者结果有一项发生在域外，一项发生在域内，不属于域外犯罪，因而，域外犯罪需要犯罪的行为和结果均发生在域外。此外，在中国船舶或者航空器内犯罪的，不属于域外犯罪，因为我国的船舶或者航空器系我国的"移动领土"，属于域内。

2. 法律适用双重性

法律适用双重性，即在涉外刑事诉讼中可能会涉及两种或两种以上的法律体系，既包括中国国内的刑法和刑事诉讼法，也可能涉及国外的法律以及国际条约、公约等。法律的适用需要遵循属地原则、属人原则、保护原则和普遍原则等，以及相关的国际法律文件，以此来确定哪一国家或哪些国家的法律适用于案件。例如，在影响重大的中国留学生江某被杀案件[①]中，日本东京地方裁判所以故意杀人罪和恐吓罪判处被告人陈某某有期徒刑二十年，虽然经过了日本司法机关的审判，依据我国刑法保护管辖的规定，我国对此案仍拥有管辖权，仍然可以追究其刑事责任，只不过法律规定在外国已经受过刑罚处罚的，可以免除或者减轻处罚。在此，我们可以看到，该案适用了日本的法律和诉讼程序，如果我国予以追究刑事责任，还会适用我国的法律和诉讼程序，具有双重性，因而可能涉及外国法的查明、诉讼文书的对接等问题，这也正是涉外刑事诉讼具有复杂性之原因所在。

3. 法律规定特殊性

与普通刑事诉讼程序相比，涉外刑事诉讼在强制措施采取、犯罪嫌疑人和被告人的辩护权保障、境外证据审查、法庭审理、领事探视以及域外送达方面均有其特殊的规定，目的是加强对外国人的权利保障。

一是在强制措施采取方面。对于外国人涉嫌危害国家安全、涉及政治外交、适用法律疑难的案件，需要逮捕犯罪嫌疑人的，由基层人民检察院或者设区的市级人民检察院审查并提出意见，层报最高人民检察院审查。最高人民检察院经审查认为需要逮捕的，经征求外交部的意见后，作出批准逮捕的批复；经审查认为不需要逮捕的，作出不批准逮捕的批复。基层人民检察院或者设区的市级人民检察院根据最高人民检察院的批复，依法作出批准或者不批准逮捕的决定。层报过程中，上级人民检察院经审

---

① 2016年11月3日，就读于日本东京法政大学的中国留学生江某被人用匕首杀害。随后，中国留学生陈某某被逮捕，并被指控杀害了江某。2017年12月11日，此案开庭审理，日本东京地方裁判所以故意杀人罪和恐吓罪判处陈某某有期徒刑二十年。

查认为不需要逮捕的，应当作出不批准逮捕的批复，报送的人民检察院根据批复依法作出不批准逮捕的决定。基层人民检察院或者设区的市级人民检察院经审查认为不需要逮捕的，可以直接依法作出不批准逮捕的决定。而对于其他案件，则决定批准逮捕的人民检察院应当在作出批准逮捕决定后四十八小时以内报上一级人民检察院备案，同时向同级人民政府外事部门通报。上一级人民检察院对备案材料经审查发现错误的，应当依法及时纠正。

二是在犯罪嫌疑人和被告人辩护权保障方面。外国人犯罪，如果被告人没有委托辩护人的，人民法院可以通知法律援助机构指派律师为其提供辩护。

三是在境外证据材料审查方面。如果材料来源不明或者其真实性无法确认的，不得作为定案的根据。

四是在法庭审理方面。人民法院审理涉外刑事案件，应当公开进行，但依法不应公开审理的除外。公开审理的涉外刑事案件，外国籍当事人国籍国驻华使领馆官员要求旁听的，可以向受理案件的人民法院所在地的高级人民法院提出申请，人民法院应当安排。人民法院审判涉外刑事案件，使用中华人民共和国通用的语言、文字，应当为外国籍当事人提供翻译；外国籍当事人不通晓中文的，应当附有外文译本等。

五是在领事探视方面。涉外刑事案件审判期间，外国籍被告人在押，其国籍国驻华使领馆官员要求探视的，可以向受理案件的人民法院所在地的高级人民法院提出。人民法院应当根据我国与被告人国籍国签订的双边领事条约规定的时限予以安排；没有条约规定的，应当尽快安排。必要时，可以请人民政府外事主管部门协助。

二、本案评析

1. 本案应当适用涉外刑事诉讼程序

本案中，被告人班某亚虽然为格鲁吉亚人，但其犯罪行为发生在中国境内，具备属地因素，因而具备诉讼标的涉外性，属于涉外案件的刑事诉讼。本案根据我国《刑法》第6条关于属地管辖权的规定，我国司法机关对本案有明确的管辖权。我国《刑法》第6条规定，凡在中华人民共和国领域内犯罪的，除法律有特别规定的以外，都适用本法。凡在中华人民共和国船舶或者航空器内犯罪的，也适用本法。犯罪的行为或者结果有一项发生在中华人民共和国领域内的，就认为是在中华人民共和国领域内犯罪。

本案中，班某亚使用假枪抢劫小区物业部物业费的行为发生在西安市雁塔区某小区内，该地点显然位于中华人民共和国领域之内。根据我国《刑法》第6条第1款的规定，只要犯罪行为发生在我国领域内，除非法律有特别规定，否则都应适用我国刑法。本案不存在法律特别规定的情形，因此，我国司法机关对班某亚的抢劫行为具有管辖权。

班某亚抢劫所得的物业费为人民币，属于中国境内的财产，且抢劫行为直接导致物业费的所有权从小区物业部转移到了班某亚手中，这一犯罪结果显然发生在中国领域内。根据我国《刑法》第6条第3款的规定，犯罪行为或者犯罪结果有一项发生在中华人民共和国领域内的，就认为是在中华人民共和国领域内犯罪。因此，仅凭犯罪结果发生地，我国司法机关也具备对本案的管辖权。

尽管席某瓦并非抢劫行为的直接实施者，但其涉嫌掩饰、隐瞒犯罪所得，这一系列行为同样发生在中国境内。根据我国《刑法》关于共犯责任的规定，即使席某瓦被视为抢劫罪的共犯，其行为也应受到犯罪地法律的约束。同时，对于独立的掩饰、隐瞒犯罪所得罪，因其犯罪行为发生在中国，同样适用我国《刑法》第6条的规定，我国司法机关对此类犯罪具有管辖权。

综上所述，根据我国《刑法》第6条关于属地管辖权的规定，无论是直接实施抢劫的班某亚，还是涉嫌掩饰、隐瞒犯罪所得的席某瓦，其犯罪行为或结果至少有一项发生在中华人民共和国领域内，且不存在法律特别排除适用我国刑法的情形。因此，我国司法机关对本案具有充分的管辖权。

2. 涉外刑事诉讼的特点在本案中的体现

涉外刑事诉讼具有诉讼标的涉外性、法律适用双重性和法律规定特殊性的特点，具体到本案而言，其特点主要体现在以下几个方面：

在被告人国籍方面，被告人席某瓦为格鲁吉亚国籍，非中国公民，这直接构成了涉外刑事诉讼中的"外国人"要素。对于涉及外国人的刑事犯罪，由于被告人的国籍与我国不同，其权利保护、司法协助、引渡等问题可能需要遵循国际条约、双边协议或国际惯例，体现出明显的涉外特征。

在犯罪行为地与管辖权方面，虽然犯罪行为发生在我国境内（西安市雁塔区），但鉴于被告人席某瓦并非中国公民，这涉及对外国人在我国领域内犯罪的管辖权问题。根据我国《刑法》的规定，外国人在我国领域内犯罪，除享有外交特权和豁免权的人外，应当适用我国刑法。本案中，我国司法机关对席某瓦的犯罪行为行使管辖权，符合涉外刑事诉讼中处理外国人在国内犯罪的基本情形。

在国际刑事司法合作方面，案件办理过程中，我国司法机关与格鲁吉亚司法机关开展了紧密的合作，包括赴格鲁吉亚调查取证、通过外交途径提供犯罪证据材料、请求格鲁吉亚执法机关协助提取犯罪嫌疑人 DNA 信息等。这些国际司法协助活动是涉外刑事诉讼中不可或缺的组成部分，旨在跨越国界实现犯罪事实查明、证据收集与核实、法律适用协调等工作，反映了国际刑事司法合作的精神。

在本案中，中国法律体系的适用显而易见，包括我国《刑法》中关于掩饰、隐瞒犯罪所得罪的规定，以及我国《刑事诉讼法》中关于侦查、起诉、审判的程序规定。同时，因涉及跨国调查取证和司法协助，必然触及格鲁吉亚的法律以及可能的国际条约、公约，如《联合国打击跨国有组织犯罪公约》等，以协调双方的司法合作和证据互认。例如，西安市公安局雁塔分局工作组赴格鲁吉亚的调查取证工作，以及通过外交途径提供犯罪证据材料给格鲁吉亚，都是法律适用双重性的体现，涉及中国法律与国际法律文件的交互应用。

3. 西安市公安局雁塔分局工作组赴格鲁吉亚开展调查取证工作存在法律依据

我国《国际刑事司法协助法》第 5 条规定，中华人民共和国和外国之间开展刑事司法协助，通过对外联系机关联系。中华人民共和国司法部等对外联系机关负责提出、接收和转递刑事司法协助请求，处理其他与国际刑事司法协助相关的事务。中华人民共和国和外国之间没有刑事司法协助条约的，通过外交途径联系。中国与格鲁吉亚尚未签订刑事司法协助条约，侦查机关通过层报公安部，并经公安部联系我驻格鲁吉亚大使馆，以外交途径请求格鲁吉亚有关部门提供协助，获取案件关键证据，取得了较好的办案效果。此外，本案通过外交途径获得和提供国际刑事司法协助的同时，促进了中格双方启动刑事司法协助条约和引渡条约的签署谈判，对中国与尚未签署双边刑事司法协助条约的"一带一路"沿线国家今后开展执法司法合作、推进相关条约签署起到了示范作用。

我国是多项国际刑事司法合作公约的缔约国，如《联合国打击跨国有组织犯罪公约》《联合国反腐败公约》等，这些公约通常包含关于跨境调查取证、信息交换、证据互认等内容的规定，为成员国之间在打击跨国犯罪方面的合作提供了法律基础。如果中国与格鲁吉亚之间存在双边或多边协议，特别是关于刑事司法协助的协定，那么这些协定将成为西安市公安局雁塔分局工作组赴格鲁吉亚调查取证的直接法律依据。即使在缺乏特定国际公约或双边协定的情况下，各国之间仍可以通过外交途径协商达成临时性的刑事司法协助安排。西安市公安局雁塔分局工作组赴格鲁吉亚开展调查取证工作，得到了我国驻格鲁吉亚使馆的支持与协助，这表明两国政府在外交层面达成了合作共识，遵循了国际司法协助的一般原则和实践。除了国际公约，我国《刑事诉讼法》第 18 条规定："根据中华人民共和国缔结或者参加的国际条约，或者按照互惠原则，我国司法机关和外国司法机关可以相互请求刑事司法协助。"这表明，我国刑事诉讼法承认并支持依据国际条约进行的跨境调查取证活动。

【实操分析】

一、注重证据交换

涉外刑事办案中要注重证据交换，丰富证据种类。西安市公安局雁塔分局在侦查中发现犯罪资金涉及国外，及时启动了与格鲁吉亚的司法合作，因中国与格鲁吉亚尚未签订刑事司法协助条约，侦查机关通过层报公安部，并经公安部联系我国驻格鲁吉亚大使馆，以外交途径请求格鲁吉亚有关部门提供协助，获取案件关键证据，取得了较好的办案效果。首先西安市公安局雁塔分局工作组赴格鲁吉亚开展调查取证，与格鲁吉亚地方检察院及内务部合作，后通过与格鲁吉亚司法机关的沟通，该工作组不仅直接询问了班某亚，还请求提取其笔迹和 DNA 信息，进行了信息与证据的交换，同时遵循了国际司法协助的正规程序，确保了证据的正式性和有效性。这些行动展现了我国司法机关在跨国司法合作中的实际操作能力和高效的协调沟通技巧，有效获取了对案件定罪量刑至关重要的境外证据，提升了案件侦破的整体效果。

二、重视母语翻译

涉外刑事诉讼中要重视母语翻译，避免程序瑕疵。初期侦查阶段，由于时间紧迫未能及时聘请到格鲁吉亚语翻译，公安机关采用了英语进行讯问。尽管此举在一定程度上保证了沟通的进行，但也存在因语言差异导致的信息误解或遗漏风险，可能影响到证据的准确收集和案件的公正处理。检察机关针对被告人席某瓦提出的语言问题，通过专业翻译公司提供的服务，不仅告知其诉讼权利义务，还详细解释了相关罪名、法律术语及司法文书的内容，确保席某瓦能够充分理解并有效行使自己的诉讼权利。在庭审过程中，法院聘请英语翻译参与，现场告知被告人权利义务，并征得其同意使用英语翻译，确保被告人能够理解庭审进程，充分发表意见，行使辩护权。这一举措不仅尊重了被告人使用本民族语言参与诉讼的权利，也保证了庭审程序的公开、透明和公正，符合国际司法准则和我国刑事诉讼法关于保障被告人诉讼权利的规定。这一做法充分体现了对涉外被告人合法权益的尊重和保护，符合国际人权法和我国刑事诉讼法关于公正审判和程序正义的要求。

【思考题】

（1）涉外案件的侦查和审判程序中为什么要高度重视母语翻译？

（2）涉外刑事诉讼有哪些特殊的法律规定？

第二章

涉外刑事诉讼的特有原则

本章知识要点

（1）我国处理涉外刑事诉讼案件的一些特有原则，包括适用中国刑事法律和信守国际条约相结合、外国籍当事人享有中国法律规定的诉讼权利并承担相应义务、使用中国通用的语言文字进行诉讼、委托中国律师辩护或代理以及或引渡或起诉原则。（2）审理涉外刑事案件，原则上应当使用中国通用的语言和文字，但对于不通晓中文的外国籍当事人，应当为其提供翻译。（3）涉外刑事诉讼中委托外国人以非律师身份进行辩护并不与"委托中国律师辩护或代理"的原则相矛盾。（4）正确利用适用中国刑事法律与国际条约相结合原则来处理涉外案件，当中国刑事法律的规定与中国所缔结或参加的国际条约内容存在矛盾时，应优先适用国际条约的相关规定。（5）处理涉外刑事案件时，我国要结合适用"或引渡或起诉"这一国际通行的原则性规定和"本国人不引渡"规定来打击跨国犯罪，从而加强国内刑事法与国际刑事法的有效衔接。

第一节 外国籍当事人域内犯罪的特有诉讼原则

涉外刑事诉讼作为刑事司法体系中的特殊领域，不仅承载着国内法的适用与解释，还涉及与国际法的交织与协调。涉外刑事诉讼的特有原则有助于在确保国家主权、尊重国际义务与保护当事人权益之间寻求微妙的平衡。这些原则包括但不限于适用中国刑事法律和信守国际条约相结合原则、外国籍当事人享有中国法律规定的诉讼权利并承担相应义务原则和使用中国通用的语言文字进行诉讼原则，它们构成了处理涉外刑事案件的基石。

案例一　上海世贸商城钻石盗窃案[①]

【基本案情】

2004年5月12日,在上海交通银行分行发生了一起重大盗窃事件,其被称作"5·12银行盗窃案"。在这起案件中,一名被告人故意在受害人顾某附近撒落数枚硬币,另一名被告人则假意提醒顾某注意,当顾某俯身捡拾硬币时,其他同伙利用预包装好的纸包,成功调换了顾某正准备存入银行的8万元人民币。

紧随其后的"5·13钻石盗窃案",于2004年5月13日在第五届上海国际珠宝展览会上演,该展览会在世贸商城举行。一名被告人以交换名片为借口接近京华公司员工,其同伙趁此机会盗走了放置在展台内的一个装有2101.969克拉钻石及其他贵重物品,总价值高达446万余元人民币的蓝色帆布包。

而在2004年5月17日发生的"5·17机场盗窃案"中,一名被告人在浦东国际机场候机楼内,故意将酸奶溅在一位印度珠宝商身上。当商家忙于清理污渍时,这名被告人的同伙迅速盗走了他身边的拉杆箱,箱内装有价值158万余元的46506.62克拉宝石。

上海市第一中级人民法院对涉及上述上海世贸商城"5·13钻石盗窃案"等三起案件的共25名南美籍被告人进行了首次公开审判。基于各被告人在犯罪活动中的角色定位、所起作用以及他们在被捕后特别是在庭审过程中的认罪态度,法院依法判定他们犯有盗窃罪,分别判处有期徒刑1年至15年不等,并处以5000元至10万元人民币的罚金,同时全部被告人均被判决驱逐出境。经法院审理查明,这批拥有哥伦比亚、秘鲁、哥斯达黎加国籍的25名被告在2004年5月12日至17日,结伙在中国上海市交通银行上海分行、上海世贸商城珠宝展览会和浦东国际机场候机楼连续实施了三次盗窃行为,累计窃取价值总计613万余元的钻石、宝石和其他现金财物。法院认定,这些被告以非法占有为目的,在中国境内结伙进行秘密窃取他人财物的行为已构成了盗窃罪,且涉案金额特别巨大,因此作出了上述判决。

【主要法律问题】

(1) 本案涉及哪些涉外刑事诉讼特有的法律原则?

(2) 为什么审理涉外案件要为外国籍当事人提供翻译?这一原则性规定是否与"涉外案件要使用中国通用的语言文字进行诉讼"原则相冲突?两者是否前后矛盾?

(3) 为什么必须委托中国律师辩护或代理?能否委托外国人以非律师身份进行辩护?两者为什么不矛盾?

[①] 参见上海市第一中级人民法院(2004)沪一中刑初字178号刑事判决书。

【主要法律依据】

《最高人民法院关于适用〈中华人民共和国刑事诉讼法〉的解释》（2021年3月1日起施行）

第478条 在刑事诉讼中，外国籍当事人享有我国法律规定的诉讼权利并承担相应义务。

第481条 人民法院受理涉外刑事案件后，应当告知在押的外国籍被告人享有与其国籍国驻华使领馆联系，与其监护人、近亲属会见、通信，以及请求人民法院提供翻译的权利。

第484条 人民法院审判涉外刑事案件，使用中华人民共和国通用的语言、文字，应当为外国籍当事人提供翻译。翻译人员应当在翻译文件上签名。

人民法院的诉讼文书为中文本。外国籍当事人不通晓中文的，应当附有外文译本，译本不加盖人民法院印章，以中文本为准。

外国籍当事人通晓中国语言、文字，拒绝他人翻译，或者不需要诉讼文书外文译本的，应当由其本人出具书面声明。拒绝出具书面声明的，应当记录在案；必要时，应当录音录像。

第485条 外国籍被告人委托律师辩护，或者外国籍附带民事诉讼原告人、自诉人委托律师代理诉讼的，应当委托具有中华人民共和国律师资格并依法取得执业证书的律师。

外国籍被告人在押的，其监护人、近亲属或者其国籍国驻华使领馆可以代为委托辩护人。其监护人、近亲属代为委托的，应当提供与被告人关系的有效证明。

外国籍当事人委托其监护人、近亲属担任辩护人、诉讼代理人的，被委托人应当提供与当事人关系的有效证明。经审查，符合刑事诉讼法、有关司法解释规定的，人民法院应当准许。

外国籍被告人没有委托辩护人的，人民法院可以通知法律援助机构为其指派律师提供辩护。被告人拒绝辩护人辩护的，应当由其出具书面声明，或者将其口头声明记录在案；必要时，应当录音录像。被告人属于应当提供法律援助情形的，依照本解释第五十条规定处理。

【理论分析】

一、使用中国通用的语言、文字原则

随着经济全球化的发展，涉外交流日益增多，涉外犯罪情况也不断增加，一些涉外案件的外国籍当事人不通晓中国的语言和文字，为这些外国籍当事人提供翻译是保证刑事诉讼顺利有序进行的应有之义，同时也能提高诉讼效率，更重要的是这个原则是我国遵守国际平等、互利原则的体现，即在刑事诉讼中适用的原则，在尊重国家主权和信守国际条约的前提下，也可以成为涉外刑事案件适用的原则，本国当事人享有

的基本诉讼权利和承担的基本诉讼义务，外国籍当事人也同样享有和承担。

因此，人民法院审判涉外刑事案件，使用中华人民共和国通用的语言、文字，但应当为外国籍当事人提供翻译。翻译人员应当在翻译文件上签名。人民法院的诉讼文书为中文文本。外国籍当事人不通晓中文的，应当附有外文译本，译本不加盖人民法院印章，以中文文本为准。

外国籍当事人通晓中国语言、文字，拒绝他人翻译，或者不需要诉讼文书外文译本的，应当由其本人出具书面声明。拒绝出具书面声明的，应当记录在案；必要时，应当录音录像。

二、委托中国律师辩护或代理原则

外国籍被告人委托律师辩护，或者外国籍附带民事诉讼原告人、自诉人委托律师代理诉讼的，应当委托具有中华人民共和国律师资格并依法取得执业证书的律师，不能委托外国律师，因涉及司法主权问题。但并不意味着外国籍被告人不能委托外国人充当辩护人，如果外国人系被告人的近亲属或监护人，经法院准许，可以充当辩护人，这是基于方便其获得辩护而作的规定。需要注意的是，外国籍被告人没有委托辩护人的，属于司法机关"可以"通知指派法律援助的情形，而非"应当"。

此外，如果外国籍被告人在押的，其监护人、近亲属或者其国籍国驻华使领馆可以代为委托辩护人。其监护人、近亲属代为委托辩护人的，应当提供与被告人关系的有效证明。外国籍当事人委托其监护人、近亲属担任辩护人、诉讼代理人的，被委托人应当提供与当事人关系的有效证明。经审查，符合刑事诉讼法、有关司法解释规定的，人民法院应当准许。外国籍被告人没有委托辩护人的，人民法院可以通知法律援助机构为其指派律师提供辩护。被告人拒绝辩护人辩护的，应当由其出具书面声明，或者将其口头声明记录在案；必要时，应当录音录像。

为了保证外国籍当事人委托中国律师辩护或代理诉讼的合法性和有效性，在中华人民共和国领域外居住的外国人寄给中国律师的授权委托书，必须经所在国公证机关证明、所在国外交部或其授权机关认证，并经中国驻该国使、领馆认证，才具有法律效力，但中国与该国之间有互免认证协定的除外。

三、本案评析

1. 本案涉及使用中国通用的语言、文字和委托中国律师辩护或代理原则

一方面，人民法院审理涉外刑事案件，原则上应当使用中国通用的语言和文字，但对于不通晓中文的外国籍当事人，应当为其提供翻译。本案中有25名外国犯罪嫌疑人来自南美多个国家，均以西班牙语为母语，但因为当时熟悉西班牙语的专业翻译人员比较匮乏，所以本案聘请了一些非专业资质但取得被告人认可的导游作为翻译人员，本案存在翻译的司法资质问题。另一方面，当外国籍的当事人在诉讼中寻求律师为其提供辩护服务，或是外国籍的附带民事诉讼原告人、自诉人希望由律师代理其参与诉讼活动时，依据法律规定，必须委任拥有中华人民共和国颁发的律师资格证并已合法

获得执业证书的律师来进行代理。这一原则实质上是国家主权原则在司法实务规则层面上的具体实践和体现。本案中法院就指定了数名上海市某律师事务所的律师作为多名被告人的辩护人进行辩护。

2. 为外国籍当事人提供翻译与使用中国通用的语言、文字原则并不冲突

为外国籍当事人提供翻译也是彰显国际通行理念——保障人权的明智做法，保障外国籍当事人在我国进行刑事诉讼时的基本权利和利益。任何事情的顺利进行都离不开沟通，而语言又是交流的窗口，为外国籍当事人提供翻译是他们维护自己合法权益的有力支撑。所以这一原则性规定并不与我国涉外案件的"使用中国通用的语言文字进行诉讼"原则相冲突，反而是该原则的进一步补充和完善，同时彰显了我国的司法主权和我国司法重视人权保障、人文关怀，所以两个规定并不矛盾，反而相辅相成、相得益彰，二者缺一不可。也有学者认为，这一原则实际上是对我国少数民族当事人依法享有使用本民族语言文字参与诉讼权利的一种深度诠释和实际扩展。相应地，在刑事案件的侦查阶段，公安机关在处理涉及外国公民犯罪的案件时，同样应当贯彻并落实这一原则精神。

3. 委托外国人以非律师身份进行辩护与委托中国律师辩护或代理原则并不矛盾

法律并不禁止委托外国人以非律师身份进行辩护。对于权利，法不禁止即自由。但是这一规定是否与"必须委托中国律师进行辩护和代理"的规定相矛盾呢？答案是否定的，外国籍当事人委托中国律师辩护或代理的规定，是我国司法主权的体现，因而委托律师辩护时，必须委托中国律师。但与此同时，有权获得辩护同样是刑事诉讼的一项基本原则，是刑事犯罪嫌疑人、被告人享有的一项重要权利。为了方便其获得辩护，应扩大辩护人的范围，因而外国人如果是犯罪嫌疑人、被告人的近亲属或监护人，可以充当辩护人，只要不是外国律师身份即可。因此，委托中国律师进行辩护和代理原则与委托外国人以非律师的身份进行辩护的规定并不矛盾。

【实操分析】

一、高度重视涉外司法翻译

1. 严格审查翻译资质

依据《司法翻译服务规范》的相关条款，司法口笔译工作者必须满足在学历层次、资格认证、专业职称及工作经验等方面的特定基准要求，并且必须展现出色的语言运用能力、口头与书面翻译技巧、专业领域知识素养以及跨文化沟通能力等七大核心能力。然而，在实际情况中，由于多种制约因素的存在，有时难以寻觅并聘任完全符合或部分满足上述资质条件的翻译人才，所以司法实践中司法机关偶尔会聘请社会翻译人员来填补翻译人才缺失的漏洞。如本案中就存在聘请一些熟练掌握西班牙语的导游作为涉外案件的翻译人员的情况，因为当时在上海精通西班牙语且具有涉法翻译资质的人寥寥无几，迫不得已检察机关才采取了这种特殊处理的方法。为了确保执法活动

的合规性，检察院精心挑选了几位西班牙语口译技能卓越且已获得被告人认同的导游承担翻译工作。同时，检察院还特别协商了上海市外事翻译工作者协会，并以该协会单次个案授权的方式，确认了这些导游可暂时以协会会员的身份参与到本案之中，从而有效解决了翻译人员的司法资质问题，有力地保障了执法活动的庄重与权威性。此外，小语种翻译人员匮乏也是常见问题。在法定审限内，小语种案件常常遭遇翻译资源稀缺的困境，往往造成时间的非必要消耗。

2. 充分保障翻译中立

在司法实践中，为了简化流程和控制诉讼成本，司法机关往往会倾向于选用曾有过合作关系的、熟悉的翻译人员，或者是来自公检法内部具有一定翻译经验的工作人员。同时，基于某些社会翻译人员在职业道德训练方面的缺失，以及翻译从业者管理机制不够健全，部分翻译人员在利益驱动下曾发生参与伪造证据和共谋串通的情况。以上原因都可能导致翻译人员的中立性受到影响，从而影响刑事司法活动的正常进行。对此，可以考虑在全国各地按省级行政区划逐步建立专业的翻译人才专家库，特别是小语种翻译人才库，以便大幅度减少搜寻合适翻译所消耗的时间成本，确保翻译品质，进而有效防止因翻译失误造成的案件瑕疵问题。

二、对症解决涉外交接难题

1. 语言与沟通难题

被告或当事人可能是非中文母语者，与律师沟通存在语言障碍，影响辩护效果。针对此问题，我国司法机关应当配备专业的双语或多语种律师或翻译人员，确保准确传达法律意见和案件细节。

2. 法律差异与文化隔阂

即外国当事人可能对中国法律制度和程序不熟悉，文化和法律观念的差异可能导致误解和信任问题。对此，律师需具备跨文化沟通能力，详细解释中国法律程序，并在必要时引入熟悉国际法和外国法律的专家顾问。

3. 家属参与度不足问题

如家属身处国外，难以全程参与诉讼过程。对此问题的解决方案是可以开通远程视频连线等现代通信方式，让家属能够实时了解案件进展并提供必要的协助。

4. 委托手续复杂问题

即外国籍当事人身在国外，办理委托手续可能涉及公证、认证、领事馆确认等复杂程序。对此，需要简化跨境委托流程，开发便捷的线上委托渠道，加强与各国领事馆、公证机构的合作，确保委托手续的合法性和有效性。

5. 律师权责不平等问题

即外国律师在中国不能直接出庭辩护，其权益可能与本国律师有所不同。对此我国应当在明确外国籍当事人必须委托中国律师的规定同时，保障中国律师能充分行使辩护权,确保公正对待。

6. 费用支付与监管问题

外国当事人支付律师费可能涉及外汇管制和跨国转账等复杂金融操作。对此我国应当建立透明、合规的跨境支付机制,通过金融机构和监管部门的支持,简化费用支付流程。

总而言之,解决这些问题需要不断完善相关法律法规,强化国际合作,提升律师队伍的涉外服务能力,并依托先进的科技手段和高效的行政流程,确保涉外刑事诉讼程序的顺畅进行。

【思考题】

(1) 如何更有效地解决涉外案件中为外国籍当事人提供翻译的一系列实践难题?
(2) 涉外案件"委托中国律师辩护或代理"这一原则有无例外性规定?

第二节 中国公民域外犯罪的特有诉讼原则

涉外刑事诉讼原则除外国籍当事人在中国领域内犯罪的特有刑事诉讼原则外,还包括中国公民在中国领域外犯罪的特有刑事诉讼原则。本节将结合黄某兴等绑架案来探讨适用中国刑事法律和信守国际条约相结合原则、或引渡或起诉原则,并据此深入研究中国公民在中国领域外犯罪的特有刑事诉讼原则。

案例二 黄某兴等绑架案[①]

【基本案情】

在 2010 年至 2011 年,黄某兴等 13 名被告利用工作、商务及个人事务的名义前往安哥拉共和国(以下简称安哥拉)并停留工作。此间,他们结成团伙并与在逃的陈某兵、另案处理的余某刚等人合作,为了勒索钱财,采用持械威胁、强制拘捕等暴力手段,连续实施了 8 起绑架案,受害者包括肖某旺、田某等多人。犯罪分子向受害者家属及同事索取大额赎金,总计价值 117 万美元。这些案件中,黄某兴等人参与程度不一,最少的参与 1 起,最多的参与 5 起,赎金要求从 10 万美元到 49 万美元不等。

另外,调查发现,顾某峰和夏某在安哥拉因涉及非法监禁、抢劫及盗窃、伪造货币和宝石等罪行,遭到安哥拉内政部国家刑侦局的调查。两人分别于 2011 年 3 月 22 日和 4 月 11 日由安哥拉总检察院指令拘捕,并随后在不同日期执行拘捕,与一名本地被

[①] 参见江苏省高级人民法院(2014)苏刑三终字第 0017 号刑事判决书。

告费尔南多共同在罗安达省法院接受审判,直至他们被遣返回国时尚未有最终判决结果。

江苏省南通市中级人民法院对这一系列绑架案件进行审理后,依据绑架罪名,对黄某兴等13名被告作出了5年至15年不等的有期徒刑判决,并附加剥夺政治权利或罚款。针对一审判决,夏某、顾某峰及汪某波上诉至江苏省高级人民法院。然而,在二审过程中,汪某波撤回了上诉请求。2014年5月30日,江苏省高级人民法院经过公开庭审,决定批准汪某波的撤诉申请,并驳回夏某、顾某峰的上诉请求,维持原判决不变。

【主要法律问题】

(1) 本案涉及哪些涉外刑事诉讼特有的法律原则?
(2) 为什么需要信守国际条约?
(3) 涉外刑事案件中如何正确理解适用或引渡或起诉原则追诉犯罪?

【主要法律依据】

《最高人民法院关于适用〈中华人民共和国刑事诉讼法〉的解释》(2021年3月1日起施行)

第10条 中国公民在中华人民共和国领域外的犯罪,由其登陆地、入境地、离境前居住地或者现居住地的人民法院管辖;被害人是中国公民的,也可以由被害人离境前居住地或者现居住地的人民法院管辖。

第482条 涉外刑事案件审判期间,外国籍被告人在押,其国籍国驻华使领馆官员要求探视的,可以向受理案件的人民法院所在地的高级人民法院提出。人民法院应当根据我国与被告人国籍国签订的双边领事条约规定的时限予以安排;没有条约规定的,应当尽快安排。必要时,可以请人民政府外事主管部门协助。

《中华人民共和国刑法》(2023年12月修正)

第7条 中华人民共和国公民在中华人民共和国领域外犯本法规定之罪的,适用本法,但是按本法规定的最高刑为三年以下有期徒刑的,可以不予追究。

【理论分析】

一、中国刑事法律和信守国际条约相结合原则

在涉外刑事诉讼中,司法机关及诉讼参与者遵循的中国刑事法律与国际条约相结合原则,意味着在遵守中国刑法和刑事诉讼法的基础上,还需尊重并履行中国已加入或签署的国际条约中关于刑事诉讼程序的具体条款,除非中国对相关条款明确提出了保留。当中国刑事法律的规定与中国所缔结或参加的国际条约内容存在矛盾时,应优先适用国际条约的相关规定。我国《刑法》明确规定,在中国境内发生的犯罪行为,以及在境外发生但需依照中国刑法追究刑事责任的行为,均需遵照中国刑法进行定罪量刑，这一点在我国《刑法》第6条至第10条中得到了体现。另外，我国《刑事诉讼法》第17条规定，对于需要追究刑事责任的外国犯罪人，若其不具备外交特权或豁免权，同样适用中国刑事诉讼法的规定。因此，涉外刑事诉讼中适用中国法律，不仅是我国独立行使刑事司法管辖权的象征，也是国际社会普遍接受的国家主权原则的核心要素之一。

处理涉外刑事案件时信守国际条约的原因在于：

首先，信守国际条约有利于对外树立国家认真履行国际条约义务的大国形象、增强国际信誉。一国如果无视国际条约，将会损害其在国际社会的形象和信誉，影响与其他国家的关系；反之，信守国际条约则能树立负责任大国的形象。

其次，信守国际条约有利于实现法治原则。在国际法体系中，条约必须遵守原则是一项基本原则，反映了国际法的法治精神，要求国家行为受到法律约束，确保国际关系法治化。作为国际条约法体系的基石和国际法脉络中的枢轴，条约必须遵守原则确保了国际关系的稳定性和法律承诺的可靠性。条约必须遵守原则不仅是国际法中公认的习惯性规范，同时也被视为国际强行法的重要组成部分，这一原则已在世界各国的国际法实践和国内法制环境中得到了广泛的验证与体现。该原则不仅在国际维度上对国家间关系具有约束力，要求各国在彼此交往中切实履行所缔结的条约义务，而且在各个缔约国内部法律体系的运作中也同样适用，即缔约国在建构和执行国内法律秩序时，必须恪守并切实落实国际法所确立的条约义务。综上，一国一旦缔结了国际条约，就应履行条约义务，这是负责任大国的基本做法，也是通行的国际惯例，但是一国可以自由决定如何履行条约下的义务，可以存在法律保留。

再次，信守国际条约有利于我国的法院判决在国际上得到其他国家的承认和执行。考虑到条约承载着各缔约方的共识意愿，在当前形势下，我国涉外审判实践中若积累了丰富的条约适用实例，将极大地增进相关当事人对我司法体系在裁决过程中援引何种法律规则的预期性认知。这将进一步提升外国司法机构对我国司法制度的信任度，并由此促进各方在判决承认与执行问题上形成更为积极的司法互助协议或互惠机制，从而为我国法院判决在国外获得认可和执行奠定坚实的基础。简言之，信守条约能够保障国家权益，因为条约是国家之间通过协商达成的法律承诺，各国通过信守条约，可以确保自己的权益得到有效保障，同时也能确保其他国家的权益得到尊重。

最后，信守国际条约对于国际社会也具有多重意义。一是能够维护国际秩序与稳定。条约是国际法律秩序的基础，各国通过签订条约来调整彼此之间的关系、解决争端、促进合作，信守条约有助于维护国际法律秩序的稳定性，降低国际冲突风险。二是能够提升国际合作成效。遵守国际条约是国际协作得以顺利进行的前提，只有各国都履行各自的条约义务，才能共同应对全球性问题，如环境保护、贸易保护、人权保护等领域。三是有利于国际司法与仲裁。在处理国际争端时，国际法庭和仲裁机构往往依据国际条约来评判是非，只有遵守条约，争议解决的结果才有法律效力。

二、或引渡或起诉原则

在我国，虽然没有直接采用"或引渡或起诉"这一术语作为正式的法律条款名称，但在国际司法合作中，我国实践体现出了与这一原则类似的精神。或引渡或起诉原则（Aut Dedere Aut Judicare），也称为引渡或起诉义务，指的是在某些情况下，一国若不愿意或者不能够将涉嫌犯罪的人员引渡给另一国时，有义务在本国法院对其进行起诉和审判。

在国际公约方面，《联合国反腐败公约》《制止向恐怖主义提供资助的国际公约》等多边条约中包含了或引渡或起诉原则的要求。这意味着缔约国有责任确保在其领土内发现的被指控犯有相关国际罪行的个人，要么被引渡到对此类罪行具有管辖权的其他国家，要么在国内法院提起刑事诉讼。

在国内立法上，尽管中国刑法和引渡法中没有明确规定或引渡或起诉的条款，但在处理涉外刑事案件时，如果因为一些原因无法引渡犯罪嫌疑人，比如依据我国《引渡法》的规定，不能引渡本国公民，那么中国司法机关有义务对在其境内的犯罪行为行使管辖权，依法进行调查和起诉。此外，随着国际刑事司法合作的深化，中国在国际合作打击跨国犯罪的过程中，实际上也在逐步体现或引渡或起诉原则，通过加强国内法与国际法的衔接，确保不因无法引渡而让犯罪分子逃脱法律制裁。

三、本案评析

1. 本案适用中国刑事法律和信守国际条约相结合原则和或引渡或起诉原则

一方面，本案体现了我国适用本国刑法、刑事诉讼法的规定和信守中国与安哥拉（中安）之间签订的国际条约相结合，彰显了我国的司法主权和大国诚信、司法威严，有利于发展两国的友好和平关系，维护国际秩序的安宁与稳定。另一方面，本案体现我国结合利用我国引渡法中"不能引渡本国国民"的规定和遵循"或引渡或起诉"的国际刑事司法原则，对我国公民在国外犯罪的行为进行追究，打击跨国犯罪，推进国内法和国际法的衔接。

2. 需正确理解适用或引渡或起诉原则追诉犯罪

根据我国《刑法》第7条属人管辖原则，我国司法机关对本案具有管辖权；安哥拉司法执法机关根据其"属地管辖"原则，亦具有管辖权。本案犯罪嫌疑人在安哥拉犯罪后逃回中国，依照《引渡法》第8条的规定，中国不能将本国公民引渡给他国，安哥拉司法机关对本案实际上已无法行使管辖权。在此情况下，中国司法机关请求安哥拉将该案移交给中国进行追诉，属于国际刑事司法协助中的国际刑事诉讼转移。依据国际法或引渡或起诉以及本国公民不引渡的原则，一国有义务对在外国犯罪的本国公民进行追诉，刑事诉讼随之发生转移。关于刑事诉讼转移，中安刑事司法条约没有涉及，但我国与其他一些国家签订的双边刑事司法条约有专门规定，如《中华人民共和国和土耳其共和国关于民事、商事和刑事司法协助的协定》第39条。

【实操分析】

一、发挥国际公约的协作功能

相较于民事和行政领域，刑事司法因其强烈体现国家司法主权和公权力深度介入的特点，各国和地区对于域外证据的调取和采纳通常持有更为审慎的态度，一般倾向于通过建立正式的官方途径，诸如签订国际条约、双边协议、实行互惠原则、司法协助机制以及公证和认证等手段加以处理。近些年来，随着中国经济快速增长及其与全球各国、地区愈发密集和深层次的互动往来，中国公民足迹遍布世界各地，随之而来的是针对中国公民在境外犯罪的案例数量也在持续攀升。若依然坚持以逐一审核、单一认证的方式来作为域外证据取得法律效力的唯一前提，则整个司法流程的效率将显著降低，这显然不利于快速有效地保护中国公民的合法权益。因而，实务中应高度重视中国所参加的国际公约制定的相关制度，充分发挥其在涉外取证、审查认证等方面的作用，规范办案程序，减轻办案负担。

就本案而言，鉴于所有犯罪行为均发生在安哥拉境内，首先应由安哥拉警方主导证据收集工作。中国警方欲进入安哥拉境内进行取证和司法协作时，必须遵循相关法律规定。常规情况下，两国之间若有明确的刑事司法协助条约，则按照条约内容执行；若不存在此类条约，则参照适用相关的国际公约、通行惯例或双方临时达成的协议进行。值得注意的是，中国与安哥拉于2006年6月20日签署了有效期为五年的《中华人民共和国与安哥拉共和国引渡条约》，该条约指定的中央执行机构分别为中国外交部和安哥拉司法部。不过，该条约并未对中国警方向安哥拉境内派遣人员进行证据收集和司法协作作出具体安排。鉴于彼时中国公民组成的犯罪团伙在安哥拉境内多次实施犯罪，令当地中国公民深感不安，这一状况引起了中国驻安哥拉大使馆、安哥拉政府高层以及安哥拉内政部的高度关注。鉴于安哥拉当时在法治建设和打击犯罪能力上的局限性，应安哥拉内政部之邀，中国公安部决定联手采取行动。双方共同签署了《中国公安部与安哥拉内政部关于维护公共安全和社会秩序的合作协议》，这份协议为公安部派遣专案组赴安哥拉取证提供了坚实的法律基础。

基于以上情况，公安部启动了代号为"5·11"的专项行动，并从全国各地挑选了一批富有经验的警务人员组成调查团队前往安哥拉进行实地调查取证。在中国与安哥拉警方的紧密合作下，中国警方独立对案件中的受害人和证人进行了细致调查，并严格按照我国刑事诉讼法的相关规定完成了相关笔录制作。调查期间，中国警方还在安哥拉警方的支持下，对相关地点进行了拍照留证、现场识别和确认，并从受害人处收集了与绑匪的电话录音等视听证据材料。同时，中国警方还接收了安哥拉警方提供的报案材料、侦查和审讯记录等官方文档。此外，调查团队还前往中国驻安哥拉大使馆调取了受害人求助及报案的相关书面记录等证据资料。这些在安哥拉收集的证据材料，连同在中国境内获取的被告人供述与辩解、出入境记录、案件侦破经过、通信记录等证据，一并被整理并移送至我国司法机关进行审查。

二、尊重羁押折抵的国际惯例

在本案审理过程中，遇到的第三个法律适用问题涉及被告人因同一犯罪行为在国外已被羁押并接受调查一段时间，但尚未得到判决。对于这段期间的处理方式，目前存在不同考量：是否应当将其作为酌定量刑情节予以考虑？或是应该参照我国《刑法》中"羁押一日折抵一日"的规定进行刑期折抵？又或者是应当比照我国《刑法》第10条关于"可以免除或减轻处罚"的相关精神进行裁量？在庭审环节中，被告人夏某和顾某峰的辩护律师均就此问题提出了辩护诉求。据查实，夏某和顾某峰因涉及本案中绑架李某保的犯罪事实，被安哥拉内政部国家刑侦局立案侦查，并分别于2011年3月22日和4月11日根据安哥拉国总检察院派驻国家刑侦局检察官办公室发出的逮捕令被捕，随后于同年3月24日和4月28日被执行拘押。两人在安哥拉罗安达省法院普通犯罪第八法庭，与名为费尔南多的地方被告人一同接受审判，直至2012年8月25日被送返回国之前，该案在安哥拉尚未得出判决结果。上述事实也有完整的证据链支撑，该情况确实真实。

对于这个问题，我国《刑法》暂未提供明确的针对性规定。我国《刑法》第10条载明："凡在中华人民共和国领域外犯罪，依照本法应当负刑事责任的，虽然经过外国审判，仍可依本法追究责任，但是在外国已经受过刑罚处罚的，可以免除或者减轻处罚。"对比该条款，顾某峰和夏某虽在安哥拉经历了司法审理程序，但因未曾被判刑或受过刑罚，故无法引用该条来减免或减轻处罚。我国《刑法》第47条进一步规定，有期徒刑的实际执行日期从判决确定之日起开始计算，判决执行前的先行羁押时间可按一日折抵一日的方法折抵刑期。然而，在本案中，两名被告人的羁押发生在安哥拉而非中国。由于各国和地区法律制度的差异，尤其在刑事司法制度、强制措施及刑罚等方面存在不同，无法直接套用我国的羁押折抵刑期原则。相互承认和执行刑罚涉及国家司法主权等深层次问题，通常只有在互惠原则的基础上，或者两国事先签订了包含相互承认相关内容的协议，或者我国法律中有明确的预先规定，才能适用羁押折抵刑期的办法。目前中国已与多个国家签署了引渡条约，然而，由于各国刑事司法制度和羁押制度各异，多数引渡条约并未对被引渡人在待审羁押或临时羁押期间的处理问题作出明确说明。尽管中国与安哥拉已于2006年6月20日签订了引渡条约，但该条约中并未涉及待审羁押的处理问题。值得注意的是，中国与巴西签订的引渡条约第15条"被引渡人权利保障"第2项明确指出："被引渡人在请求方因引渡请求而被羁押的时间应计入其最终被判处的刑期。"然而，由于本案的发生地是在安哥拉而非巴西，所以该条约的此项规定在本案中并不能适用。

审视国际司法实践，包括中国在内的世界各国和地区遵循一种通用做法，即在判定被告人需服有一定期限的监禁刑时，其先前因预防性羁押而失去人身自由的时间，一般会被纳入考量,作为折抵刑期的一部分。①最终,法院秉持实事求是的原则,考虑到两位被告人因同一犯罪事实已被实际羁押过一段时间,尽管至今未有正式判决,但确已实质性地受到了人身自由的限制。根据有利于被告人的原则,并借鉴我国《刑法》第 10 条的精神实质,同时参考国际惯例羁押折抵刑期、体现人文关怀、彰显人权保障的做法,法院在量刑时适当地将此视为一个可以从轻量刑的情节予以考虑。这样的处理方式不仅确保了判决与我国国内现行法律规定的和谐统一,而且展示了在涉外案件的法律条文存在空白时,法官能够运用通行的国际条约的理念、惯常的国际惯例规定来进行合理合法的裁判文书说理和裁判,法官运用自由裁量权去填补法律空白的同时也维护了当事人的合法权益,彰显了我国司法体系的自信、包容和人文关怀特质,同时也有利于增强我国法院判决在国际上的司法影响力、取得他国对我国法院处理国际纠纷能力的认可和支持。

【思考题】

(1) 我国法律是否明确规定了或引渡或起诉原则?
(2) 我国哪些规定体现了或引渡或起诉原则的精神?

---

① 例如,《俄罗斯联邦刑法典》第 72 条规定:"对于在俄罗斯联邦境外犯罪的人,在依照本法典第 13 条的规定引渡时,在法院判决生效前羁押的时间和依照法院判决服剥夺自由刑的时间,按 1 日折抵 1 日计算。"《希腊刑法典》第 87 条规定:"被判处剥夺自由刑时,在量定刑期后,应当从中扣除有管辖权的侦查机关对被判刑人所决定实施的拘留期间,被暂时逮捕的期间也应当从中扣除……"《德国刑法典》第 51 条规定:"被判决人因作为诉讼标的行为或曾是诉讼标的行为而被待审拘留或者以其他方式被剥夺自由的,其被剥夺自由的期间折抵为自由刑或罚金刑。……被判决人因同一行为在国外已受处罚的,其在国外已执行的刑罚算入新判刑罚内。"此外,墨西哥、西班牙等国家刑法典亦有类似规定。

第三章

涉外刑事诉讼的管辖

本章知识要点

（1）刑事诉讼管辖分为立案管辖和审判管辖。（2）外国人犯罪原则上应当由基层人民法院一审，但涉及危害国家安全、恐怖活动案件以及可能判处无期徒刑、死刑的案件，仍应由中级人民法院一审。（3）保护管辖、普遍管辖案件原则上不再由中级人民法院一审管辖，但涉及危害国家安全、恐怖活动案件以及可能判处无期徒刑、死刑的案件，仍应由中级人民法院一审。（4）中国公民在中华人民共和国领域外的犯罪，由其登陆地、入境地、离境前居住地或者现居住地的人民法院管辖；被害人是中国公民的，也可以由被害人离境前居住地或者现居住地的人民法院管辖。（5）外国人在中华人民共和国领域外对中华人民共和国国家或者公民犯罪，根据我国《刑法》应当受处罚的，由该外国人登陆地、入境地或者入境后居住地的人民法院管辖，也可以由被害人离境前居住地或者现居住地的人民法院管辖。

第一节　涉外刑事管辖的基本规定

确定管辖权是办理涉外案件的基石。管辖涉及的是人民法院、人民检察院、公安机关、国家安全机关等直接受理刑事案件范围的分工，以及人民法院内部审判第一审刑事案件的分工。涉外管辖同样有级别管辖、地区管辖的基本分类，其中地区管辖还可以分为一般地区管辖和特殊地区管辖。涉外刑事管辖的难点在于特殊情况下如何确定地区管辖权。

案例一　朱某等拐卖妇女、诈骗案[①]

【基本案情】

被告人朱某，中国籍，户籍所在地为安徽省蚌埠市五河县。被告人韦某粉，国

---

① 上海检察．最高人民检察院发布的第一批国际刑事司法协助典型案例［EB/OL］．(2024-03-29)．https://j.eastday.com/p/1605373299023698．

籍不明,案发前与朱某同居。被告人武某乔,越南公民,案发前住河北省邯郸市磁县。被告人朱某贡,越南公民,案发前住河北省邯郸市磁县。自 2016 年年初,被告人武某乔、朱某贡等多名越南人与被告人韦某粉、朱某联系,以介绍婚姻为名,将多名越南女子带至朱某在国内的居住地暂住,再通过当地媒人寻找当地需要收买越南妇女为妻的未婚男青年,多名当地未婚男青年以 3 万至 5 万元不等价格收买越南妇女为妻,其中大部分越南妇女与收买者共同生活后不久即逃离。2018 年 6 月 19 日,因越南妇女柯某玲被收买人看管太严,找不到机会逃跑,遂报警称自己被拐卖,导致案发。

本案由蚌埠市固镇县公安局侦查终结,并于 2019 年 1 月 11 日向蚌埠市蚌山区人民检察院移送审查起诉。侦查机关将涉案 16 起犯罪事实认定为拐卖妇女犯罪,将 3 起犯罪事实认定为诈骗犯罪,认为朱某贡、武某乔涉嫌组织偷越国(边)境罪。

2019 年 6 月 19 日,蚌埠市蚌山区人民检察院依法向蚌埠市蚌山区人民法院提起公诉。2019 年 12 月 25 日,蚌埠市蚌山区人民法院判决认定被告人朱某、韦某粉等犯拐卖妇女罪、诈骗罪,分别判处有期徒刑 5 年至 18 年 6 个月,并处罚金;被告人武某乔、朱某贡等人犯诈骗罪,分别被判处 2 年 3 个月至 4 年 6 个月不等的有期徒刑,刑满释放后驱逐出境。

【主要法律问题】

(1) 对于外国人的犯罪,我国是否一律由犯罪地或被告人居住地法院管辖?
(2) 管辖权竞合时如何处理?

【主要法律依据】

《最高人民法院关于适用〈中华人民共和国刑事诉讼法〉的解释》(2021 年 3 月 1 日起施行)

第 3 条 被告人的户籍地为其居住地。经常居住地与户籍地不一致的,经常居住地为其居住地。经常居住地为被告人被追诉前已连续居住一年以上的地方,但住院就医的除外。

第 4 条 在中华人民共和国内水、领海发生的刑事案件,由犯罪地或者被告人登陆地的人民法院管辖。由被告人居住地的人民法院审判更为适宜的,可以由被告人居住地的人民法院管辖。

第 6 条 在国际列车上的犯罪,根据我国与相关国家签订的协定确定管辖;没有协定的,由该列车始发或者前方停靠的中国车站所在地负责审判铁路运输刑事案件的人民法院管辖。

第 7 条 在中华人民共和国领域外的中国船舶内的犯罪,由该船舶最初停泊的中国口岸所在地或者被告人登陆地、入境地的人民法院管辖。

第 8 条 在中华人民共和国领域外的中国航空器内的犯罪,由该航空器在中国最初降落地的人民法院管辖。

第 10 条　中国公民在中华人民共和国领域外的犯罪，由其登陆地、入境地、离境前居住地或者现居住地的人民法院管辖；被害人是中国公民的，也可以由被害人离境前居住地或者现居住地的人民法院管辖。

第 11 条　外国人在中华人民共和国领域外对中华人民共和国国家或者公民犯罪，根据《中华人民共和国刑法》应当受处罚的，由该外国人登陆地、入境地或者入境后居住地的人民法院管辖，也可以由被害人离境前居住地或者现居住地的人民法院管辖。

第 12 条　对中华人民共和国缔结或者参加的国际条约所规定的罪行，中华人民共和国在所承担条约义务的范围内行使刑事管辖权的，由被告人被抓获地、登陆地或者入境地的人民法院管辖。

第 15 条　一人犯数罪、共同犯罪或者其他需要并案审理的案件，其中一人或者一罪属于上级人民法院管辖的，全案由上级人民法院管辖。

第 19 条　两个以上同级人民法院都有管辖权的案件，由最初受理的人民法院审判。必要时，可以移送主要犯罪地的人民法院审判。

管辖权发生争议的，应当在审理期限内协商解决；协商不成的，由争议的人民法院分别层报共同的上级人民法院指定管辖。

【理论分析】

一、涉外刑事管辖的一般规定

管辖，是指人民法院、人民检察院、公安机关、监察机关直接受理刑事案件权限范围的分工，以及人民法院内部审判第一审刑事案件的分工。刑事诉讼中的管辖分两个层次。

1. 立案管辖

立案管辖的划分决定了我国刑事诉讼中的程序运行模式。在我国刑事诉讼中，人民法院直接受理告诉才处理的案件，被害人有证据证明的轻微刑事案件以及公诉转自诉的案件；人民检察院直接受理司法工作人员利用职权实施的侵犯公民权利、损害司法公正的案件，经省级以上人民检察院决定由人民检察院直接受理的公安机关管辖的国家机关工作人员利用职权实施的重大犯罪案件；其他绝大多数刑事案件都由公安机关立案侦查。公职人员和有关人员的职务犯罪案件则由监察机关管辖。

2. 审判管辖

审判管辖由纵向的级别管辖和横向的地区管辖组成。在级别管辖上，绝大多数案件都由中级和基层人民法院审判。其中，中级人民法院管辖危害国家安全、恐怖活动案件、可能判处无期徒刑和死刑的案件。地区管辖的一般原则是以犯罪地人民法院审判为主，以被告人居住地人民法院审判为补充。当地区管辖出现争议时，法律规定了优先管辖、移送管辖和指定管辖三个解决管辖争议的办法。此外，法律还对普通人民法院和专门人民法院在管辖上进行了明确的划分。

中级人民法院一审管辖的案件如下：（1）危害国家安全案件。主要有背叛国家罪；分裂国家罪；煽动分裂国家罪；武装叛乱、暴乱罪；颠覆国家政权罪；煽动颠覆国家政权罪；资助危害国家安全犯罪活动罪；投敌叛变罪；叛逃罪；间谍罪；为境外窃取、刺探、收买、非法提供国家秘密、情报罪；资敌罪。（2）恐怖活动案件。恐怖活动案件的范围主要依据刑法分则规定的罪名予以明确。其中，涉嫌"资助恐怖活动组织、恐怖活动个人罪"和"组织、领导、参加恐怖活动组织罪"属于恐怖活动案件，由中级人民法院一审。① （3）可能判处无期徒刑、死刑的案件。人民检察院认为可能判处无期徒刑、死刑，向中级人民法院提起公诉的案件，中级人民法院受理后，认为不需要判处无期徒刑、死刑的，应当依法审判，不再交基层人民法院审判。（4）犯罪嫌疑人、被告人逃匿、死亡后没收违法所得的案件，由犯罪地或者犯罪嫌疑人、被告人居住地的中级人民法院组成合议庭审理（《刑事诉讼法》第299条）。（5）对于贪污贿赂犯罪案件，以及需要及时进行审判，经最高人民检察院核准的严重危害国家安全犯罪、恐怖活动犯罪案件，犯罪嫌疑人、被告人在境外，监察机关、公安机关移送起诉的缺席审判案件，由犯罪地、被告人离境前居住地或者最高人民法院指定的中级人民法院组成合议庭进行审理（《刑事诉讼法》第291条）。

需要特别注意的是，"外国人犯罪应当由中级人民法院一审"的情形已被删去，目的是体现外国人与国人平等对待。因此，外国人犯罪原则上应当由基层人民法院一审，但其涉及危害国家安全、恐怖活动案件以及可能判处无期徒刑、死刑的案件，仍应由中级人民法院一审。同样的道理，保护管辖、普遍管辖案件原则上不再由中级人民法院一审管辖，但其涉及危害国家安全、恐怖活动案件以及可能判处无期徒刑、死刑的案件，仍应由中级人民法院一审。此外，最高人民法院管辖全国性的重大刑事案件。省（自治区、直辖市）高级人民法院管辖全省（自治区、直辖市）性的重大刑事案件。基层人民法院管辖除了应当由上级人民法院管辖的其他刑事案件。

二、涉外刑事管辖的特殊规定

1. 国际列车上犯罪的管辖

在国际列车上的犯罪，根据我国与相关国家签订的协定确定管辖；没有协定的，

---

① 根据《全国人民代表大会常务委员会关于加强反恐怖工作有关问题的决定》（已失效），其有关"恐怖活动是指以制造社会恐慌、危害公共安全或者胁迫国家机关、国际组织为目的，采取暴力、破坏、恐吓等手段，造成或者意图造成人员伤亡、重大财产损失；公共设施损坏、社会秩序混乱等严重社会危害的行为，以及煽动、资助或者以其他方式协助实施上述活动的行为""恐怖活动组织是指为实施恐怖活动而组成的犯罪集团"和"恐怖活动人员是指组织、策划、实施恐怖活动的人和恐怖活动组织的成员"等规定，由恐怖活动组织或人员实施的，以制造社会恐慌为目的，危害公共安全，危害公民人身或者财产权利，危害社会管理秩序的放火、决水、爆炸、投放危险物质，非法制造、买卖、运输、储存危险物质，劫持航空器，故意杀人，故意伤害，绑架等犯罪也属于恐怖活动犯罪，这些案件也由中级人民法院一审。

由该列车始发或者前方停靠的中国车站所在地负责审判铁路运输刑事案件的人民法院管辖。

2. 中国公民的域外犯罪管辖

中国公民在中华人民共和国领域外的犯罪，由其登陆地、入境地、离境前居住地或者现居住地的人民法院管辖；被害人是中国公民的，也可以由被害人离境前居住地或者现居住地的人民法院管辖。

3. 外国人的域外犯罪管辖

即保护管辖，外国人在中华人民共和国领域外对中华人民共和国国家或者公民犯罪，根据我国《刑法》应当受处罚的，由该外国人登陆地、入境地或者入境后居住地的人民法院管辖，也可以由被害人离境前居住地或者现居住地的人民法院管辖。

4. 外国人的域内犯罪管辖

外国人犯罪原则上应当由基层法院一审，但其涉及危害国家安全、恐怖活动案件以及可能判处无期徒刑、死刑的案件，仍应由中级人民法院一审。

5. 普遍管辖

对于中华人民共和国缔结或者参加的国际条约所规定的罪行，中华人民共和国在所承担条约义务的范围内行使刑事管辖权的，由被告人被抓获地、登陆地或者入境地的人民法院管辖。

6. 域外中国领土上的犯罪管辖

在中华人民共和国领域外的中国船舶内的犯罪，由该船舶最初停泊的中国口岸所在地或者被告人登陆地、入境地的人民法院管辖。在中华人民共和国领域外的中国航空器内的犯罪，由该航空器在中国最初降落地的人民法院管辖。域外的中国船舶或航空器属于我国的"移动领土"，在其内的犯罪属于域内犯罪。值得注意的是，如果中国人在域外的中国船舶或航空器内犯罪，不具备涉外性，不适用涉外刑事诉讼程序；如果外国人在域外的中国船舶或航空器内犯罪，才具备涉外性。

三、本案评析

1. 韦某粉等犯拐卖妇女罪、诈骗罪，武某乔、朱某贡等人犯诈骗罪的地区管辖

按照《最高人民法院关于适用〈中华人民共和国刑事诉讼法〉的解释》第477条的规定，外国人的国籍，根据其入境时持用的有效证件确认；国籍不明的，根据公安机关或者有关国家驻华使领馆出具的证明确认。本案中，武某乔、朱某贡等人经查明系越南公民，而被告人韦某粉的国籍也应按照上述规定予以认定，但如果最终无法确认，则属于国籍不明的情况，按照无国籍人对待。外国人或无国籍人如果在我国域内实施拐卖妇女、诈骗犯罪，应以犯罪地人民法院审判管辖为主，以被告人居住地人民法院审判管辖为补充。但需注意的是，在中华人民共和国内水、领海发生的刑事案件，被告人登陆地的人民法院也有权管辖；如果在我国域外实施拐卖妇女、诈

骗犯罪，则属于保护管辖，由该外国人登陆地、入境地或者入境后居住地的人民法院管辖，也可以由被害人离境前居住地或者现居住地的人民法院管辖。由此可见，外国人或无国籍人在域内和域外犯罪的管辖法院不同，并非一律由犯罪地或被告人居住地法院管辖。因此，认定清楚本案被告人是否系域外犯罪是确定涉外刑事管辖的关键所在。

2. 管辖权竞合的处理

管辖权出现竞合时，"最初受理地"法院和"主要犯罪地"法院享有优先管辖权。如果两个以上同级人民法院都有管辖权的案件，由最初受理的人民法院审判。必要时，可以移送主要犯罪地的人民法院审判。管辖权发生争议的，应当在审理期限内协商解决；协商不成的，由争议的人民法院分别层报共同的上级人民法院指定管辖。

【实操分析】

一、多方认定外国身份

外国籍犯罪嫌疑人身份信息可通过多种渠道查明。本案中，侦查机关通过越南驻华使馆确认犯罪嫌疑人身份是比较便捷有效的方式。需要注意的是，外国驻华使、领馆并无法律义务为我国司法执法机关提供该国公民的身份认证协助。中国和越南之间已签署刑事司法协助条约，最高人民检察院是该条约规定的中方中央机关，因此，在案件侦查阶段，检察机关可以指导侦查机关层报公安部，并由公安部通过最高人民检察院联系越南最高人民检察院，请求查明越南犯罪嫌疑人的身份；在审查起诉阶段，检察机关可以直接层报最高人民检察院联系越南最高人民检察院，请求查明越南犯罪嫌疑人的身份。

二、审慎适用驱逐出境

检察机关应综合各方面因素，决定是否提出适用驱逐出境的量刑建议。本案中韦某粉在中国生活多年后出于贪利动机才开始犯罪，其在中国生活期间生育多个子女，均未成年，且已为朱某家庭成员和亲属认可接受，故检察机关对其未建议适用驱逐出境。而本案其他外国籍被告人，结合其来到中国即实施犯罪，居住生活时间不长，建议适用附加驱逐出境。

【思考题】

涉外刑事诉讼的地区管辖有哪些特殊规定？

第二节 涉外重婚犯罪案件的管辖

涉外重婚犯罪具有时间持续性、法律关系复杂性、法律适用交叉性等特点，其法律判定和管辖权确定较为特殊、复杂，但该类案件在司法实践中又比较常见，因此有必要专节予以探讨。

案例二　桥某甲诉桥某乙重婚案[①]

【基本案情】

日本人桥某甲指控其日籍丈夫桥某乙犯重婚罪。桥某乙与桥某甲于1990年在日本结婚并育有子女。2007年，桥某乙通过伪造签名等手段在日本单方面骗取离婚登记，而该离婚随后被京都家庭裁判所判定无效。尽管如此，桥某乙于2007年在中国与陈某丙登记结婚，并尝试将陈某丙登记为其日本户籍中的配偶。

桥某甲向上海市第一中级人民法院提起控诉，指控桥某乙及陈某丙重婚。审理过程中，桥某甲撤回了对陈某丙的控诉。法院审理认为，桥某乙在明知其与桥某甲的婚姻仍然有效的情况下，与陈某丙登记结婚，构成了重婚罪。2010年11月19日，法院判处桥某乙拘役三个月，桥某甲未提出上诉，判决生效。

【主要法律问题】

本案是否系涉外重婚犯罪，如何确定管辖权？

【主要法律依据】

《中华人民共和国刑法》（2023年12月修正）

第8条　外国人在中华人民共和国领域外对中华人民共和国国家或者公民犯罪，而按本法规定的最低刑为三年以上有期徒刑的，可以适用本法，但是按照犯罪地的法律不受处罚的除外。

第258条　有配偶而重婚的，或者明知他人有配偶而与之结婚的，处二年以下有期徒刑或者拘役。

《中华人民共和国刑事诉讼法》（2018年10月修正）

第25条　刑事案件由犯罪地的人民法院管辖。如果由被告人居住地的人民法院审判更为适宜的，可以由被告人居住地的人民法院管辖。

【理论分析】

一、涉外重婚犯罪的管辖

依据我国的法律规定，有配偶而重婚的，或者明知他人有配偶而与之结婚的，构成重婚罪，处二年以下有期徒刑或者拘役。关于涉外重婚犯罪，应从属人和属地两方

[①] 参见上海市第一中级人民法院（2010）沪一中刑初字第135号刑事判决书。

面来判断我国法院是否有管辖权。

对于中国公民的域外重婚犯罪，例如中国人在国内有配偶而在日本与他人结婚，由其登陆地、入境地、离境前居住地或者现居住地的人民法院管辖；被害人是中国公民的，也可以由被害人离境前居住地或者现居住地的人民法院管辖。

对于外国人在域外对中国公民的重婚犯罪，例如日本人有中国配偶，但又在日本与他人结婚，也属于涉外重婚行为，但这种情况下我国法院并不需要行使管辖权，因为依据我国刑法的相关规定，外国人在中华人民共和国领域外对中华人民共和国国家或者公民犯罪，按我国刑法规定的最低刑为三年以上有期徒刑的，可以适用我国刑法，但是按照犯罪地的法律不受处罚的除外。重婚罪最高刑罚为二年有期徒刑，低于三年，因而不适用我国刑法。

对于外国人在域内的重婚犯罪，例如日本人原本有配偶，但在我国又与他人结婚，也属于涉外重婚犯罪，由犯罪地的基层人民法院管辖。如果由被告人居住地的人民法院审判更为适宜的，可以由被告人居住地的基层人民法院管辖。

二、本案评析

1. 本案属于涉外重婚犯罪

本案中，日本人桥某乙与桥某甲于1990年在日本结婚并育有子女。2007年，桥某乙通过伪造签名等手段在日本单方面骗取离婚登记，而该离婚随后被京都家庭裁判所判定无效。据此可以认定，桥某乙仍处于婚姻合法存续期间，属于"有配偶"。此后，桥某乙于2007年在中国与陈某丙登记结婚，并尝试将陈某丙登记为其日本户籍中的配偶，属于外国人在域内的重婚犯罪。

2. 对于外国人在域内的重婚犯罪，原则上由犯罪地的人民法院管辖

如果由被告人居住地的人民法院审判更为适宜的，可以由被告人居住地的人民法院管辖。犯罪地包括犯罪行为地和犯罪结果地。因而，本案中重婚犯罪的行为地、结果地和被告人居住地法院均有权管辖。

【实操分析】

一、我国法院并不必然享有涉外重婚犯罪管辖权

对于外国人在域外对中国公民的重婚犯罪，鉴于犯罪行为发生在域外，且被告人也系外国人，我国在规定保护管辖时，设定了三年以上有期徒刑的管辖底线，体现了对他国司法权的适当尊重，以及本国司法权行使的谦抑。而重婚罪社会危害性较小，因而我国刑事诉讼法将其列为可以自诉的案件之一，同时，对于外国人在域外对中国公民的重婚犯罪也不需要行使保护管辖权。

二、涉外重婚犯罪应审慎认定

对于中国公民的域外重婚犯罪，以及外国人在域内的重婚犯罪，均需要按照域外民政、司法等机关的文书、证据等对其域外结婚的事实予以认定，在此基础上才涉

重婚犯罪的追诉。因而，应当充分利用多种渠道查明涉外婚姻事实。同时，重婚、结婚、非法同居、事实婚姻等在不同国家的认定以及相互关系可能有所不同，因而应按照域外法律的规定，审慎认定当事人的婚姻状态，避免出现办案错误。

【思考题】

涉外重婚犯罪应如何确定管辖权？

第四章

涉外刑事诉讼的辩护

本章知识要点

（1）涉外刑事诉讼中外国籍或者无国籍犯罪嫌疑人、被告人同样享有辩护权。（2）涉外刑事诉讼中外国籍或者无国籍犯罪嫌疑人、被告人的辩护人产生方式有两种，即委托辩护与法律援助辩护；在选择位序上，委托辩护应当优先于法律援助辩护。（3）涉外刑事诉讼中的常见辩护类型主要包括：无罪辩护、罪轻辩护、量刑辩护、程序性辩护、证据辩护。

第一节 涉外刑事诉讼中的辩护权

刑事诉讼发展的历史就是辩护权扩充的历史，辩护的发达程度亦是衡量一国刑事司法人权保障现状的"试金石"。我国刑事辩护制度经过几十年的发展已经愈发完善，犯罪嫌疑人、被告人有权获得辩护已经成为一项基本的刑事诉讼原则，充分贯彻落实了宪法、刑事诉讼法中有关"尊重和保障人权"的基本理念。在此背景下，我国刑事诉讼法明确规定，外国籍或者无国籍犯罪嫌疑人、被告人在刑事诉讼中同样享有辩护权，不仅彰显了我国刑事司法人权保障的基本理念，同时也契合当今国际社会的共识性价值选择。

案例一 岩某、岩某勒走私、贩卖、运输、制造毒品案[①]

【基本案情】

公诉机关：云南省大理白族自治州人民检察院。

被告人：岩某，男，佤族，23岁，文盲，住缅甸（以上身份系自报）。因涉嫌犯

---

① 参见云南省大理白族自治州中级人民法院（2019）云29刑初112号刑事判决书。

运输毒品罪于 2019 年 4 月 2 日被刑事拘留,同年 5 月 7 日被执行逮捕。

指定辩护人:张某,云南法阳律师事务所律师。

被告人:岩某勒,男,佤族,20 岁,文盲,住缅甸(以上身份系自报)。因涉嫌犯运输毒品罪于 2019 年 4 月 2 日被刑事拘留,同年 5 月 7 日被执行逮捕。

指定辩护人:茶某、赵某(实习),云南法阳律师事务所律师。

云南省大理白族自治州人民检察院指控:被告人岩某、岩某勒二人因贪图高额报酬,运输毒品到云南省昆明市。2019 年 4 月 2 日 20 时许,弥渡县公安局民警根据线索在昆明市五华区北市区公交站附近将被告人岩某、岩某勒抓获,从岩某携带的蓝色行李箱内查获用黑色塑料袋包裹的毒品甲基苯丙胺片剂 17 包,净重为 9502 克。

针对上述指控,公诉机关向法院提交了物证、书证、证人证言、被告人的供述与辩解、毒品检验报告、摘抄手机通话记录等证据证实指控事实存在。认为被告人岩某、岩某勒的行为已触犯我国《刑法》第 347 条之规定,构成运输毒品罪,提请依法判处。

被告人岩某对指控事实及罪名无异议,自愿认罪,并签订了认罪认罚具结书,请求从轻处罚。其指定辩护人提出被告人岩某系受雇运输毒品,系从犯、初犯,主观恶性较小,认罪悔罪态度好,请求从轻、减轻处罚的辩护意见。

被告人岩某勒对指控事实及罪名无异议,自愿认罪,并签订了认罪认罚具结书,请求从轻处罚。其指定辩护人提出岩某勒系从犯、初犯,社会危害性较小,认罪悔罪态度好,请求从轻、减轻处罚的辩护意见。

云南省大理白族自治州中级人民法院审理认为,公诉机关指控事实清楚,证据确实、充分,指控罪名成立,应予支持。被告人岩某、岩某勒在共同运输毒品犯罪中,地位、作用相当,可不划分主、从犯。被告人岩某、岩某勒归案后认罪态度较好,自愿认罪,属初犯,可以酌情从轻处罚。扣押在案的毒品甲基苯丙胺 9502 克,手机 2 部,蓝色密码箱 1 个,属违禁品和供犯罪所用的本人财物,依法应予没收。被告人岩某、岩某勒及其辩护人提出认罪悔罪态度好,系初犯、毒品未流入社会,请求从轻处罚的辩护意见,符合案件实际和法律规定,予以采纳。

【主要法律问题】

(1) 刑事诉讼中的外国籍或者无国籍犯罪嫌疑人、被告人是否享有辩护权?

(2) 本案审理程序中司法机关是否依法保障了外国籍被告人的辩护权?

(3) 涉外刑事诉讼中辩护人的职责有无特殊性?

【主要法律依据】

《中华人民共和国刑事诉讼法》(2018 年 10 月修正)

第 33 条　犯罪嫌疑人、被告人除自己行使辩护权以外,还可以委托一至二人作为辩护人。

第 34 条　犯罪嫌疑人自被侦查机关第一次讯问或者采取强制措施之日起,有权委托辩护人；在侦查期间，只能委托律师作为辩护人。被告人有权随时委托辩护人。

侦查机关在第一次讯问犯罪嫌疑人或者对犯罪嫌疑人采取强制措施的时候，应当告知犯罪嫌疑人有权委托辩护人。人民检察院自收到移送审查起诉的案件材料之日起三日以内，应当告知犯罪嫌疑人有权委托辩护人。人民法院自受理案件之日起三日以内，应当告知被告人有权委托辩护人。犯罪嫌疑人、被告人在押期间要求委托辩护人的，人民法院、人民检察院和公安机关应当及时转达其要求。

犯罪嫌疑人、被告人在押的，也可以由其监护人、近亲属代为委托辩护人。

第 35 条　犯罪嫌疑人、被告人因经济困难或者其他原因没有委托辩护人的，本人及其近亲属可以向法律援助机构提出申请。对符合法律援助条件的，法律援助机构应当指派律师为其提供辩护。

第 37 条　辩护人的责任是根据事实和法律，提出犯罪嫌疑人、被告人无罪、罪轻或者减轻、免除其刑事责任的材料和意见，维护犯罪嫌疑人、被告人的诉讼权利和其他合法权益。

《最高人民法院关于适用〈中华人民共和国刑事诉讼法〉的解释》（2021 年 3 月 1 日起施行）

第 478 条　在刑事诉讼中，外国籍当事人享有我国法律规定的诉讼权利并承担相应义务。

【理论分析】

一、外国籍或者无国籍犯罪嫌疑人、被告人应当享有辩护权

1. 辩护权的重要作用

在现代法治社会，犯罪嫌疑人、被告人有权获得辩护不仅是各国国内法刑事诉讼立法的一项基本原则，而且也是联合国刑事司法人权保障的基本原则之一，并在一系列国际文件中得以规定。例如，1948 年联合国大会通过并宣布的《世界人权宣言》第 11 条规定："凡受刑事控告者，在未经获得辩护上所需的一切保证的公开审判而依法证实有罪以前，有权被视为无罪。"根据这一规定，刑事辩护的获得及其保障已经成为认定犯罪嫌疑人、被告人有罪的前提之一。此外，根据联合国《公民权利和政治权利国际公约》第 14 条第 3 款的规定，获得刑事辩护是犯罪嫌疑人、被告人面对刑事指控时所应当享有的一项最低限度的基本权利。[1] 作为国际社会共识性的价值目标，辩护权的重要作用主要体现在两个基本方面：其一，辩护权是刑事审判权的重要组成部分，也是实现刑事司法正义的前提条件。[2] 在刑事诉讼中，承担追诉职能的控诉机关本质上代

---

[1] 联合国官方网站. 公民权利和政治权利国际公约[EB/OL]. (2024-04-20). https://www.un.org/zh/documents/treaty/A-RES-2200-XXI-2.

[2] Alina Marilena Tuca, Enforcement of the Right of Defense in the Criminal Trial, Lex ET Scientia International Journal, vol. 27, no. 2, 2020, p174.

表的是国家公权力,因而相较于个体化的犯罪嫌疑人、被告人处于绝对的优势地位。为了避免造成控辩双方力量对比的显著失衡,必须赋予犯罪嫌疑人、被告人不可侵犯的辩护权,从而保障控辩双方能够在司法场域内平等对抗,最大限度地推动刑事诉讼中个人利益与社会整体利益的平衡。其二,辩护权的行使有助于发现案件事实真相。根据刑事诉讼中的无罪推定原则,犯罪嫌疑人、被告人在被证实有罪之前应被"推定"无罪,控诉机关负有证明犯罪嫌疑人、被告人有罪的证明责任。在此过程中,依托辩护权的行使,辩方能够对控方所提出的相关事实、证据、法律适用予以反驳乃至质疑,从而推动"真相愈辩愈明",促使裁判者最终能够在确凿、充分的证据基础之上作出判决。

2. 辩护权是我国刑事司法人权保障的重要体现

作为"宪法适用法"的刑事诉讼法如何贯彻"尊重和保障人权"的宪法精神,是测度一个国家人权保障水平的重要指针。[1] 我们国家既往的刑事诉讼立法多是从打击犯罪而非保障人权的目的出发予以构建的。但自改革开放特别是进入新时代以来,我国刑事司法人权保障取得了突出成就,如 2012 年《刑事诉讼法》在总则中增加"尊重和保障人权"条款,以党的十八届四中全会《中共中央关于全面推进依法治国若干重大问题的决定》为代表的一系列重要文件,均强调加强刑事司法人权保障,并要求通过具体的制度设计加以落实,都体现了我国人权保障司法理念的彰显。因此,赋予涉外刑事诉讼中外国籍或者无国籍犯罪嫌疑人、被告人不容侵犯的辩护权,不仅是法律面前人人平等原则的内在要求,同时也是我国刑事司法人权保障理念的应有之义。

二、本案评析

在我国,根据相关法律规定,涉外刑事诉讼中外国籍或者无国籍犯罪嫌疑人、被告人同样享有不容侵犯的辩护权。本案中,审判机关依法保障了外国籍被告人岩某、岩某勒在审判程序中的辩护权。本案中,在外国籍被告人岩某、岩某勒并未委托辩护人的情况下,云南省大理白族自治州中级人民法院通知相关法律援助中心指派律师为岩某、岩某勒提供辩护,并在审理过程中依法认真听取了辩护人意见,因而保障了外国籍被告人岩某、岩某勒的辩护权及其充分行使。

在涉外刑事诉讼中,辩护人的职责并无特殊性。根据刑事诉讼法的相关规定,辩护人的核心责任是,根据事实和法律,提出犯罪嫌疑人、被告人无罪、罪轻或者减轻、免除其刑事责任的材料和意见,维护犯罪嫌疑人、被告人的诉讼权利和其他合法权益。就此而言,无论是在涉外刑事诉讼抑或非涉外刑事诉讼中,当事人无论是外国籍被告人还是本国公民,辩护人的核心职责本质上是相同的,即依据事实、证据和法律,为犯罪嫌疑人、被告人谋求程序适用与实体结果上的正当利益。具体到本案中,虽然当事人岩某、岩某勒为外国籍被告人,本案在诉讼性质上属于涉外刑事诉讼,但辩护人

---

[1] 陈卫东. 中国刑事程序法治文明的新发展 [J]. 中国社会科学, 2022 (12): 97.

的具体职责并未具有任何变化以及特殊性，而是同样根据在案证据，为被告人岩某、岩某勒谋求从轻、减轻处罚的有利结果，即被告人岩某对指控事实及罪名无异议，自愿认罪，并签订了认罪认罚具结书，请求从轻处罚。岩某的指定辩护人提出被告人岩某系受雇运输毒品，系从犯、初犯，主观恶性较小，认罪悔罪态度好，请求从轻、减轻处罚的辩护意见；被告人岩某勒对指控事实及罪名无异议，自愿认罪，并签订了认罪认罚具结书，请求从轻处罚。岩某勒的指定辩护人提出岩某勒系从犯、初犯，社会危害性较小，认罪悔罪态度好，请求从轻、减轻处罚的辩护意见。且以上辩护意见大部分被法院采纳，取得了积极的辩护效果。

【实操分析】

要切实保障涉外刑事诉讼中外国籍或者无国籍犯罪嫌疑人、被告人的辩护权。我国相关法律已经明确规定，涉外刑事诉讼中的外国籍或者无国籍犯罪嫌疑人、被告人同样享有辩护权，因此，在涉外刑事司法实践中，司法机关应当注重保障外国籍或者无国籍犯罪嫌疑人、被告人的辩护权，具体包括依法告知其享有辩护权、有权委托辩护人，以及在其因经济困难或者其他原因而没有委托辩护人的情况下，告知其有权申请法律援助或者酌情通知法律援助机构为其指派律师提供辩护。

在涉外刑事诉讼中，辩护人的职责并无特殊性，同样需要根据事实、证据和法律，提出犯罪嫌疑人、被告人无罪、罪轻或者减轻、免除其刑事责任的材料和意见，维护犯罪嫌疑人、被告人的诉讼权利和其他合法权益。

【思考题】

（1）刑事诉讼中的外国籍或者无国籍犯罪嫌疑人、被告人是否可以放弃辩护权？

（2）刑事诉讼中的外国籍或者无国籍犯罪嫌疑人、被告人的辩护权如果受到侵害，应当如何寻求救济？

第二节 涉外刑事诉讼中辩护人的产生方式

一般认为，辩护人是指接受被追诉一方委托或者公安机关和司法机关通知、法律援助机构指派，帮助犯罪嫌疑人、被告人行使辩护权以维护其合法权益的人。据此，辩护人的产生方式主要包括两种，即因犯罪嫌疑人、被告人一方委托而产生的辩护人，以及因公安机关和司法机关通知、法律援助机构指派而产生的辩护人。在涉外刑事诉讼中，犯罪嫌疑人、被告人的辩护人的产生方式，同样遵循以上两种基本路径。

案例二　金某职务侵占案[①]

【基本案情】

公诉机关：山东省威海火炬高技术产业开发区人民检察院。

被告人：金某，女，大韩民国国籍，1961年生，高中文化，原系威海甲服装有限公司负责人，现无业，户籍所在地为大韩民国庆尚北道仙山郡，现住威海经济技术开发区。2013年10月30日因涉嫌犯职务侵占罪被威海市公安局环翠分局刑事拘留，同年11月14日被依法逮捕，2014年1月26日被威海火炬高技术产业开发区人民检察院决定取保候审。经法院决定，于2014年11月25日被依法逮捕。

辩护人：曲某，山东海明达律师事务所律师。

翻译人：赵某，山东大学（威海）韩国学院教师。

翻译人：黄某，山东大学（威海）韩国学院教师。

山东省威海火炬高技术产业开发区人民检察院指控被告人金某犯职务侵占罪，于2014年4月8日向法院提起公诉。法院依法组成合议庭，公开开庭审理了本案。法院于2014年5月6日向检察院送达了补充证据建议函，该检察院分别于同年7月2日、10月23日两次建议延期审理，法院同日决定延期审理，经检察院分别于同年7月31日、11月14日申请恢复审理，法院于当日决定恢复审理。检察院指派检察员王某出庭支持公诉，被告人金某及其辩护人曲某、翻译人赵某和黄某到庭参加了诉讼。

案例三　陈某雄故意伤害案[②]

【基本案情】

原公诉机关：广西壮族自治区崇左市人民检察院。

上诉人（原审被告人）：陈某雄，绰号"阿兴"，男，1988年生，越南社会主义共和国国籍，京族，越南九年级文化，农民，户籍所在地为越南。因涉嫌犯故意伤害罪于2017年5月10日被刑事拘留，同年6月29日被逮捕。

指定辩护人：黄某，广西民族律师事务所律师。

指定辩护人：韦某，广西民族律师事务所实习律师。

翻译人：杨某，大新县旅游局职工。

广西壮族自治区崇左市中级人民法院审理原审被告人陈某雄犯故意伤害罪一案，于2018年2月26日作出刑事判决。原审被告人陈某雄不服，提出上诉。法院依法组成

[①] 参见山东省威海火炬高技术产业开发区人民法院（2014）威高刑初字第66号刑事判决书。
[②] 参见广西壮族自治区高级人民法院（2018）桂刑终171号刑事裁定书。

合议庭,经过阅卷、讯问上诉人陈某雄、听取辩护人辩护意见,认为案件事实清楚,依法决定不开庭审理此案。

【主要法律问题】

(1) 刑事诉讼中的外国籍或者无国籍犯罪嫌疑人、被告人的辩护人是如何产生的?

(2) 在涉外刑事诉讼中,委托辩护与法律援助辩护存在何种逻辑关系?

【主要法律依据】

《中华人民共和国法律援助法》(2022年1月1日起施行)

第25条 刑事案件的犯罪嫌疑人、被告人属于下列人员之一,没有委托辩护人的,人民法院、人民检察院、公安机关应当通知法律援助机构指派律师担任辩护人:

(一)未成年人;

(二)视力、听力、言语残疾人;

(三)不能完全辨认自己行为的成年人;

(四)可能被判处无期徒刑、死刑的人;

(五)申请法律援助的死刑复核案件被告人;

(六)缺席审判案件的被告人;

(七)法律法规规定的其他人员。

其他适用普通程序审理的刑事案件,被告人没有委托辩护人的,人民法院可以通知法律援助机构指派律师担任辩护人。

第27条 人民法院、人民检察院、公安机关通知法律援助机构指派律师担任辩护人时,不得限制或者损害犯罪嫌疑人、被告人委托辩护人的权利。

《最高人民法院关于适用〈中华人民共和国刑事诉讼法〉的解释》(2021年3月1日起施行)

第485条 外国籍被告人委托律师辩护,或者外国籍附带民事诉讼原告人、自诉人委托律师代理诉讼的,应当委托具有中华人民共和国律师资格并依法取得执业证书的律师。

外国籍被告人在押的,其监护人、近亲属或者其国籍国驻华使领馆可以代为委托辩护人。其监护人、近亲属代为委托的,应当提供与被告人关系的有效证明。

外国籍当事人委托其监护人、近亲属担任辩护人、诉讼代理人的,被委托人应当提供与当事人关系的有效证明。经审查,符合刑事诉讼法、有关司法解释规定的,人民法院应当准许。

外国籍被告人没有委托辩护人的,人民法院可以通知法律援助机构为其指派律师提供辩护。被告人拒绝辩护人辩护的,应当由其出具书面声明,或者将其口头声明记录在案;必要时,应当录音录像。被告人属于应当提供法律援助情形的,依照本解释第50条规定处理。

第486条 外国籍当事人从中华人民共和国领域外寄交或者托交给中国律师或者中国公民的委托书,以及外国籍当事人的监护人、近亲属提供的与当事人关系的证明,必须经所在国公证机关证明,所在国中央外交主管机关或者其授权机关认证,并经中华人民共和国驻该国使领馆认证,或者履行中华人民共和国与该所在国订立的有关条约中规定的证明手续,但我国与该国之间有互免认证协定的除外。

【理论分析】

一、外国籍或者无国籍犯罪嫌疑人、被告人的辩护人的产生方式

在我国,根据相关法律规定,涉外刑事诉讼中外国籍或者无国籍犯罪嫌疑人、被告人的辩护人的产生方式并无特殊性,而是同样遵循两条基本路径,即委托辩护与法律援助辩护。

1. 通过委托辩护制度产生辩护人

委托辩护又被称为"选任辩护"①,核心内涵是指犯罪嫌疑人、被告人及其近亲属有权委托辩护人,协助犯罪嫌疑人、被告人行使辩护权。因此,委托辩护实际上体现了犯罪嫌疑人、被告人在辩护权行使上的自决权,是犯罪嫌疑人、被告人的一项基础性诉讼权利,同时也是保障辩护权实现的重要方式。为了保障委托辩护制度的规范运行,我国《刑事诉讼法》第33条、第34条,对犯罪嫌疑人、被告人及其近亲属的委托辩护权利予以明确规定。

首先,在委托辩护的适用范围上。一方面,就委托辩护人的数量范围而言,犯罪嫌疑人、被告人有权委托一至二人作为辩护人;另一方面,在被委托辩护人的对象范围上,律师、人民团体或者犯罪嫌疑人、被告人所在单位推荐的人以及犯罪嫌疑人、被告人的监护人、亲友,框定了被委托辩护人的身份资格。在此基础上,正在被执行刑罚或者依法被剥夺、限制人身自由的人,不得担任辩护人;被开除公职和被吊销律师、公证员执业证书的人,不得担任辩护人,但系犯罪嫌疑人、被告人的监护人、近亲属的除外。

其次,在委托辩护的时间节点上。犯罪嫌疑人自被侦查机关第一次讯问或者采取强制措施之日起,有权委托辩护人;且在侦查期间,只能委托律师作为辩护人;而被告人有权随时委托辩护人。此外,如果犯罪嫌疑人、被告人在押的,也可以由其监护人、近亲属代为委托辩护人。

需要特别指出的是,在上述一般委托辩护程序基础上,根据《最高人民法院关于适用〈中华人民共和国刑事诉讼法〉的解释》的相关规定,外国籍或者无国籍犯罪嫌疑人、被告人的委托辩护程序还具有其特殊性。具体而言,第一,被委托辩护人的对象范围具有唯一性。外国籍被告人委托律师辩护,应当委托具有中华人民共和国律师资格并依法取得执业证书的律师。第二,代为委托辩护对象范围的延展性。在被告人

---

① 黄朝义. 刑事诉讼法 [M]. 2版. 台湾:新学林出版股份有限公司,2009:88.

在押情形下，除其监护人、近亲属有权代为委托辩护人，其国籍国驻华使领馆同样可以代为委托辩护人。第三，代为委托辩护程序的严格性。一方面，无论是外国籍犯罪嫌疑人、被告人的监护人、近亲属代为其委托辩护人抑或是外国籍当事人委托其监护人、近亲属担任辩护人的情形，均应当提供彰显双方关系的有效证明，并需要经过司法机关的实质性审查后方可准许；另一方面，外国籍当事人从中华人民共和国领域外寄交或者托交给中国律师或者中国公民的委托书，以及外国籍当事人的监护人、近亲属提供的与当事人关系的证明，必须经所在国公证机关证明，所在国中央外交主管机关或者其授权机关认证，并经中华人民共和国驻该国使领馆认证，或者履行中华人民共和国与该所在国订立的有关条约中规定的证明手续，但我国与该国之间有互免认证协定的除外。

2. 通过法律援助辩护制度产生辩护人

法律援助辩护制度旨在为具有某种特殊身份或特殊情形且没有委托辩护人的犯罪嫌疑人、被告人直接指派法律援助律师提供辩护。据此来看，有别于委托辩护制度下犯罪嫌疑人、被告人选择辩护人的自决性，在法律援助辩护制度下，犯罪嫌疑人、被告人并无选择律师的自主性，而是经由公安机关和司法机关通知法律援助机构直接指派相关律师为其提供辩护。在我国，有关法律援助辩护的相关程序，集中规定在《刑事诉讼法》《法律援助法》中。以上述《法律援助法》第24条、第25条规定为例，犯罪嫌疑人、被告人获得法律援助辩护的方式主要分为两种：一是因经济困难或其他原因而申请获得法律援助辩护；二是在符合法定情况下，无须申请可以直接获得法律援助辩护。需要注意的是，根据现有法律规定，外国籍或者无国籍犯罪嫌疑人、被告人并不属于直接可以获得法律援助辩护的法定人群。因此，在涉外刑事诉讼中，外国籍或者无国籍犯罪嫌疑人、被告人如果没有委托辩护人的，有权向我国法律援助机构申请法律援助辩护；当然，如果外国籍或者无国籍犯罪嫌疑人、被告人没有委托辩护人且具有我国《刑事诉讼法》《法律援助法》中所列举的法定直接获得法律援助辩护情形的，同样有权直接获得法律援助辩护。

二、涉外刑事诉讼中委托辩护与法律援助辩护之间的逻辑关系

1. 委托辩护与法律援助辩护共同服务于犯罪嫌疑人、被告人的辩护权保障功能

在涉外刑事诉讼中，对于外国籍或者无国籍犯罪嫌疑人、被告人而言，尽管委托辩护与法律援助辩护产生辩护人的具体程序并不相同，但二者共同服务于犯罪嫌疑人、被告人的辩护权保障功能。在微观层面，无论是委托辩护还是法律援助辩护，实际上都要求由我国律师担任辩护人，以此从专业性角度保障辩护效果；在宏观层面，委托辩护与法律援助辩护的律师虽然来源不同，但他们的职能或职责是一致的，都是依法为当事人提供辩护，维护当事人的合法权益，维护法律的正确实施，促进社会公平

正义。[1]

2. 在选择序位上，委托辩护应当优先于法律援助辩护

需要强调的是，无论是在普通的非涉外刑事诉讼抑或在涉外刑事诉讼中，委托辩护都应当是优于法律援助的第一序位选择。对此，理论界的论证主要表现在几个方面：

其一，国际刑事司法准则的基本要求。例如，联合国《公民权利和政治权利国际公约》第14条第3款第（卯）项规定："到庭受审，及亲自答辩或由其选任辩护人答辩；未经选任辩护人者，应告以有此权利；法院认为审判有此必要时，应为其指定公设辩护人，如被告无资力酬偿，得免付之。"[2] 根据这一条款的规定，对委托辩护与法律援助辩护关系的处理，应遵循以下三项规则：首先，通常应当由被告人自己选任辩护人，特殊情况下才为其指定辩护人；其次，并非对所有没有选任辩护人的被告人都应当指定辩护人，只有法院认为有必要的，才指定辩护人；最后，即便是指定辩护人，也并非都是免费的，只有被告人确实没有能力支付费用才能免予支付。由此可见，按照《公民权利和政治权利国际公约》，委托辩护是优先于法律援助辩护的。[3]

其二，法律援助辩护的国家责任性与兜底性功能。在现代刑事诉讼制度下，法律援助制度旨在保障那些因经济原因无力聘请辩护律师的犯罪嫌疑人、被告人同样可以享有律师辩护的制度利益。在此意义上，法律援助与委托辩护之间本质上是一种补充与被补充的关系；原则上，国家鼓励个人根据自己的经济状况和需求偏好通过法律服务市场聘请自己心仪的刑事辩护律师，并由此享有类似"私人订制"的个性化法律服务；至于那些无力支付昂贵律师费用的犯罪嫌疑人、被告人，符合法定援助条件的，国家则以公共财政保障其可以享有同等或必要的专业化律师服务。因此，委托辩护是原则，法律援助辩护是必要的补充；委托辩护是第一位的，法律援助是补充性的。[4] 概言之，法援辩护是以国家付出相关资源为代价的。司法资源的有限性决定了法援辩护相对于委托辩护是补充性、替补性的，而不能越位优先于委托辩护。[5]

其三，委托辩护优于法律援助辩护有利于保护被追诉人的合法权利。基于"委托辩护律师通常能够与被追诉人及其近亲属保持更好的信任关系""委托辩护支付的费用通常高于法律援助辩护"等多种原因，司法实践中，法律援助律师辩护的质量普遍低于委托律师辩护的质量。因此，如果不确立委托辩护优先于法律援助辩护的原则，对有能力委托辩护律师的被追诉人强制指定辩护律师，会导致被追诉人获得律师帮助的

---

[1] 顾永忠. 论"委托辩护应当优先于法援辩护"原则 [J]. 上海政法学院学报（法治论丛），2022（1）：17.

[2] 联合国官方网站. 公民权利和政治权利国际公约 [EB/OL]. （2024-04-26）. https://www.un.org/zh/documents/treaty/A-RES-2200-XXI-2.

[3] 陈永生. 论委托辩护优于法律援助辩护 [J]. 比较法研究，2022（6）：45.

[4] 吴宏耀等. 法律援助法注释书 [M]. 北京：中国政法大学出版社，2022：242.

[5] 顾永忠. 论"委托辩护应当优先于法援辩护"原则 [J]. 上海政法学院学报（法治论丛），2022（1）：22.

权利受到损害。[①]

基于委托辩护应当优先于法律援助辩护的应然逻辑关系，在涉外刑事诉讼中，一方面，公安机关和司法机关应当严格遵守我国《法律援助法》第 27 条的规定，切实保障犯罪嫌疑人、被告人的委托辩护权不受侵犯；另一方面，如果发现委托辩护与法律援助辩护同时存在的，基于法律援助辩护兜底性与保障性的位序与功能，法律援助辩护应当及时退出刑事诉讼。

三、本案评析

刑事诉讼中的外国籍或者无国籍犯罪嫌疑人、被告人的辩护人的产生方式主要有两种，即委托辩护与法律援助辩护。在本节选取的金某职务侵占案、陈某雄故意伤害案中，分别体现了涉外刑事诉讼中两种基础性的当事人辩护人产生方式。首先，在金某职务侵占案中，具有大韩民国国籍的被告人金某选择的是自行委托辩护；其次，在陈某雄故意伤害案中，具有越南社会主义共和国国籍的被告人陈某雄并未选择委托辩护，而是由司法机关通知法律援助机构指派律师为其提供辩护。需要指出的是，尽管案例二、案例三中外国籍被告人的辩护人产生方式分属委托辩护与法律援助辩护，但二者辩护人的职能或职责是一致的，都是依法为当事人提供辩护，切实保障当事人的辩护权，维护当事人的合法权益，推动法律的正确实施。

【实操分析】

一、涉外刑事诉讼中的委托辩护程序

首先，对于中国籍犯罪嫌疑人、被告人而言，其有权委托一至二人作为辩护人；其自被侦查机关第一次讯问或者采取强制措施之日起，有权委托辩护人；在侦查期间，只能委托律师作为辩护人。被告人有权随时委托辩护人。犯罪嫌疑人、被告人在押的，也可以由其监护人、近亲属代为委托辩护人。

其次，对于外国籍或者无国籍的犯罪嫌疑人、被告人而言，委托辩护程序更为复杂。第一，其只能委托具有中华人民共和国律师资格并依法取得执业证书的律师；第二，在被告人在押情形下，除其监护人、近亲属有权代为委托辩护人，其国籍国驻华使领馆同样可以代为委托辩护人；第三，无论是外国籍犯罪嫌疑人、被告人的监护人、近亲属代为其委托辩护人抑或是外国籍当事人委托其监护人、近亲属担任辩护人的情形，均应当提供彰显双方关系的有效证明，并需要经过司法机关的实质性审查后方可准许。

最后，外国籍当事人从中华人民共和国领域外寄交或者托交给中国律师或者中国公民的委托书，以及外国籍当事人的监护人、近亲属提供的与当事人关系的证明，必须经所在国公证机关证明，所在国中央外交主管机关或者其授权机关认证，并经中华

---

① 陈永生. 论委托辩护优于法律援助辩护［J］. 比较法研究，2022（6）：50.

人民共和国驻该国使领馆认证，或者履行中华人民共和国与该所在国订立的有关条约中规定的证明手续，但我国与该国之间有互免认证协定的除外。

二、涉外刑事诉讼中的法律援助辩护程序

根据我国《刑事诉讼法》《法律援助法》相关条文规定，在没有委托辩护的情况下，涉外刑事诉讼中的犯罪嫌疑人、被告人获得法律援助辩护的方式主要分为两种：一是因经济困难或者其他原因而申请获得法律援助辩护；二是在符合法定情况下，无须申请可以直接获得法律援助辩护。需要注意的是，根据现有法律规定，除特定法定法律援助辩护情形下，外国籍或者无国籍犯罪嫌疑人、被告人并不属于直接可以获得法律援助辩护的法定人群，因而同样需要通过申请的方式获得法律援助辩护。司法实践中，囿于外国籍或者无国籍犯罪嫌疑人、被告人委托辩护程序的烦琐性与较高费用性，大多数犯罪嫌疑人、被告人往往能够通过法律援助辩护的方式行使辩护权，这也一定程度上体现了我国公安机关和司法机关以及法律援助机构对刑事司法人权保障的重视。

【思考题】

（1）成为刑事诉讼中的外国籍或者无国籍犯罪嫌疑人、被告人的辩护人，应当符合哪些基本要求？

（2）涉外刑事诉讼中委托辩护与法律援助辩护存在冲突时，应当如何处理？

第三节　涉外刑事诉讼中常见的辩护类型

在涉外刑事诉讼中，无论是外国籍、无国籍抑或本国籍犯罪嫌疑人、被告人，均享有辩护权，且辩护人的职责同样是依托在案证据和事实，维护犯罪嫌疑人、被告人的合法权益、争取有利裁判结果。基于此，涉外刑事诉讼中的辩护实践样态与非涉外刑事诉讼并无实质性区别，本质上同样体现为依法为犯罪嫌疑人、被告人寻求程序适用与实体结果上的合法利益。立足于这一辩护价值目标，在涉外刑事诉讼中，可以将辩护划分为若干不同样态：根据诉讼阶段的不同，具体包括侦查阶段辩护、审查起诉阶段辩护以及审判阶段辩护；按照辩护策略的区别，可以划分为对抗性辩护、妥协性辩护以及交涉性辩护；而从辩护的思维逻辑、具体内容出发，则可以将辩护概括为五种基本辩护类型，即无罪辩护、罪轻辩护、量刑辩护、程序性辩护和证据辩护。[①] 本节将以上述涉外刑事诉讼中五种基本辩护类型为切入点，分别选取对应性案例，并在此基础上作进一步的理论阐释与实践讨论。

---

① 陈瑞华. 刑事辩护的理念 [M]. 北京：北京大学出版社，2017：30-55.

案例四　斯某故意伤害案①

【基本案情】

原公诉机关：福建省厦门市人民检察院。

上诉人（原审被告人）：斯某，男，1984年生，国籍为喀麦隆，大学文化，法语老师，暂住厦门市海沧区。因涉嫌犯故意伤害罪于2017年5月26日被刑事拘留，同年6月9日被逮捕。

厦门市中级人民法院审理厦门市人民检察院指控被告人斯某犯故意伤害罪一案，于2017年12月22日作出刑事判决。宣判后，斯某不服，提出上诉。法院受理后，依法组成合议庭，通知福建省法律援助中心指派律师为斯某提供辩护，并依法为其提供翻译。经阅卷，讯问上诉人，听取辩护人意见，认为本案事实清楚，决定不开庭审理此案。

厦门市中级人民法院判决认定，2017年5月25日12时许，被告人斯某与被害人本某因琐事发生口角互殴后，在厦门市海沧区人行天桥持锐器划伤本某，致其轻伤（二级）。被告人斯某因琐事持锐器伤害他人致轻伤，其行为已构成故意伤害罪。被害人本某首先动手殴打斯某，对案件的引发和升级具有一定过错，可以对斯某从轻处罚，依法判决：被告人斯某犯故意伤害罪，判处有期徒刑一年；随案移送的其个人财物折叠刀一把、篮球服一件予以发还。

上诉人斯某上诉请求宣告无罪，主要理由是其被本某殴打，并未持锐器划伤本某。辩护人提出，原判认定斯某犯故意伤害罪事实不清，证据不足，请求改判斯某无罪。主要理由是：斯某在侦查阶段的两次有罪供述依法不能作为定案根据；除被害人陈述外，并无其他任何直接证据证实斯某持锐器伤害被害人；斯某持有的刀具和衣服均未检出人血，表明斯某并无使用锐器刺伤被害人；无确切证据证明被害人所受伤害系由锐器造成，不能排除其因自己摔倒等其他原因所致的可能。

福建省高级人民法院审理认为，上诉人斯某在中华人民共和国境内，为报复持锐器伤害他人身体致轻伤（二级），应当适用中国刑法，其行为已构成故意伤害罪。被害人首先动手殴打斯某引发本案，具有过错，对斯某可以酌情从轻处罚。原判认定事实清楚，证据确实、充分，定罪准确，量刑适当。审判程序合法。斯某及辩护人的诉辩理由不能成立，诉辩请求不予采纳。

---

① 参见福建省高级人民法院（2018）闽刑终180号刑事裁定书。

案例五　李某伟合同诈骗案[①]

【基本案情】

公诉机关：广西壮族自治区大新县人民检察院。

被告人：李某伟，男，1980年生于广西壮族自治区宁明县，壮族，小学文化，居民，住广西壮族自治区宁明县。因犯走私废物罪，于2011年12月15日被崇左市中级人民法院判处有期徒刑一年六个月，缓刑二年。因涉嫌犯合同诈骗罪，于2013年10月13日被广西东兴市公安局抓获，同年10月15日被广西凭祥市公安局刑事拘留，同年11月21日被执行逮捕。

辩护人：孔某，广西得天律师事务所律师。

广西壮族自治区大新县人民检察院指控，被害人阮某（外国籍，案件材料表明为越南籍）通过范某认识了被告人李某伟和黄某（另案处理）夫妇。2013年1月初，阮某向李某伟、黄某订购了一车重20吨、价值130万元人民币的开心果，由李某伟去广州联系开心果货源。李某伟联系好开心果货源后，阮某把货款汇到了黄某指定的账户。李某伟、黄某如数发了一车开心果到越南给阮某。2013年1月8日，阮某又联系黄某，称还要继续订购15吨的开心果，叫黄某帮找货。知道阮某还要购买开心果，李某伟、黄某便想侵占阮某的货款。为达到目的，李某伟找人制作了一份假的广东佛山市某某食品有限公司销售合约，让人帮签了卖方负责人"陈某1"的名字，李某伟用手机拍下伪造好的销售合约，连同之前拍好的仓库、袋装开心果样品等照片发给阮某。阮某看到照片后相信李某伟已经找到货源，于是先后分3次把100万元的货款转给李某伟夫妇，连同第一车货款未用完的款项共计111万元。收到货款后，李某伟购买了1500件矿泉水，并用绿色编织袋包装好后冒充开心果发往凭祥弄怀给阮某。案发后，被告人李某伟通过其亲属将111万元全部退赔给被害人阮某，并取得谅解。

对指控的犯罪事实，公诉机关在法庭上出示了相关的证据，并据此认为被告人李某伟的行为已触犯我国《刑法》第266条的规定，应当以诈骗罪追究其刑事责任。提请法院依法判处。

被告人李某伟对公诉机关指控的基本诈骗事实无异议，但辩称其妻子黄某也参与实施诈骗，不是一个人犯罪；案发后，其已退赔被害人的全部经济损失，取得被害人的谅解；其发送虚假的合同给被害人后，被害人才预付货款，其行为如何定性由法院认定，要求对其从轻处罚。

辩护人提出的辩护意见是：（1）关于本案的定性，被告人以合同形式诈骗被害人财物，应该认定为合同诈骗罪；（2）被告人李某伟和黄某共同实施诈骗，被告人对被

[①] 参见广西壮族自治区大新县人民法院（2016）桂1424刑初109号刑事判决书。

害人将 30 万元转入其他账户并不知情，被告人实际收到被害人预付的货款为 81 万元，其只对该部分诈骗数额承担责任；（3）在共同犯罪中，被告人听从黄某的安排实施诈骗，起次要作用，是从犯，被告人归案后，其亲属已代为退赔被害人的全部经济损失，取得被害人的谅解，建议对被告人李某伟从轻或者减轻处罚。

法院审理认为，被告人李某伟以非法占有为目的，在签订、履行合同过程中，虚构事实、隐瞒真相，骗取对方当事人钱款共计人民币 111 万元，数额特别巨大，其行为已触犯我国《刑法》第 266 条的规定，构成了诈骗罪。公诉机关指控被告人李某伟犯罪的事实清楚，证据确实、充分。关于被告人的行为性质问题，经查，在案证据证实，被告人与外国籍当事人即被害人阮某口头约定由被告人代为采购第一批货物后，在被害人订购第二批货物过程中，为骗取被害人货款，向被害人虚构不存在的合同标的，隐瞒自己实际上不可能履行合同的事实；被告人骗取被害人预付货款后，即进行挥霍和转移赃款，在被害人催促交货过程中，为隐瞒自己不能履行合同的事实，以价格低廉的他物应付交货，被被害人识破真相后，逃避责任，将被害人预付货款据为己有，被告人的行为符合合同诈骗罪的主客观构成要件，应当以合同诈骗罪追究其刑事责任，公诉机关指控被告人的罪名不当，应予纠正。辩护人提出被告人的行为符合合同诈骗罪的意见符合本案事实和法律规定，予以采纳。

案例六　欧某到贩卖毒品案[①]

【基本案情】

公诉机关：云南省临沧市人民检察院。

被告人：欧某到，女，佤族，1980 年生，文盲，农民，住缅甸（以上情况属自报）。国籍不明。因本案于 2020 年 3 月 24 日被沧源自治县公安局指定居所监视居住，同年 5 月 12 日被逮捕。

指定辩护人：王某，云南通恒律师事务所律师。

云南省临沧市人民检察院指控被告人欧某到犯贩卖毒品罪，于 2020 年 10 月 21 日向法院提起公诉。法院依法组成合议庭公开开庭审理了本案，云南省临沧市人民检察院指派检察员罗某出庭支持公诉，被告人欧某到、指定辩护人王某及翻译人员田某到庭参加诉讼。

云南省临沧市人民检察院指控：2020 年 3 月 23 日，欧某到向李某贩卖毒品甲基苯丙胺片剂，净重 1.17 克，经询问李某证实是向欧某到购买的。当日 13 时 30 分许，民警到农贸市场水果摊将欧某到抓获，当场在欧某到的水果摊一凳子上一件外套口袋内查获毒品甲基苯丙胺片剂，净重 4.3 克，经民警询问欧某到是否还藏有毒品，欧某到

[①] 参见云南省临沧市中级人民法院（2020）云 09 刑初 254 号刑事判决书。

主动交代在其家中客厅还有,随后民警将欧某到带至其家中。当日13时43分许,民警在欧某到家中客厅一个箩筐中查获用蓝色塑料袋包装的毒品甲基苯丙胺片剂,净重60.12克。本案查获毒品甲基苯丙胺片剂共计65.59克。

庭审中,被告人欧某到以从家中查获的毒品是其主动交出的,具有自首情节,家庭困难为由,要求从轻处罚。

指定辩护人王某对指控的定性无异议,以被告人欧某到具有自首情节,认罪态度好,家庭困难,文化程度低,作出建议从轻处罚的辩护。

云南省临沧市中级人民法院审理认为,被告人欧某到无视我国法律,为谋取非法利益,违反我国毒品管理法规,明知是毒品仍进行贩卖,其行为已触犯刑律,构成贩卖毒品罪。公诉机关指控的犯罪事实及罪名成立。被告人欧某到及指定辩护人王某提出被告人欧某到具有自首情节的辩护意见,经审理查明,其行为不符合构成自首的条件;提出家庭困难,文化程度低,要求从轻处罚的辩护意见,因家庭困难、文化程度低不是法定从轻处罚情节,故上述辩护意见法院不予采纳。提出认罪态度好的辩护意见,符合本案客观事实,法院予以采纳。被告人欧某到贩卖毒品甲基苯丙胺片剂数量大,应依法严惩,鉴于其认罪态度好,依法对其从轻处罚。

案例七　秦某、王某、刘某、祁某掩饰、隐瞒犯罪所得案[①]

【基本案情】

原公诉机关:蚌埠市蚌山区人民检察院。

上诉人(原审被告人):秦某,男,1954年生于安徽省蚌埠市,汉族,大专文化,系嘉皇发展控股有限公司总经理,住蚌埠市蚌山区,因涉嫌犯掩饰、隐瞒犯罪所得罪,于2018年8月7日被蚌埠市公安局蚌山分局刑事拘留,同年9月13日被蚌埠市蚌山区人民检察院批准逮捕,当日被蚌埠市公安局蚌山分局执行逮捕。

上诉人(原审被告人):王某,男,1985年生于浙江省温州市,汉族,小学文化,无业,住温州市瓯海区,因涉嫌犯掩饰、隐瞒犯罪所得罪,于2018年8月7日被蚌埠市公安局蚌山分局刑事拘留,同年9月13日被蚌埠市蚌山区人民检察院批准逮捕,当日被蚌埠市公安局蚌山分局执行逮捕。

辩护人:朱某,安徽国梦律师事务所律师。

上诉人(原审被告人):刘某,男,1961年生于江苏省无锡市,汉族,大专文化,无业,户籍地为江苏省无锡市梁溪区,现住无锡市北塘区,因涉嫌犯掩饰、隐瞒犯罪所得罪,于2018年8月7日被蚌埠市公安局蚌山分局刑事拘留,同年9月13日被蚌埠市蚌山区人民检察院批准逮捕,当日被蚌埠市公安局蚌山分局执行逮捕,同年10月25

---

① 参见安徽省蚌埠市中级人民法院(2019)皖03刑终303号刑事裁定书。

日被蚌埠市公安局蚌山分局决定取保候审。

辩护人：王某某，安徽百商律师事务所律师。

上诉人（原审被告人）：祁某，男，1983年生于浙江省青田县，汉族，初中文化，无业，住青田县。因涉嫌犯掩饰、隐瞒犯罪所得罪，于2018年8月7日被蚌埠市公安局蚌山分局刑事拘留，同年9月13日被蚌埠市蚌山区人民检察院批准逮捕，当日被蚌埠市公安局蚌山分局执行逮捕。

辩护人：吕某，安徽华素律师事务所律师。

蚌山区人民法院审理蚌山区人民检察院指控原审被告人秦某、王某、刘某、祁某犯掩饰、隐瞒犯罪所得罪一案，于2019年4月16日作出刑事判决。宣判后，原审被告人秦某、王某、刘某、祁某均提出上诉。法院受理后，依法组成合议庭，公开开庭审理了本案，蚌埠市人民检察院指派检察员郭某出庭履行职务，上诉人秦某、上诉人王某及其辩护人朱某、上诉人刘某及其辩护人王某某、上诉人祁某及其辩护人吕某均到庭参加了诉讼。

一审法院查明：2018年7月25日至2018年8月2日，BSH芬兰公司和BSH瑞典公司的会计接到电子邮件，在电子邮件中诈骗者冒充BSH Home Appliances Group首席执行官以及一家名为White & Case的国际律师事务所伦敦办事处合伙人，要求会计主管向中国内地和香港的不同银行账户汇款。

2018年7月底，郭某某（在逃）委托被告人王某联系一个离岸账户，用于接收BSH芬兰公司被诈骗的96.8645万欧元钱款。王某联系到被告人刘某并向其许诺好处费，刘某又联系到被告人秦某并向其许诺好处费，秦某提供自己嘉煌发展有限公司（以下简称嘉煌公司）的离案账户用于接收96.8645万欧元的诈骗款。

被告人祁某接受郭某某的安排于2018年8月2日晚陪同被告人王某、刘某等人从温州来到蚌埠，被告人秦某从合肥来到蚌埠。2018年8月3日（周五）被告人秦某来到银行查询并完善企业资料，当日下午96.8645万欧元到了秦某提供的离岸账户内。

2018年8月6日（周一），为把除秦某好处费之外的钱转到中国香港一公司账户内，被告人秦某与被告人刘某、祁某、王某等人分别到交通银行宝龙分行和交通银行蚌埠分行办理业务。

2018年8月6日，交通银行蚌埠分行报警称：2018年7月31日，交通银行离岸账户（嘉煌公司，总经理：秦某）收到的金额为EUR968645.00的款项涉嫌欺诈，同时也收到付款行总行DABADKKK及账户行德国德意志银行DEUTDEFF发至该行的投诉该笔款项涉嫌被欺诈的电文。

公安人员接到报警后于2018年8月6日在交通银行蚌埠分行和交通银行宝龙支行分别将正在办理转款业务的被告人王某、刘某、祁某、秦某抓获。

一审法院认为：被告人秦某、王某、刘某、祁某明知是犯罪所得而予以转移，其行为构成掩饰、隐瞒犯罪所得罪，应依法惩处。本案系共同犯罪，被告人祁某在共同犯罪中起次要作用，系从犯，应当从轻或减轻处罚。四名被告人已经着手犯罪，由于意志以外的原因而未得逞，是犯罪未遂，可以比照既遂犯从轻或减轻处罚。被告人王某、刘某归案后，如实供述自己的犯罪事实，依法予以从轻处罚。被告人祁某当庭认罪，酌情予以从轻处罚。本案四被告人掩饰、隐瞒的犯罪所得的数额巨大，不宜减轻处罚判处缓刑。被告人王某的辩护人认为王某系犯罪未遂，有坦白情节，建议对其从轻处罚的辩护意见，予以采纳。被告人刘某的辩护人认为刘某的认罪、悔罪态度较好的辩护意见，予以采纳。

在案件进入二审程序后，上诉人刘某认为一审量刑过重，理由如下：其主观上仅是对案涉款项性质有所疑虑并未明知为犯罪所得；其对指控的事实和罪名没有异议，且当庭认罪悔罪；本案系犯罪未遂；其自身患有多种疾病，排除再犯或危害社会的可能性。

刘某的辩护人认为：（1）本案是涉外案件，立案侦查、审查起诉、审判等司法程序均未遵守我国《国际刑事司法协助法》，并经相关主管机关同意，证据材料和文件未经公证、认证程序，不具有真实性和合法性，均系程序违法；（2）本案上诉人的行为未对我国国家和公民利益造成危害，并未侵犯我国刑法法益，不构成我国刑法意义上的犯罪；（3）上游犯罪既未裁判，又未查证属实，掩饰、隐瞒犯罪所得不能成立；（4）一审量刑过重，上诉人刘某具有悔罪、从犯、犯罪未遂、自首等法定、酌定从轻、减轻处罚情节，可判处缓刑。

二审法院对于本案是否程序违法的问题指出，经查，本案虽然案涉款项源于中华人民共和国领域外，但依据我国《刑法》第 6 条第 3 款的规定，犯罪的行为或者结果有一项发生在中华人民共和国领域内的，就认为是在中华人民共和国领域内犯罪。本案案涉款项的转移发生在中国境内，应认定为是在中华人民共和国领域内犯罪，蚌埠市公安局蚌山分局刑事侦查大队接蚌埠交通银行蚌埠分行报警，对其管辖范围内刑事案件立案侦查，及之后依法移送审查起诉、审判等司法程序均符合法律规定，并不存在《国际刑事司法协助法》中规定需要相关主管机关审批同意的司法协助事项。另外，二审依法调取的新证据，已依照《刑事诉讼法》《最高人民法院关于适用〈中华人民共和国刑事诉讼法〉的解释》中关于境外证据材料相关规定，该证据已经芬兰公证机关证明、芬兰外交部认证，并经我国驻芬兰大使馆认证，程序合法，证据真实、有效，可以作为认定案件事实的依据。对上述上诉理由及辩护意见不予采信。

案例八　李某南故意杀人案[①]

【基本案情】

原公诉机关：浙江省温州市人民检察院。

上诉人（原审被告人）：李某南，男，1991 年生，汉族，案发前系美国爱荷华州

---

① 参见浙江省高级人民法院（2016）浙刑终 337 号刑事裁定书。

立大学学生，户籍所在地为上海市浦东新区，住浙江省乐清市。因本案于 2015 年 5 月 13 日被刑事拘留，同年 6 月 20 日被逮捕。

辩护人：孔某、陈某，北京市权达律师事务所律师。

浙江省温州市中级人民法院审理温州市人民检察院指控被告人李某南犯故意杀人罪一案，于 2016 年 6 月 14 日作出刑事判决。李某南不服，提出上诉。本院依法组成合议庭，经阅卷、讯问被告人，并听取辩护人意见，认为本案事实清楚，决定不开庭审理。现已审理终结。

原判认定，被告人李某南与辽宁省大连市籍女学生邵某于 2011 年在北京相识，2012 年二人分别到美国罗切斯特理工学院、美国爱荷华州立大学读书，并发展为恋爱关系。2013 年 5 月，李某南为方便与邵某见面，从罗切斯特理工学院转学到爱荷华大学。2014 年 9 月 3 日（美国当地时间，下同），李某南拨打邵某电话，邵某无意中接通电话，李某南在电话里听到邵某贬低他的言语。同月 5 日下午 4 时 30 分许，李某南与邵某入住美国爱荷华州爱荷华市南吉大道 1521 号 Budget 经济及套房旅馆 218 房间。当晚，两人因感情问题发生争执，后李某南通过其学长 KwokSiuKiPaul 预定了回中国的单程机票。次日下午 5 时许，李某南乘邵某返校做小组作业之机，到爱荷华州埃姆斯市格兰德大道 2801 号麦克斯折扣店及格兰德大道 3015 号沃某超市分别购买一只行李箱和两只哑铃（分别重 15 磅、20 磅），藏放于其驾驶的车牌为 287JDZ 的丰田凯美瑞轿车后备箱内。同月 7 日凌晨 1 时许，二人在旅馆房间内再次因感情问题发生争执，李某南扼颈掐死邵某，然后将邵某尸体装入所购行李箱，并放入一只重 20 磅的哑铃，将行李箱藏于丰田凯美瑞轿车后备箱，欲沉尸河中。后李某南放弃沉尸，驾车回到其租住的爱荷华州爱荷华市海豚湖公寓，将车停放在公寓附近的停车场。之后，李某南用其手机以邵某的名义发短信给邵某室友，谎称邵某要离开一周前往明尼苏达州看望朋友。同月 8 日凌晨，李某南乘坐预定航班辗转回国。经鉴定，邵某系遭受暴力致窒息死亡。2015 年 5 月 13 日（北京时间），李某南主动到温州市公安局投案。

原审根据上述事实，依照刑法有关规定，判决被告人李某南犯故意杀人罪，判处无期徒刑，剥夺政治权利终身；随案移送的哑铃予以没收。

李某南上诉称其没有杀害邵某的预谋，请求对其减轻处罚。李某南的辩护人提出：（1）原判认定李某南有杀人预谋的证据不足，李某南预定回国机票、购买行李箱和哑铃，不能排除系基于生活目的；（2）美国警方的访谈报告系证人证言，不属于刑事司法协助可移交的证据，且公证认证程序仅能说明证据的来源真实，不能证明美国警方取证程序与证明内容的合法性，故不能作为定案依据；（3）请求法院考虑被害人的过错和被告人具有自首、赔偿情节等因素，对李某南减轻处罚。

浙江省高级人民法院审理认为：（1）在案证据证实，2014 年 9 月 5 日李某南与邵某入住 Budget 经济及套房旅馆后因感情问题发生争执，后李某南通过其学长预订回国单程机票，次日下午，李某南趁邵某返校做小组作业之机，到超市购买了一个行李箱和两只哑铃，藏放于其驾驶的丰田轿车后备箱内。同月 7 日凌晨，李某南掐死邵某后将邵某尸体装入其所购行李箱，并放入一只哑铃，后乘坐预定航班逃回中国。原审据此认定李某南系有预谋的杀人并无不当。李某南上诉及其辩护人提出李某南没有杀害邵某的预谋，与在案证据证实的情况不符，不予采信。（2）美国警方对孙某、晏某等所作并移交的访谈报告，系美国警方侦查人员对相关证人访谈所作的记录，虽不同于我国司法机关所作的证人询问笔录，但可用其所记载的内容来证明有关案件事实，符合刑事司法协助可移交的证据材料范围。本案发生在美国，美国司法机关对本案亦有管辖权，案发后美国警方对本案进行侦查取证，在案并无证据证明美国警方取证有违法之处。美国警方根据司法协助请求移交我方的书证、物证、视听资料等来源真实，程序合法，能够证明案件事实且符合我国法律规定，可以作为定案依据。李某南辩护人对证据可采性所提异议不能成立，不予采纳。原判认定的事实清楚，证据确实、充分。

【主要法律问题】

（1）涉外刑事诉讼中的具体辩护样态的分类依据是什么？

（2）涉外刑事诉讼中是否可以同时运用多种辩护类型？

【主要法律依据】

《中华人民共和国刑事诉讼法》（2018年10月修正）

第37条　辩护人的责任是根据事实和法律，提出犯罪嫌疑人、被告人无罪、罪轻或者减轻、免除其刑事责任的材料和意见，维护犯罪嫌疑人、被告人的诉讼权利和其他合法权益。

第55条　对一切案件的判处都要重证据，重调查研究，不轻信口供。只有被告人供述，没有其他证据的，不能认定被告人有罪和处以刑罚；没有被告人供述，证据确实、充分的，可以认定被告人有罪和处以刑罚。

证据确实、充分，应当符合以下条件：

（一）定罪量刑的事实都有证据证明；

（二）据以定案的证据均经法定程序查证属实；

（三）综合全案证据，对所认定事实已排除合理怀疑。

第58条　当事人及其辩护人、诉讼代理人有权申请人民法院对以非法方法收集的证据依法予以排除。申请排除以非法方法收集的证据的，应当提供相关线索或者材料。

第198条　法庭审理过程中，对与定罪、量刑有关的事实、证据都应当进行调查、辩论。

第200条　在被告人最后陈述后，审判长宣布休庭，合议庭进行评议，根据已经查明的事实、证据和有关的法律规定，分别作出以下判决：

（一）案件事实清楚，证据确实、充分，依据法律认定被告人有罪的，应当作出有罪判决；

（二）依据法律认定被告人无罪的，应当作出无罪判决；

（三）证据不足，不能认定被告人有罪的，应当作出证据不足、指控的犯罪不能成立的无罪判决。

第238条　第二审人民法院发现第一审人民法院的审理有下列违反法律规定的诉讼程序的情形之一的，应当裁定撤销原判，发回原审人民法院重新审判：

（一）违反本法有关公开审判的规定的；

（二）违反回避制度的；

（三）剥夺或者限制了当事人的法定诉讼权利，可能影响公正审判的；

（四）审判组织的组成不合法的；

（五）其他违反法律规定的诉讼程序，可能影响公正审判的。

《最高人民法院关于适用〈中华人民共和国刑事诉讼法〉的解释》（2021年3月1日起施行）

第77条　对来自境外的证据材料，人民检察院应当随案移送有关材料来源、提供人、提取人、提取时间等情况的说明。经人民法院审查，相关证据材料能够证明案件事实且符合刑事诉讼法规定的，可以作为证据使用，但提供人或者我国与有关国家签订的双边条约对材料的使用范围有明确限制的除外；材料来源不明或者真实性无法确认的，不得作为定案的根据。

当事人及其辩护人、诉讼代理人提供来自境外的证据材料的，该证据材料应当经所在国公证机关证明，所在国中央外交主管机关或者其授权机关认证，并经中华人民共和国驻该国使领馆认证，或者履行中华人民共和国与该所在国订立的有关条约中规定的证明手续，但我国与该国之间有互免认证协定的除外。

《关于规范量刑程序若干问题的意见》（2020年11月6日起施行）

第10条　在刑事诉讼中，自诉人、被告人及其辩护人、被害人及其诉讼代理人可以提出量刑意见，并说明理由，人民检察院、人民法院应当记录在案并附卷。

第15条　在法庭调查阶段，应当在查明定罪事实的基础上，查明有关量刑事实，被告人及其辩护人可以出示证明被告人无罪或者罪轻的证据，当庭发表质证意见。

在法庭辩论阶段，审判人员引导控辩双方先辩论定罪问题。在定罪辩论结束后，审判人员告知控辩双方可以围绕量刑问题进行辩论，发表量刑建议或者意见，并说明依据和理由。被告人及其辩护人参加量刑问题的调查的，不影响作无罪辩解或者辩护。

第26条　对于不开庭审理的二审、再审案件，审判人员在阅卷、讯问被告人、听取自诉人、辩护人、被害人及其诉讼代理人的意见时，应当注意审查量刑事实和证据。

【理论分析】

一、涉外刑事诉讼中的常见五种基本辩护类型

在涉外刑事诉讼中，无论是按照诉讼阶段所划分的侦查阶段辩护、审查起诉阶段辩护以及审判阶段辩护等辩护类型，抑或是根据辩护策略的区别，将辩护形式区分为

对抗性辩护、妥协性辩护以及交涉性辩护，其本质上均是一种宏观层面的辩护类型概括。而从辩护的思维逻辑、具体内容出发，将辩护提炼为五种基本辩护类型，即无罪辩护、罪轻辩护、量刑辩护、程序性辩护和证据辩护，这实际上属于微观层面的辩护样态区分，是直观和深入理解、学习涉外刑事诉讼辩护实践的绝佳路径。以下将对上述五种基本辩护类型予以简要理论阐释。①

1. 无罪辩护

无罪辩护以彻底推翻公诉方指控的罪名、说服法院作出无罪判决为目的。据此，无罪辩护经常被视为"刑事辩护皇冠上最亮丽的一颗明珠"，也是体现律师辩护最高专业水准的辩护形态。一般而言，无罪辩护可分为实体上的无罪辩护与证据上的无罪辩护两个基本类型。前者是指被告方根据刑法犯罪构成要件或法定的无罪抗辩事由，论证被告人不构成指控罪名的辩护活动。例如，被告方根据刑法对特定罪名所设定的主体、主观方面、客观方面等要求，来说明被告人不构成特定罪名的辩护活动，就属于这类无罪辩护。又如，被告方根据刑法所确立的正当防卫、紧急避险或者"但书""豁免"等条款，来论证被告人不应承担刑事责任的辩护活动，也具有实体上的无罪辩护的性质。

与实体上的无罪辩护不同，证据上的无罪辩护是指被告方综合全案证据情况论证公诉方没有达到法定证明标准的辩护活动。通过这种辩护活动，被告方既可能挑战公诉方证据的证明力或证据能力，也可能说明公诉方的证据没有达到"事实清楚""证据确实、充分"的最高证明标准，使裁判者对被告方实施犯罪行为存在合理的怀疑。

2. 罪轻辩护

罪轻辩护并不是说服法院作出无罪的裁决，而是说服法院将重罪改为轻罪。因此，罪轻辩护体现了一种现实主义的辩护理念，是一种"两害相权取其轻"的辩护策略。一般来说，罪轻辩护建立在辩护律师认定公诉方指控罪名不成立的基础上。这一辩护形态包含着"先破后立"的论证过程，辩护律师需要论证被告人不构成某一较重的罪名而构成另一较轻的新的罪名。需要指出的是，一方面，该罪名要与原有罪名具有内在的关联性；另一方面，辩护律师在论证所谓"较轻的新罪名"，应当是在法定量刑种类和量刑幅度上更为宽大的新罪名。

3. 量刑辩护

量刑辩护并不试图推翻公诉方的有罪指控，而只是追求对被告人有利的量刑结果。具体来说，量刑辩护建立在对被告人构成犯罪不持异议的基础上，通过提出若干法定或酌定的量刑情节，来论证应当对被告人作出从轻、减轻或者免除刑罚的裁决。在这类辩护活动中，被告方与公诉方并不处于完全对立的地位，而对指控的犯罪事实的成立存在某种合意。在对被告人构成某一罪名没有异议的前提下，辩护律师所追求的只

---

① 陈瑞华. 刑事辩护的理念 [M]. 北京：北京大学出版社，2017：30-37.

是对被告人的宽大量刑结果,如建议法院从轻处罚、减轻处罚或者免除刑罚。

4. 程序性辩护

在刑事辩护的传统分类理论中,程序性辩护被视为一种独立于实体性辩护的辩护活动。具体而言,凡是以刑事诉讼程序为依据所提出的主张和申请,都可以被归入程序性辩护的范畴。根据所追求的辩护目标的不同,程序性辩护又有广义和狭义之分。广义的程序性辩护是指一切以刑事诉讼法为依据所进行的程序抗辩活动,包括申请回避、申请变更管辖、申请法院召开庭前会议、申请证人出庭作证、申请法院调取某一证据材料、申请二审法院开庭审理等;狭义的程序性辩护则是指以说服法院实施程序性制裁为目的的辩护活动。在我国现行的刑事诉讼制度中,狭义的程序性辩护主要发生在两种情形之下:一是针对侦查人员实施的非法侦查行为,申请司法机关启动司法审查程序,并说服其作出排除非法证据的决定;二是针对一审法院违反法律程序、影响公正审判的行为,说服二审法院作出撤销原判、发回重审的裁决。

5. 证据辩护

证据是认定案件事实的根据。应当承认的是,辩护律师无论从事怎样的辩护活动,只要涉及事实认定问题,就不可避免地要对证据进行审查判断。就此而言,证据辩护与前述四种辩护形态密不可分。例如,律师要做无罪辩护,就可能根据证据来审查犯罪构成要件事实是否成立,根据证据来认定无罪抗辩事由;律师要做量刑辩护或罪轻辩护,也经常会根据证据来认定特定量刑情节,或者根据证据来认定新的构成要件事实;律师要做程序性辩护,也需要根据证据来确认侦查人员或审判人员违反法律程序的事实。

就证据辩护本身而言,其是指根据证据规则对单个证据能否转化为定案根据以及现有证据是否达到法定证明标准所做的辩护活动。据此,证据辩护主要追求两方面的辩护效果:一是控方证据不能转化为定案的根据,这主要针对单个证据的证据辩护;二是控方对于被告人犯罪事实的指控无法达到排除合理怀疑的确信程度,这主要是针对证明标准的证据辩护。

二、本节案例评析

1. 核心内容及其诉讼目标差异是具体辩护样态的基本分类依据

在涉外刑事诉讼中,核心内容及其诉讼目标的差异,是划分以上五种基本辩护样态的基本分类依据。具体到本节选取的相关案例中,案例四(斯某故意伤害案)属于无罪辩护类型。在该案中,辩护人提出,原判认定外国籍被告人斯某犯故意伤害罪事实不清,证据不足,请求改判斯某无罪。主要理由是:斯某在侦查阶段的两次有罪供述依法不能作为定案根据;除被害人陈述外,并无其他任何直接证据证实斯某持锐器伤害被害人;斯某持有的刀具和衣服均未检出人血,表明斯某并无使用锐器刺伤被害人;无确切证据证明被害人所受伤害系由锐器造成,不能排除其因自己摔倒等其他原因所致的可能。

案例五（李某伟合同诈骗案）属于罪轻辩护。在该案中，公诉机关指控被告人李某伟诈骗外国籍被害人的行为已符合刑法上诈骗罪构成要件，应当以诈骗罪追究其刑事责任。对此，辩护人提出的辩护意见是，本案被告人是以合同形式诈骗被害人财物，因此应该认定为合同诈骗罪而非诈骗罪。法院经审理认为，虽然公诉机关指控被告人李某伟犯罪的事实清楚，证据确实、充分，但关于被告人的行为性质问题认定并不恰当，公诉机关指控被告人的罪名不当，应予纠正。最终，法院审理认定被告人李某伟的行为符合合同诈骗罪的主客观构成要件，应当以合同诈骗罪追究其刑事责任，故采纳了辩护人相关辩护意见。

案例六（欧某到贩卖毒品案）属于量刑辩护。在该案中，指定辩护人王某对公诉机关指控的犯罪行为定性无异议，但提出了针对性的量刑辩护。辩护人以被告人欧某到具有自首情节，认罪态度好，家庭困难，文化程度低，建议法院对被告人从轻处罚；最终，法院部分采纳了上述量刑辩护意见，依法对其从轻处罚。

案例七（秦某、王某、刘某、祁某掩饰、隐瞒犯罪所得案）属于程序性辩护。在该案中，上诉人刘某的辩护人从涉外刑事案件的程序特殊性切入，就程序性问题发表了专门性的辩护意见，提出本案属于涉外案件，立案侦查、审查起诉、审判等司法程序均未遵守我国《国际刑事司法协助法》并经相关主管机关同意；相关证据材料和文件未经公证、认证程序，不具有真实性和合法性，均系程序违法。

案例八（李某南故意杀人案）属于证据辩护。在该案中，在上诉人李某南辩称其没有杀害邵某预谋的基础上，其辩护人进一步就案件相关证据材料予以针对性辩护。相关证据辩护意见包括：一方面，原判认定李某南有杀人预谋的证据不足，李某南预定回国机票、购买行李箱和哑铃，不能排除系基于生活目的；另一方面，美国警方的访谈报告系证人证言，不属于刑事司法协助可移交的证据，且公证认证程序仅能说明证据的来源真实，不能证明美国警方取证程序与证明内容的合法性，故不能作为定案依据。

2. 在涉外刑事诉讼中，允许辩护人同时运用多种具体辩护类型

应当明确的是，在涉外刑事诉讼中，以上五种基本辩护类型之间并非界限分明，而是各自的辩护逻辑、诉讼目标侧重各有不同。因此，在涉外刑事诉讼中，根据案件具体情况以及有效辩护效果考虑，辩护人可以同时运用多种辩护类型。例如，就本节选取的相关案例而言，在案例七（秦某、王某、刘某、祁某掩饰、隐瞒犯罪所得案）中，刘某的辩护人实际上同时运用了三种具体辩护类型：其一，程序性辩护。认为本案属于涉外案件，立案侦查、审查起诉、审判等司法程序均未遵守我国《国际刑事司法协助法》，并经相关主管机关同意、证据材料和文件未经公证、认证程序，不具有真实性和合法性，均系程序违法。其二，无罪辩护。指出本案上诉人的行为未对我国国家和公民利益造成危害，并未侵犯我国刑法法益，不构成我国刑法意义上的犯罪；且上游犯罪既未裁判，又未查证属实，掩饰、隐瞒犯罪所得不能成立。其三，量刑辩护。指出一审量刑过重，上诉人刘某具有悔罪、从犯、犯罪未遂、自首等法定或酌定

从轻、减轻处罚情节，可判处缓刑。

【实操分析】

（1）在涉外刑事诉讼中，应当根据辩护实际需求与诉讼目标选择具体的辩护类型。

首先，无罪辩护是以彻底推翻公诉方指控的罪名、说服法院作出无罪判决为目的。一般来说，可以从实体层面与程序层面两个维度出发予以无罪辩护。前者如从刑法犯罪构成要件或法定的无罪抗辩事由出发，论证被告人不构成指控罪名；后者则可以从尚未达到"事实清楚，证据确实、充分"的角度论证公诉方没有达到法定证明标准。

其次，罪轻辩护并不以说服法院作出无罪裁决为诉讼目标，而是说服法院将重罪改为轻罪。值得注意的是，就罪轻辩护而言，一方面，该罪名要与原有罪名具有内在的关联性；另一方面，辩护律师在论证所谓"较轻的新罪名"，应当是在法定量刑种类和量刑幅度上更为宽大的新罪名。如将贪污罪或受贿罪改为巨额财产来源不明罪，将抢劫罪改为抢夺罪，将制造、走私、贩卖、运输毒品罪改为非法持有毒品罪，等等。

再次，不同于无罪辩护与罪轻辩护，量刑辩护并不试图推翻公诉方的有罪指控，而只是追求对被告人有利的量刑结果。在辩护技巧与策略上，辩护律师主要是通过提出并论证特定的量刑情节，来论证被告人具有可被宽大处理的量刑理由。这些量刑理由既有面向过去的量刑事由，如主观恶性不深、社会危害性不大、有悔改表现、事出有因、对社会作出过较大贡献等；也有面向未来的量刑事由，如具有帮教条件、可以回归社会、具有矫正可能性等。通过论证被告人具备这些量刑事由，辩护律师可以在量刑情节与量刑辩护意见之间建立起合理的联系，并为说服法院作出宽大的量刑处理奠定基础。

复次，程序性辩护本质上是一种独立于无罪辩护、罪轻辩护以及量刑辩护等实体性辩护的辩护活动。根据所追求的辩护目标的不同，程序性辩护又有广义和狭义之分。其中，前者是指一切以刑事诉讼法为依据所进行的程序抗辩活动；后者则是指以说服法院实施程序性制裁为目的的辩护活动。一般来说，在程序性辩护方面，辩护人通常可以从回避程序、管辖程序、非法证据排除程序以及审判程序公正等具体方面切入。

最后，证据辩护是指根据证据规则对单个证据能否转化为定案根据以及现有证据是否达到法定证明标准所做的辩护活动。一方面，为论证公诉方的某一证据不能转化为定案的根据，可以从证明力和证据能力这两个角度展开抗辩活动。律师可以对控方证据的真实性和相关性发起挑战，以证明这些证据不具有证明力；也可以对控方证据的合法性提出疑问，以证明这些证据不具有证据能力。另一方面，为证明公诉方根据现有证据无法达到法定证明标准，律师可以证明现有证据存在着重大的矛盾，关键证据无法得到其他证据的印证，间接证据无法形成完整的证明体系，被告人供述无法得到其他证据的补强，或者根据全案证据无法排除其他可能性或者无法得出结论。

（2）在涉外刑事诉讼中，从有效辩护的效果出发，辩护人可以根据案件具体情况考虑同时运用多种辩护类型，形成辩护合力。例如，可以在罪轻辩护的同时进行量刑辩护、程序性辩护与证据辩护。但需要注意的是，在同时运用多种辩护类型时，应尽量避免均匀发力，而是仍然需要明确以某个辩护类型为中心、以其他辩护类型为辅助，以期获得实质性、有效性辩护效果。

（3）在涉外刑事诉讼中，辩护人在运用以上具体辩护类型时，除常规角度的辩护策略外，还应当着重注重结合涉外刑事诉讼的特殊性，以期实现精准辩护效果。例如，在证据辩护方面，对于控方出示的相关境外证据的真实性、合法性的辩护，应当主要围绕其是否经所在国公证机关证明、所在国中央外交主管机关或者其授权机关认证，并经中华人民共和国驻该国使领馆认证；在程序性辩护方面，则应当聚焦相关境外指控证据收集程序是否合法规范，涉外案件的立案侦查、审查起诉、审判等司法程序是否严格遵守了我国《国际刑事司法协助法》等具体方面。

【思考题】

（1）本节所述的涉外刑事诉讼中的五种基本辩护类型的区别与共性是什么？
（2）在涉外刑事诉讼中，是否存在其他辩护分类依据或常见辩护类型？

第五章
涉外刑事诉讼的证据

本章知识要点

（1）涉外刑事诉讼证据认定的一般程序包括证据提交、证据审查、鉴定程序、证据认定、证据权衡等。（2）对境外证据的审查应根据提供证据的主体不同，分为对我国专门司法机关收集的境外证据的审查和对辩护人、诉讼代理人等提供的涉外证据的审查。审查的重点是涉外刑事证据的真实性、合法性、关联性。

第一节 涉外刑事诉讼证据的审查认定

在跨国犯罪案件中，由于涉及不同国家的法律制度和司法体系，需要对证据进行更严格的审查和验证。涉外刑事证据审查认定的一般程序主要包括以下步骤：证据提交、证据审查、鉴定程序、证据认定、证据权衡等。同时，在涉外刑事诉讼中，对于当事人、辩护人、诉讼代理人提供的境外证据的审查与认定也应当进行深入的研究。

案例一 陈某、韦某犯走私普通货物罪一案[①]

【基本案情】

2020年下半年，被告人陈某接受越南代理人的委托，帮助越南代理人将货物通过互市的方式申报入境。后陈某找到拥民互助组的韦某，两人商定，由陈某负责组织货源，韦某负责组织边民，在明知边民未实际参与货物交易的情况下，以拥民互助组的名义将货物假借边民互市的方式从宁明爱店互市点走私入境。最后公诉机关查明，2020年7月至2021年7月，被告人陈某走私盐焗腰果、干无花果等总计偷逃应缴税款6530093.1元。被告人韦某走私盐焗腰果、干无花果等总计偷逃应缴税款7435449.82元。

---

① 参见广西壮族自治区崇左市中级人民法院（2022）桂14刑初15号刑事判决书。

对于指控的犯罪事实，公诉机关向法院移送并当庭出示、宣读了相关物证、书证、证人证言，勘验、检查、辨认笔录，以及被告人的供述与辩解等证据，并据此认为，被告人陈某、韦某违反海关法规，逃避海关监管，走私普通货物入境，偷逃应缴税额特别巨大，其行为构成走私普通货物罪，提请法院依法判处。

诉讼当事人陈某及其辩护人向法院提交了下列证据：越方代理的植检、品质证书；南宁海关边民互市出入境申报单；存款账户明细查询单、广西增值税普通发票；爱店海关边民互市贸易入境货物工作联系清单。

诉讼当事人韦某及其辩护人向法院提交了如下证据：爱店镇人民政府支持拥民边民互助组互市贸易文件、章程、协议书；品质合格证书、合作企业收费凭证；边民互助组成员边民领取分红记录。

对于以上诉讼当事人及其辩护人提交的证据，人民法院通过涉外刑事诉讼证据审查认定的一般程序进行审查后发现，陈某及其辩护人提交的所谓越方代理的植检、品质证书，因该证据属涉外方面的证据，未依法经过法定机关的确认，不予采信。而提交的其他证据，是陈某假借边民互市贸易向海关虚报的手续材料，并不影响法院对陈某行为的认定。

至于韦某及其辩护人提交的证据，不管是宁明爱店政府的函及互助组章程，均载明须合法经营，并非可以利用边民互市贸易将他人的货物申报入境。至于陈某将货物走私入境后支付的税费、村民摁指纹后所得的所谓分红费用，均是其实施违法行为过程支付的费用，不是其行为合法的依据，因此，法院对于韦某及其辩护人提交的证据不予采信。最终法院认定陈某、韦某构成走私普通货物罪。

【主要法律问题】

（1）涉外刑事诉讼中，证据审查认定的一般程序包含哪些步骤？
（2）涉外刑事诉讼中，对于辩护人提供的境外证据如何审查与认定？

【主要法律依据】

《中华人民共和国刑事诉讼法》（2018年10月修正）

第55条 对一切案件的判处都要重证据，重调查研究，不轻信口供。只有被告人供述，没有其他证据的，不能认定被告人有罪和处以刑罚；没有被告人供述，证据确实、充分的，可以认定被告人有罪和处以刑罚。

证据确实、充分，应当符合以下条件：

（一）定罪量刑的事实都有证据证明；
（二）据以定案的证据均经法定程序查证属实；
（三）综合全案证据，对所认定事实已排除合理怀疑。

《最高人民法院关于适用〈中华人民共和国刑事诉讼法〉的解释》（2021年3月1日起施行）

第77条　对来自境外的证据材料，人民检察院应当随案移送有关材料来源、提供人、提取人、提取时间等情况的说明。经人民法院审查，相关证据材料能够证明案件事实且符合刑事诉讼法规定的，可以作为证据使用，但提供人或者我国与有关国家签订的双边条约对材料的使用范围有明确限制的除外；材料来源不明或者真实性无法确认的，不得作为定案的根据。

当事人及其辩护人、诉讼代理人提供来自境外的证据材料的，该证据材料应当经所在国公证机关证明，所在国中央外交主管机关或者其授权机关认证，并经中华人民共和国驻该国使领馆认证，或者履行中华人民共和国与该所在国订立的有关条约中规定的证明手续，但我国与该国之间有互免认证协定的除外。

第78条　控辩双方提供的证据材料涉及外国语言、文字的，应当附中文译本。

《人民检察院刑事诉讼规则》（2019年12月修订）

第674条　地方各级人民检察院需要向外国请求司法协助，应当制作刑事司法协助请求书并附相关材料。经省级人民检察院同意后，报送最高人民检察院。

第675条　最高人民检察院收到地方各级人民检察院刑事司法协助请求书及所附相关材料后，应当依照国际刑事司法协助法和有关条约进行审查。对符合有关规定、所附材料齐全的，应当连同上述材料一并转递缔约另一方的中央机关，或者交由其他中方中央机关办理；对不符合条约规定或者材料不齐全的，应当退回提出请求的人民检察院补充或者修正。

《中华人民共和国刑法》（2023年12月修正）

第153条　走私本法第151条、第152条、第347条规定以外的货物、物品的，根据情节轻重，分别依照下列规定处罚：

（一）走私货物、物品偷逃应缴税额较大或者一年内曾因走私被给予二次行政处罚后又走私的，处三年以下有期徒刑或者拘役，并处偷逃应缴税额一倍以上五倍以下罚金。

（二）走私货物、物品偷逃应缴税额巨大或者有其他严重情节的，处三年以上十年以下有期徒刑，并处偷逃应缴税额一倍以上五倍以下罚金。

（三）走私货物、物品偷逃应缴税额特别巨大或者有其他特别严重情节的，处十年以上有期徒刑或者无期徒刑，并处偷逃应缴税额一倍以上五倍以下罚金或者没收财产。

单位犯前款罪的，对单位判处罚金，并对其直接负责的主管人员和其他直接责任人员，处三年以下有期徒刑或者拘役；情节严重的，处三年以上十年以下有期徒刑；情节特别严重的，处十年以上有期徒刑。对多次走私未经处理的，按照累计走私货物、物品的偷逃应缴税额处罚。

【理论分析】

一、境外证据的审查认定程序

境外证据的认定程序主要包括证据提交与认定的程序。以下是境外证据认定的一般程序。

1. 证据提交

当事人在涉外刑事案件的审理过程中,如需要使用境外证据,应向法院提出书面申请,并提交相关证据材料。证据材料可以是境外取得的书面文件、录音录像资料、电子数据等形式。

2. 证据审查

法庭对提交的境外证据进行审查,主要包括合法性审查和可信性审查。合法性审查关注证据获取的合法性,包括是否符合相关国际合作协定、是否侵犯他国主权等。可信性审查则注重证据的真实性和可信度,包括证据来源、获取方式、证据链的完整性等。

3. 鉴定程序

鉴定程序是对境外证据真实性和可信度进行技术鉴定的过程。法庭可依法聘请专家或鉴定机构对境外证据进行鉴定,评估其真实性、完整性和可信度。专家的意见将作为认定的参考依据。

4. 证据认定

在鉴定程序完成后,法庭将综合考虑证据的合法性和可信性审查结果以及专家的鉴定意见,对境外证据进行认定。认定的依据是证据的合法性、真实性和可信性,以及相关法律法规的规定。

5. 证据权衡

在判决阶段,法庭将根据境外证据的认定结果与其他证据进行综合权衡。法庭将评估境外证据对案件事实认定和判决结果的重要性和影响,并据此作出合理的判决决定。

需要注意的是,境外证据的认定程序可能因国家法律的差异和国际合作的情况而有所不同。在具体操作中,律师和法院应根据相关法律法规和国际合作协定的规定,确保认定程序的合法性、公正性和权威性。总而言之,境外证据的认定程序是涉外刑事案件中非常重要的一环,它确保了境外证据的合法性、真实性和可信度。通过严格的审查和认定程序,能够保障当事人的权益,维护正义的实现。

二、对当事人、辩护人、诉讼代理人提供的境外证据的审查认定

我国《刑事诉讼法》中并未具体规定刑事案件中境外证据的审查、判断方式,但在《最高人民法院关于适用〈中华人民共和国刑事诉讼法〉的解释》第77条规定了相关内容，对来自境外的证据材料，人民法院应当对材料来源、提供人、提供时间以及提取人、提取时间等进行审查。经审查，能够证明案件事实且符合刑事诉讼法规定的，可以作为证据使用，但提供人或者我国与有关国家签订的双边条约对材料的使用范围有明确限制的除外；材料来源不明或者其真实性无法确认的，不得作为定案的根据。当事人及其辩护人、诉讼代理人提供来自境外的证据材料的，该证据材料应当经所在国公证机关证明，所在国中央外交主管机关或者其授权机关认证，并经我国驻该国使、领馆认证。上述规定目的在于，如果证明案件事实的某些证据形成于我国境外，确认这些证据的有效性存在很大风险，因此对境外提供证据本身施加了程序及手续上的限制，以增强其真实性和合法性。

如前所述，在刑事诉讼中，对于当事人、辩护人、诉讼代理人提供的在我国领域外形成的证据，存在法院确认这些证据的有效性、真实性问题。在刑事诉讼过程中，当事人、辩护人、诉讼代理人向法院提供的在我国领域外形成的证据也应经所在国公证机关证明、所在国外交部或者其授权机关认证，并经我国驻该国使领馆认证。对履行了上述证明手续的证据，法院才能予以认定。但并不是说只要经过了公证、认证手续的证据材料，其真实效力就得到了确认。其证明力相当于公证文件，至于最后对该证据的证明内容是否采纳，人民法院仍应当结合案件的其他证据进行审查后才能作出判断。

根据《最高人民法院关于适用〈中华人民共和国刑事诉讼法〉的解释》第77条的规定，来自境外的证据在国内审判中可以作为证据使用，但须符合如下两个条件：第一，证据与待证事实具有关联性，能够证明案件事实，并且符合我国刑事诉讼法的规定；第二，证据的使用符合特定目的限制原则。符合上述两个条件的境外证据可以作为证据使用，仅表明该证据材料具有证据能力，但能否作为定案的根据，还需要审查判断其是否符合证据的真实性要求。可见，该法明确人民法院对于境外证据的合法性判断，采取的是"国内准据法"审查模式，体现了在打击跨境犯罪、开展刑事司法协助或警务合作过程中具有强烈的国家主权意识，有利于维护国家司法主权的完整性。同时，对于通过司法协助或警务合作获得的境外证据的审查采取较为宽松的标准，也有利于提高司法协助或警务合作的效率和便利性，进而为有效惩治跨境犯罪提供保障。[1]

三、本案评析

1. 本案中对境外证据进行了严格审查认定

对境外证据的认定分为证据提交、证据审查、鉴定程序、证据认定、证据权衡等环节。第一，证据提交。当事人在审理涉外刑事案件时，如需要使用境外证据，应向法院提出书面申请，并提交相关证据材料。证据材料可以是境外取得的书面文件、录

---

[1] 曹艳琼. 我国境外证据审查的准据法模式选择与规则重构［J］. 法商研究，2023，40（03）.

音录像资料、电子数据等形式。在此案例中的当事人如需使用涉外证据，则需按照规定向法院提交上述越方代理的植检、品质证书、新闻报道等证据材料。第二，证据审查。法庭对提交的境外证据进行审查，主要包括合法性审查和可信性审查。合法性审查关注证据获取的合法性，包括是否符合相关国际合作协定、是否侵犯他国主权等。境外证据的合法性审查是审查的首要标准，主要包括证据获取的合法性、证据保全的合法性和证据交接的合法性等。而可信性审查，是对境外证据的真实性和可信度进行审查，需考虑证据来源、获取方式、证据链完整性等因素，并可采用技术手段进行鉴定。本案中法院最终没有采信当事人及其辩护人所提供的证据，就是因为经审查后发现，当事人陈某、韦某及其辩护人提交的证据如边民互市出入境申报单以及边民互助组互市贸易文件、章程、协议书等证据的合法性以及可信性欠缺，因此法院对当事人提交的证据采取不予采信的处理。第三，鉴定程序和证据认定。本案中当事人及其辩护人提交的涉外证据并未通过审查阶段，因此并未进入后续程序，无须赘言。第四，证据权衡。该阶段的内涵是在判决阶段，法庭将根据境外证据的审查认定的结果与其他证据进行综合权衡。法庭将评估境外证据对案件事实认定和判决结果的重要性和影响，并据此作出合理的判决决定。这个阶段是法官"自由心证"的体现，法院最后判决被告人陈某、韦某犯走私普通货物、物品罪，是根据境外证据的认定结果以及全案其他证据而依据内心确信、综合衡量所作出的合理的判决。

2. 本案中涉外证据的采信

本案中，陈某及其辩护人提交的越方代理的植检、品质证书，因其属涉外证据，未依法经过法定机关的确认，不予采信。根据上述对于当事人、辩护人、诉讼代理人提供的境外证据的审查与认定内容可知，当事人及其辩护人、诉讼代理人提供来自境外的证据材料的，该证据材料应当经所在国公证机关证明，所在国中央外交主管机关或者其授权机关认证，并经我国驻该国使领馆认证。这是涉外证据被采纳、采信的前提条件。本案中由于陈某及其辩护人提交的所谓越方代理的植检、品质证书未经上述主体认证，所以法院对于该证据不予采信。

上述当事人、辩护人、诉讼代理人所提供的涉外证据要经过所在国公证机关证明，所在国中央外交主管机关或者其授权机关认证，并经我国驻该国使领馆认证。这是第一个层次，也即当事人、辩护人、诉讼代理人所提供的境外证据如何被证明的问题，在此基础上，当事人、辩护人、诉讼代理人所提供的证据要被法庭采信，还需要经过证明。因此，对于在刑事诉讼过程中，对履行了上述证明手续的证据，法院才能予以认定。但并不是说只要经过了公证、认证手续的证据材料，其真实效力就得到了确认，其证明力相等于公证文件，对该证据的证明内容是否采纳，人民法院仍应当结合案件的其他证据进行审查后才能作出判断。

故在本案中，法院最后作出"对陈某及其辩护人所提交的所谓越方代理的植检、品质证书，因该证据属涉外方面的证据，未依法经过法定机关的确认，不予采信"的结论。由于陈某及其辩护人所提供的越方代理的植检、品质证书既然连"形式外观"

（经过法定机关的认定）都没有，当然不会被采信。

【实操分析】

一、辩方合法境外取证应予采纳

司法实践中，犯罪嫌疑人、被告人及其辩护人提出的请求人民法院、人民检察院境外取证的申请，人民法院、人民检察院基本不会同意。在此情形下，司法解释对于辩方提供的境外证据，规定了如此严格的"取证程序"，甚至超出了控方证据的程序要求，必然导致辩方因无法完全满足上述程序要求，而对相关境外材料的取证、举证不能，进而影响司法机关对于事实的认定。因此只要辩方提供的境外证据在具有客观性，且证据内容足以证明对被告人有利的待证事实成立或者不能排除该待证事实成立的，即应作为定罪量刑的依据。

二、严格认定涉外证据的真实性

对于证据真实性的确认，是司法机关收集、固定、审查、判断证据的一项核心内容，只有最后经法庭查证属实，才能够成为定案的依据。侦查机关通过相关渠道获取的境外证据，在提交检察机关、审判机关审查时，应当随案移送委托境外机构收集证据的手续材料，必要时对境外证据的来源、提取人、提取时间及提供人和提供时间等应作出书面说明，以保证境外证据的客观真实性。同样，被告人或辩护人向司法机关提供的境外证据材料时，也应当对其来源及与案件事实之间的证明关系作出说明，以便于司法机关进一步审查判断。境外证据必须经法庭呈堂出示，经控辩双方辨认、质证，控辩双方只有就其来源是否合法、内容是否真实、与案件待证事实之间关系的密切程度进行辩论，方能决定是否被采信为定案证据。

【思考题】

（1）如何提高涉外刑事诉讼证据审查的效率？
（2）涉外刑事诉讼证据审查和认定方面存在哪些难题？

第二节 涉外刑事诉讼证据的合法性和关联性认定

本节主要介绍涉外刑事诉讼证据的合法性、关联性问题。涉外刑事诉讼证据的合法性与关联性关乎证据是否适格、证据的证明力有无及大小，关乎被告人有罪、无罪、罪行轻重，关乎最后能否被法庭采纳作为定案根据，其重要性不言而喻。

案例二　梁某伟走私普通货物、物品罪[1]

【基本案情】

2022年8月，被告人梁某伟为逃避海关监管，委托"水客"组织者（具体身份不详）将其从中国澳门订购的200条共20000支古巴产"高希霸"牌短号雪茄烟偷带进境。"水客"组织者将涉案雪茄烟分散派发给多名"水客"，由"水客"携带货物经珠海市拱北口岸通过无申报通道走私偷带入境，送到珠海市拱北口岸附近来魅力酒店一层"久源典当"商铺隔壁档口"宝发商务"内交货并集中存放。

公诉机关向法院提交以下证据：经珠海市烟草专卖局计核，认定涉案雪茄烟单价为人民币111.18元/支；经拱北海关关税部门计核，认定涉案走私20000支雪茄烟偷逃税款共计人民币1115047.75元；被告人梁某伟于2015年犯走私普通货物罪，判处有期徒刑3年，并处罚金5万元，有犯罪前科。

被告人梁某伟及其辩护人提交下列证据：证实涉案雪茄烟的采购价格为港币12元/支的单据；涉案雪茄烟的条形码；珠海拱北免税店出售的同类雪茄烟售价为330港币/10支及其条形码；梁某伟及其辩护人向法院提交申请，并提供相关价格认定机构的价格认定证明资料、专家鉴定意见以证明上述事实。

最后法院认定，关于本案犯罪数额的认定问题，在珠海拱北免税店购买雪茄烟的凭证反映该店出售的雪茄烟与涉案雪茄烟的条形码不一致，不能认定为同一款雪茄烟。梁某伟及其辩护人向法院提交申请，并提供相关价格认定机构的价格认定证明资料、专家鉴定意见以证明上述事实，不具备合法性，不予采信。

而根据相关法律规定，各地烟草专卖局有权对本辖区内涉案烟草制品进行价值估算并出具价格证明，珠海市烟草专卖局依法出具的《涉案烟草专卖品核价表》可以作为认定本案事实的依据。侦查机关据此计算出涉案雪茄烟的国内倒扣价格为46.18968元/支，以此为计税价格计核本案偷逃税款为1115047.75元，于法有据。但提交的被告人梁某伟犯罪前科之证据与本案并无关联，予以排除。

最终，法院认定，被告人梁某伟犯走私普通货物、物品罪。

【主要法律问题】

（1）被告人提交的价格认定证明资料、专家鉴定意见等涉外证据是否具有合法性？

（2）如何看待公诉机关所提交的被告人有犯罪前科的证据的关联性？

---

[1] 参见广东省中山市中级人民法院（2023）粤20刑初70号刑事判决书。

【主要法律依据】

《中华人民共和国刑事诉讼法》（2018年10月修正）

第46条　对一切案件的判处都要重证据，重调查研究，不轻信口供。只有被告人供述，没有其他证据的，不能认定被告人有罪和处以刑罚；没有被告人供述，证据充分确实的，可以认定被告人有罪和处以刑罚。

《最高人民法院关于适用〈中华人民共和国刑事诉讼法〉的解释》（2021年3月1日起施行）

第77条　对来自境外的证据材料，人民检察院应当随案移送有关材料来源、提供人、提取人、提取时间等情况的说明。经人民法院审查，相关证据材料能够证明案件事实且符合刑事诉讼法规定的，可以作为证据使用，但提供人或者我国与有关国家签订的双边条约对材料的使用范围有明确限制的除外；材料来源不明或者真实性无法确认的，不得作为定案的根据。

【理论分析】

一、涉外刑事证据的合法性认定

涉外刑事诉讼中的证据要想确保其合法性，需要满足以下三个方面的要求：

一是取证主体适格。对于只能由侦查机关依法收集的证据，却通过私家侦探、保安或当事人自行收集的，因其取证主体不适格，而不具有合法性。[①] 正如本章上一节所说，当事人、辩护人、诉讼代理人作为证据提交主体，其所提交证据的权威性、真实性、合法性主要是通过所在国公证机关证明，所在国中央外交主管机关或者其授权机关认证，并经我国驻该国使领馆认证来加以证实。同时另外的取证主体——国家专门司法机关，作为取证主体，由于"有权必有责，用权受监督"，基于对国家公权力约束的必要性，对于采用刑讯逼供和以威胁、引诱、欺骗以及其他非法的方法收集的证据，因其来源的违法性，同国内刑事诉讼非法证据排除规则一样，这样的证据同样不具有证据能力。

二是取证程序合法。这里的取证程序主要是指境外刑事诉讼证据的取证同样要遵守证据来源地国的法律规定。证据由于境外证据本身的特殊性，国外环境的复杂性，在审查其来源是否合法时，除了应查明其来源、提取或收集程序必须符合我国法律规定，还要查明其是否符合证据来源地法律的相关规定，要注意证据来源地国与刑事审判国之间对于刑事诉讼证据的规定的衔接，否则，可能因为其收集程序的不合法或存有瑕疵而影响到其证据能力。

三是证据形式合法。对于境外证据除了取证主体、取证程序合法，还有就是证据

[①] 厦门法院网. 境外证据在刑事诉讼中的认定与运用——从审理走私犯罪的角度探讨 [EB/OL]. (2009-05-15). http://www.xmcourt.gov.cn/fywh/dcyj/201408/t20140818_10359.html.

形式也要合法。对于境外单位，如境外司法机构、政府机构、国际组织，或者个人提供的证据，境外提供者没有特殊规定的，可以直接作为办案的证据并在庭审时使用。但是，如果境外提供者对所提供的证据的使用形式有所限定，如不得公开、不得作为庭审证据使用等，或者境外提供者对证据的使用有特殊要求的，如言词证据提供者要求不公开自己的姓名和身份，当对境外原始证据予以形式转换使用。

二、涉外刑事证据的关联性认定

1. 关联性及其效力

证据的关联性是指证据必须与案件事实有客观联系，对证明刑事案件事实具有某种实际意义。证据的关联性是证据具有证明力的原因。关联性规则是指只有与案件事实有关的材料，才能作为证据使用。关联性是证据被采纳的首要条件。没有关联性的证据不具有可采性，但具有关联性的证据未必都具有可采性，仍有可能出于利益考虑，或者由于某种特殊规则，而不具有可采性。

2. 境外证据的关联性认定

在境外证据具备来源合法前提下，还必须对境外证据与案件是否具有关联性进行审查，只有具备关联性的境外证据材料才具有证据资格。

一般认为，对于定罪来说，不具备关联性的证据主要有：（1）被告人的品格证据。（2）类似行为。（3）特定的诉讼行为。例如，被告人曾作有罪答辩、后来又撤回等，不得作为不利于被告人的证据采纳。（4）特定的事实行为。例如，关于事件发生后某人实施补救措施的事实等，一般情况下不得作为行为人对该事实负有责任的证据加以采用。（5）被害人过去的行为。例如，在性犯罪案件中，有关被害人过去性行为方面的名声或评价的证据，一律不予采纳。但是，上述证据不具关联性也并非绝对，而是存在一些例外的情况。

需要注意的是，对于定罪问题不具备关联性，并不代表对于量刑问题不具备关联性。例如，对未成年人进行的社会调查报告本质上属于品格证据，不能用于定罪，但可以用于量刑，作为量刑依据来使用。再如，曾实施的类似的抢劫行为，不能作为此次抢劫罪的定罪证据使用，但可以作为认为其为累犯或有前科的量刑证据使用。

因此，侦查机关在获取境外证据材料后，应当按照证据的类型，严格审查判断其是否属于品格证据、类似行为等不具备关联性的证据，并明确区分定罪与量刑问题，分别分析其对定罪和量刑的关联性，并作出书面说明，连同其他证据一并移送检察机关、审判机关审查，以保证其来源的合法性及与案件事实之间的关联性。

三、本案评析

1. 本案中证据的合法性审查符合要求

如上所述，境外证据合法性应主要满足以下几方面的要求：取证主体适格，取证程序合法，取证形式合法。

在本案中，梁某伟及其辩护人认为：本案雪茄烟应由价格认证机关鉴定，由珠海烟草专卖局核定于法无据，且明显过高，梁某伟及其辩护人向法院提交申请，并提供相关价格认定机构的价格认定证明资料、专家鉴定意见以证明上述事实。法院最后认定，珠海市烟草专卖局有权对本辖区内涉案烟草制品进行价值估算并出具价格说明，辩方所提供的相关价格认定评估机构所做的价格评估、价格认定证明资料、专家鉴定意见属于私人机构、私人价格评估机构所作认定，在法律对珠海市烟草专卖局授权的前提下，其所提供的私人书证并不合法，不足以证明上述事实，于法无据，法律规定珠海市烟草专卖局有权对本辖区内涉案烟草制品进行价值估算并出具价格说明，故其证据不合法，未被采纳。这是根据证据的合法性对相关证据予以排除。

2. 本案中证据的关联性认定符合要求

在本案中，公诉机关指出，被告人梁某伟于2015年犯走私普通货物罪，判处有期徒刑3年，并处罚金5万元。拟证明被告人有犯罪前科，有犯罪动机或犯罪倾向，最后法院认定公诉机关提交的被告人梁某伟犯罪前科之证据与本案并无关联，予以排除。结合上述关于证据关联性的判断标准，对于公诉机关提交的这份被告人有犯罪前科的证据，我们可以看出，被告人有犯罪前科、不良嗜好、不良习惯等证据和案件的定罪并无关联性，因此法院不能将该证据作为定罪证据来使用，应当予以排除。

【实操分析】

一、涉外证据必须多重认证

涉外刑事诉讼案件中的证据首先应当进行其资质的审查，只有经过公证机关公证或者其他方式证明的域外证据才能够成为涉案证据，只有这样的证据才是能够影响法官内心确信的证据。采取此种处理方式可以筛选掉一部分的不合资质的证据，从而减少涉外刑事诉讼案件证据部分的处理压力，提高涉外刑事诉讼案件的处理效率，同时也能够帮助法官更好地把握案件的事实真相，避免出现冤假错案，彰显了司法机关对于程序正义和实体正义的坚持和融合。

二、涉外证据必须严格审查

证据对案件的证明作用的大小，这与证据的种类、来源及案件待证事实之间关系的密切程度息息相关，即证据的关联性是否密切关乎证明力的大小。实践中，来自境外的证据材料多数体现为书证、物证，也有少数证人证言或视听资料，在审查判断境外证据的证明力时，应区别情况对待。在实践中，对于收集的书证、物证，应审查其来源、提取人、提取时间和提供人、提供时间、提取程序是否合法等方面，进而确认其客观真实性。对于来自境外的证人证言，原则上可以作为证据在刑事诉讼活动中使用，但由于证人证言容易出现反复以及证人没有当庭质证，故必须有其他证据予以补强。一般被告人近亲属或有利害关系人员提供的证言的证明力要小于其他证人证言。在本案中，对于公诉机关提出被告人梁某伟有犯罪前科的证据，虽然不是证人证言，也非言词证据，但由于与本案待证事实并无实际关联，故而无证明力。综上，在刑事诉讼活动中，对于来自境外的证据材料必须经过法庭出示、辨认、质证，并听取控辩双方及其他诉讼参与人的意见。只要来自境外的证据能够证明案件的真实情况且符合法定要求，并与案件具有关联性，就表明其具备证据能力和证明力，从而可以采信作为定案的证据。

【思考题】

（1）如何认定涉外刑事诉讼证据具有合法性和关联性？

（2）在认定涉外刑事诉讼证据的合法性和关联性上存在哪些难题？

第六章
涉外刑事诉讼的强制措施

本章知识要点

（1）涉外刑事诉讼的强制措施包括拘留、逮捕、取保候审、监视居住和拘传。其中，涉外逮捕和拘留系剥夺人身自由的措施，需要遵循更加严格的程序。（2）对外国籍犯罪嫌疑人依法作出取保候审、监视居住决定或者执行拘留、逮捕后，应当在48小时以内层报省级公安机关，同时通报同级人民政府外事办公室。重大涉外案件应当在48小时以内层报公安部，同时通报同级人民政府外事办公室。（3）对外国人涉嫌危害国家安全案件、涉及政治外交关系案件、适用法律疑难案件的逮捕，分别由基层人民检察院或者分、州、市人民检察院审查并提出意见，层报最高人民检察院审查。（4）对外国人涉嫌其他案件的逮捕，决定批准逮捕的人民检察院应当在作出批准逮捕决定后48小时以内报上一级人民检察院备案，同时向同级人民政府外事部门通报。上一级人民检察院对备案材料经审查发现错误的，应当依法及时纠正。

第一节　涉外刑事诉讼中的取保候审

取保候审是我国《刑事诉讼法》规定的刑事强制措施之一，与拘留、逮捕相比，取保候审属于一种限制人身自由的羁押替代性措施，其适用目的在于既保障人权，又使刑事诉讼活动顺利进行。在"少捕、慎诉、慎押"这一刑事政策的指导下，基于涉外刑事诉讼主体的特殊性，除了法定必须适用羁押措施的情形，应当首先考虑对犯罪嫌疑人、被告人适用羁押替代性措施。此外，在涉外刑事诉讼程序中，采取取保候审措施还需要综合考虑各种因素。

案例一　吴某偷越国境案[①]

【基本案情】

吴某，男，缅甸联邦共和国公民。2017 年，吴某从缅甸偷越国境，至我国广东省广州市打工。2018 年 1 月，回缅甸后，吴某告知其亲友，自己能拿到比缅甸高很多的收入，其亲友乡邻等纷纷要求随其一同前往中国打工。2018 年 3 月，吴某带领其儿子、亲戚、乡邻等 10 人（均另案处理）从缅甸家乡乘船、大巴等交通工具至缅甸掸邦木姐镇，申领《缅甸联邦共和国临时边界通行证》后，进入我国云南省瑞丽市姐告边境贸易区。途中，另有 2 名缅甸籍公民及 1 名国籍不明者亦请求与吴某同行，吴某同意。

后经吴某联系缅甸公民觉某（另案处理），由觉某负责安排偷越中缅边境的线路、交通工具及在中国内地工作的地点等事宜。在觉某的带领下，吴某与上述 13 人违反《缅甸联邦共和国临时边界通行证》仅可作为从中缅双方指定口岸或者通道出、入国境时使用及只限于在规定的边境地区活动时使用等规定，在未依法向我国出入境管理部门申请办理前往内地证件的情况下，逃避边境检查，从云南姐告非法进入中国内地。后吴某等人通过夜间行车、选择偏僻路线行驶等方式逃避检查，先后至广东省广州市、浙江省海宁市多家小型工厂、物流公司非法就业。2018 年 6 月 15 日，在浙江省海宁市公安局对出租房进行检查时，吴某因非法入境、非法居留被查获。

2018 年 6 月 23 日，浙江省海宁市公安局对该案立案侦查，查明吴某涉嫌偷越国境罪，依法对其取保候审。取保候审期间，因害怕被处罚，他通过网络平台联系到缅甸朋友王某，与其商议潜逃至缅甸的方法和路线，后吴某按照王某指引，从云南孟连偷渡至缅甸邦康。2020 年 5 月 24 日，吴某再次冒险从云南边境偷渡入中国，后被中国边境管理大队民警查获。

吴某为逃避刑事追究，又试图违反国（边）境管理法规偷越中缅国（边）境，情节严重，海宁市人民检察院依法对其批准逮捕，2020 年 8 月 25 日，海宁市人民检察院以吴某涉嫌偷越国境罪依法对其提起公诉。同年 10 月 16 日，海宁市人民法院以偷越国境罪判处吴某有期徒刑十一个月，并处罚金人民币八千元，驱逐出境。吴某认罪服判。

【主要法律问题】

（1）本案中，吴某是否构成偷越国境罪？
（2）本案中，对外国人吴某采取的取保候审强制措施应当如何执行？
（3）本案中，将吴某的取保候审措施变更为逮捕是否合理？

[①] 参见最高人民检察院发布 6 起依法惩治妨害国（边）境管理犯罪典型案例之三。

【主要法律依据】

《中华人民共和国刑事诉讼法》（2018年10月修正）

第 67 条 人民法院、人民检察院和公安机关对有下列情形之一的犯罪嫌疑人、被告人，可以取保候审：

（一）可能判处管制、拘役或者独立适用附加刑的；

（二）可能判处有期徒刑以上刑罚，采取取保候审不致发生社会危险性的；

（三）患有严重疾病、生活不能自理，怀孕或者正在哺乳自己婴儿的妇女，采取取保候审不致发生社会危险性的；

（四）羁押期限届满，案件尚未办结，需要采取取保候审的。

取保候审由公安机关执行。

第 71 条 被取保候审的犯罪嫌疑人、被告人应当遵守以下规定：

（一）未经执行机关批准不得离开所居住的市、县；

（二）住址、工作单位和联系方式发生变动的，在二十四小时以内向执行机关报告；

（三）在传讯的时候及时到案；

（四）不得以任何形式干扰证人作证；

（五）不得毁灭、伪造证据或者串供。

人民法院、人民检察院和公安机关可以根据案件情况，责令被取保候审的犯罪嫌疑人、被告人遵守以下一项或者多项规定：

（一）不得进入特定的场所；

（二）不得与特定的人员会见或者通信；

（三）不得从事特定的活动；

（四）将护照等出入境证件、驾驶证件交执行机关保存。

被取保候审的犯罪嫌疑人、被告人违反前两款规定，已交纳保证金的，没收部分或者全部保证金，并且区别情形，责令犯罪嫌疑人、被告人具结悔过，重新交纳保证金、提出保证人，或者监视居住、予以逮捕。

对违反取保候审规定，需要予以逮捕的，可以对犯罪嫌疑人、被告人先行拘留。

第 81 条 对有证据证明有犯罪事实，可能判处徒刑以上刑罚的犯罪嫌疑人、被告人，采取取保候审尚不足以防止发生下列社会危险性的，应当予以逮捕：

（一）可能实施新的犯罪的；

（二）有危害国家安全、公共安全或者社会秩序的现实危险的；

（三）可能毁灭、伪造证据，干扰证人作证或者串供的；

（四）可能对被害人、举报人、控告人实施打击报复的；

（五）企图自杀或者逃跑的。

批准或者决定逮捕，应当将犯罪嫌疑人、被告人涉嫌犯罪的性质、情节，认罪认罚等情况，作为是否可能发生社会危险性的考虑因素。

对有证据证明有犯罪事实，可能判处十年有期徒刑以上刑罚的，或者有证据证明有犯罪事实，可能判处徒刑以上刑罚，曾经故意犯罪或者身份不明的，应当予以逮捕。

被取保候审、监视居住的犯罪嫌疑人、被告人违反取保候审、监视居住规定，情节严重的，可以予以逮捕。

《人民检察院刑事诉讼规则》（2019年12月修订）

第101条 犯罪嫌疑人有下列违反取保候审规定的行为，人民检察院应当对犯罪嫌疑人予以逮捕：

（一）故意实施新的犯罪；

（二）企图自杀、逃跑；

（三）实施毁灭、伪造证据，串供或者干扰证人作证，足以影响侦查、审查起诉工作正常进行；

（四）对被害人、证人、鉴定人、举报人、控告人及其他人员实施打击报复。

犯罪嫌疑人有下列违反取保候审规定的行为，人民检察院可以对犯罪嫌疑人予以逮捕：

（一）未经批准，擅自离开所居住的市、县，造成严重后果，或者两次未经批准，擅自离开所居住的市、县；

（二）经传讯不到案，造成严重后果，或者经两次传讯不到案；

（三）住址、工作单位和联系方式发生变动，未在二十四小时以内向公安机关报告，造成严重后果；

（四）违反规定进入特定场所、与特定人员会见或者通信、从事特定活动，严重妨碍诉讼程序正常进行。

有前两款情形，需要对犯罪嫌疑人予以逮捕的，可以先行拘留；已交纳保证金的，同时书面通知公安机关没收保证金。

《关于取保候审若干问题的规定》（2022年9月修正）

第16条 居住地包括户籍所在地、经常居住地。经常居住地是指被取保候审人离开户籍所在地最后连续居住一年以上的地方。

取保候审一般应当在户籍所在地执行，但已形成经常居住地的，可以在经常居住地执行。

《中华人民共和国刑法》（2023年12月修正）

第322条 违反国（边）境管理法规，偷越国（边）境，情节严重的，处一年以下有期徒刑、拘役或者管制，并处罚金；为参加恐怖活动组织、接受恐怖活动培训或者实施恐怖活动，偷越国（边）境的，处一年以上三年以下有期徒刑，并处罚金。

第六章 涉外刑事诉讼的强制措施

【理论分析】

一、涉外取保候审的适用

涉外取保候审是指在刑事诉讼过程中,公安机关、人民检察院和人民法院对未被逮捕或逮捕后需要变更强制措施的外国籍或者无国籍的犯罪嫌疑人、被告人,责令其提出保证人或者交纳保证金,并出具保证书,保证其随传随到,对其不予羁押或暂时解除其羁押的一种强制措施。人民法院、人民检察院和公安机关对有下列情形之一的犯罪嫌疑人、被告人,可以取保候审:(1)可能判处管制、拘役或者独立适用附加刑的;(2)可能判处有期徒刑以上刑罚,采取取保候审不致发生社会危险性的;(3)患有严重疾病、生活不能自理,怀孕或者正在哺乳自己婴儿的妇女,采取取保候审不致发生社会危险性的;(4)羁押期限届满,案件尚未办结,需要采取取保候审的。取保候审由公安机关执行。与此同时,对累犯、犯罪集团的主犯、以自伤和自残办法逃避侦查的犯罪嫌疑人,严重暴力犯罪以及其他严重犯罪的犯罪嫌疑人不得取保候审,但犯罪嫌疑人属于前述第(3)(4)情形的除外。

公安机关、人民检察院和人民法院均有权决定取保候审,由公安机关执行。国家安全机关决定取保候审的,以及人民检察院、人民法院在办理国家安全机关移送的犯罪案件时决定取保候审的,由国家安全机关执行。取保候审一般应当在户籍所在地执行,但已形成经常居住地的,可以在经常居住地执行。被取保候审人具有下列情形之一的,也可以在其暂住地执行取保候审:(1)被取保候审人离开户籍所在地一年以上且无经常居住地,但在暂住地有固定住处的;(2)被取保候审人系外国人、无国籍人、香港特别行政区、澳门特别行政区、台湾地区居民的;(3)被取保候审人户籍所在地无法查清且无经常居住地的。

对同一犯罪嫌疑人、被告人决定取保候审的,不能同时适用保证人保证和保证金保证。取保候审最长不得超过12个月。在取保候审、监视居住期间,不得中断对案件的侦查、起诉和审理。

对外国籍犯罪嫌疑人依法作出取保候审、监视居住决定或者执行拘留、逮捕后,由省级公安机关根据有关规定,将其姓名、性别、入境时间、护照或者证件号码、案件发生的时间、地点、涉嫌犯罪的主要事实、已采取的强制措施及其法律依据等,通知该外国人所属国家的驻华使馆、领事馆,同时报告公安部。经省级公安机关批准,领事通报任务较重的副省级城市公安局可以直接行使领事通报职能。

二、涉外取保候审中犯罪嫌疑人、被告人的义务

被取保候审的犯罪嫌疑人、被告人应当遵守以下规定:未经执行机关批准不得离开所居住的市、县;住址、工作单位和联系方式发生变动的,在24小时以内向执行机关报告;在传讯的时候及时到案;不得以任何形式干扰证人作证;不得毁灭、伪造证据或者串供。人民法院、人民检察院和公安机关可以根据案件情况,责令被取保候审的犯罪嫌疑人、被告人遵守以下一项或者多项规定：不得进入特定的场所；不得与特定的人员会见或者通信；不得从事特定的活动；将护照等出入境证件、驾驶证件交执行机关保存。

关于"未经执行机关批准不得离开所居住的市、县"，需注意：（1）此处的"市"应为县级市。（2）如果取保候审、监视居住是由人民检察院、人民法院决定的，执行机关在批准犯罪嫌疑人、被告人离开所居住的市、县或者执行监视居住的处所前，应当征得决定机关同意［《最高人民法院、最高人民检察院、公安部、国家安全部、司法部、全国人大常委会法制工作委员会关于实施刑事诉讼法若干问题的规定》（以下简称《六机关规定》）第13条］。另外，"住址、工作单位和联系方式发生变动的，在24小时以内向执行机关报告"为被取保候审人必须遵守的义务，被监视居住人并无此项义务。原理是：被取保候审人在县域里可以自由活动，故有此项义务以保证可以随时联系上；被监视居住人活动范围限于住处或指定居所，故无须规定此义务。

被取保候审的犯罪嫌疑人、被告人违反规定，已缴纳保证金的，没收部分或者全部保证金，并且区别情形，责令犯罪嫌疑人、被告人具结悔过、重新缴纳保证金、提出保证人，或者监视居住、予以逮捕。对违反取保候审规定，需要予以逮捕的，可以对犯罪嫌疑人、被告人先行拘留。

三、本案评析

1. 外国公民越过临时边界通行证范围，结伙进入内地非法务工，构成偷越国境罪

根据我国《出境入境边防检查条例》的规定，我国与邻国签署的边境管理合作条约等相关规定①，毗邻国家的边境居民按照协议临时入境的，仅限在协议规定范围内活动，需要到协议规定范围以外活动的，应当事先办理入境手续。如未按照国境管理相关规定办理入境手续非法越过边界通行证准许的活动范围、未获批准进入内地，情节严重的，应当以偷越国境罪定罪处罚。以本案为例，缅甸边民持《缅甸联邦共和国临时边界通行证》通过中缅双方规定的口岸或者临时通道进入我国国境后，没有按照协议规定在中缅接壤的边境管理区内活动，而是非法进入我国内地，结伙偷越国境，严重扰乱了我国的国（边）境管理秩序，已构成偷越国境罪。

2. 本案中，对外国人吴某采取取保候审的强制措施，可以在其海宁市的暂住地执行

一般刑事案件中，取保候审的决定机关是人民法院、人民检察院或公安机关，由公安机关负责执行。任何时期的立法都会受到同时期经济、政治、文化、社会环境、人文因素、国际形势等多种因素的影响，我国《刑事诉讼法》与相关司法解释、程序规定最初设立取保候审机制时，就是基于同时期经济社会发展水平与人口跨区域跨国流动的实际情况，把居住地作为取保候审的执行地。根据相关程序规定，居住地包括

---

① 为促进我国与边境国家的经济合作与发展，我国与部分边境国家签订了边界管理合作协议，允许境外边民持临时边界通行证合法进入我国边境地区，从事探亲访友、旅游和互市贸易等活动。

户籍所在地和经常居住地,其中,被取保候审人离开户籍所在地之后连续居住一年以上才可以被认定为经常居住地,标准较高。对于涉外、涉港澳台的犯罪嫌疑人,在内地没有户籍又没有长期固定居所(经常居住地)的情况屡见不鲜,大部分涉外、涉港澳台人员有的临时寄居在亲友家里,有的住在城中村、出租屋等不固定的住所,致使办案单位交付执行难以统一。有的派出所认为,在暂住地执行的做法并没有法律的明文规定,为了防止脱管漏管,只能"一刀切"收押,或者由办案单位变通执行,既导致办案单位与执行单位之间的工作缺乏有效链接,又违背了法律初衷,不利于人权保障。随着宽严相济的刑事司法理念以及"少捕、慎诉、慎押"刑事司法政策的贯彻,适用取保候审的人员较以往增多,该问题愈发凸显。2022年9月,《关于取保候审若干问题的规定》首次全面修订。此次取保候审新规在原有"户籍地""经常居住地"的基础上,引入了"暂住地"的适用情形。本次修订,从法理和常识上看,没有突破原有居住地的概念,但从实际执行的角度来讲,解决了困扰基层办案单位多年的执行问题,使办理涉外刑事案件的单位之间的工作更好衔接。因此,根据《关于取保候审若干问题的规定》第16条第3款第2项的规定,本案中对于外国人吴某的取保候审措施可以在其暂住地执行。

3. 本案中,将吴某的取保候审措施变更为逮捕是合理的

被告人吴某与他人结伙非法出入我国国境,其行为已触犯我国《刑法》第322条的规定,涉嫌偷越国境罪。其为逃避刑事责任,在被采取取保候审期间,违反规定又私自非法出境,直接导致刑事诉讼程序无法继续进行,其主观恶性和再犯可能性较大,确有羁押必要,根据我国《刑事诉讼法》第81条第4款、《人民检察院刑事诉讼规则》第101条第2款的规定,人民检察院应当对犯罪嫌疑人吴某作出批准逮捕决定。2022年7月7日最高人民检察院发布的6起依法惩治妨害国(边)境管理犯罪典型案例之四(张某某偷越国境案)亦作如此处理。[①]

【实操分析】

一、有外交豁免权的人不能适用取保候审

对外国人取保候审的法律适用情形不存在太大争议。有部分学者提出,在对外国人取保候审时,应当充分考虑其国籍、身份、犯罪性质、社会危害程度以及可能逃跑、藏匿等因素,谨慎决定适用取保候审。主流观点认为,对外国人采取取保候审刑事强制措施,原则上同样一般性地适用我国《刑事诉讼法》及其相关司法解释的规定。同时,也需要考虑国际法和国际条约的相关规定,特别是涉及外交特权和豁免权的外国人的案件。我国《刑事诉讼法》第17条规定:"对于外国人犯罪应当追究刑事责任的,

---

[①] 该案中,张某某因轻信国外淘金结伙偷越国境被刑事立案,取保候审期间又非法出入境,2021年9月13日,沧源县人民检察院依法批准逮捕张某某,同年10月15日,向沧源县人民法院提起公诉,建议判处有期徒刑九个月,并处罚金人民币八千元。10月27日,沧源县人民法院当庭宣判,全部采纳了检察机关的指控意见和量刑建议。

适用本法的规定。对于享有外交特权和豁免权的外国人犯罪应当追究刑事责任的，通过外交途径解决。"

司法实务中，取保候审的立法目的未能充分得到实现，根据相关法律规定，大多数可以取保候审的犯罪嫌疑人、被告人并没能摆脱被羁押的"厄运"，被追诉人对于申请取保候审未获批准的结果缺乏有效救济途径，在羁押状态下等候审判成为常态。无论是公安机关、检察机关或人民法院，在对外国人采取取保候审时，都应该严格把握适用条件，同时，对于取保候审移送过来的案件，要及时做好续保工作。

二、应谨慎把握"社会危险性"的条件和时间节点

对辩护律师而言，应当注意对"社会危险性"条件和时间节点的把握。《刑事诉讼法》第81条和《关于逮捕社会危险性条件若干问题的规定（试行）》中均有对于社会危险性的描述，应当结合案件具体情况，逐条分析，结合犯罪嫌疑人的身份、认知、犯罪情节等进行充分的论证，以体现对犯罪嫌疑人取保候审不致发生社会危险性。若犯罪嫌疑人经人民检察院审查后被批准逮捕，可以在一个月以后再通过申请羁押必要性审查来实现取保候审。

涉外取保候审的一个显著特点是涉及外国人，这增加了案件的复杂性和敏感性。在涉外刑事案件中，取保候审的条件与普通刑事案件相似，但也需要考虑一些特殊因素。包括外国人的国籍、身份、在华地位、居留状况、经济能力、社会关系等，这些特殊因素都可能影响取保候审的决定。例如，如果外国人在中国没有固定住所或有效联系方式，就可能会增加取保候审的难度和风险。

在司法实践中，涉外取保候审的适用情形较为复杂。一方面，需要充分保障外国人的合法权益，例如，确保外国人在取保候审期间得到充分的法律帮助和翻译服务，为刑事诉讼活动的顺利进行提供保障，避免滥用取保候审措施；另一方面，也需要考虑案件的性质和严重程度，确保司法公正和效率。

【思考题】

对外国人采取取保候审的强制措施，需通知有关外国驻华使馆，那么，对于未设使领馆的国家，如何通知？

第二节　涉外刑事诉讼中的监视居住

监视居住是我国刑事强制措施之一，对于在我国境内涉嫌犯罪的外国人，根据案件具体情况，公安机关、人民检察院和人民法院可以对犯罪嫌疑人适用监视居住。监视居住有两种类型，包括住处监视居住和指定居所监视居住。后者作为一种对人身自由限制程度较高的强制措施，其适用中出现的问题较为突出。一方面，指定居所监视居住的执行环境相对封闭，更容易导侵犯犯罪嫌疑人的权利，如通信自由、会见权等；

另一方面，多数情况下，外国籍犯罪嫌疑人在我国没有固定住处，对其适用指定居所监视居住合法合理。

案例二　史某组织他人偷越国（边）境案[①]

【基本案情】

史某，男，美国国籍，2015年因工作原因居住在中国 A 省 B 市 C 区。史某以营利为目的，于2017年末至2018年2月，在 B 市 D 区美国总领事馆等地，组织周某、王某等七人冒充中国狮子联会 B 市代表处成员，使用虚假内容的美国狮子会邀请函，伪造的房产证、在职证明、银行流水等材料，办理了赴美 B1/B2 签证，并进行面签。其中，王某取得签证（案发后注销），其余六人被拒签。史某因涉嫌组织他人偷越国（边）境罪于2018年11月27日被我国公安机关刑事拘留（11月26日被抓获）；同年12月29日，被采取指定居所监视居住；2019年5月31日，继续被采取指定居所监视居住。

【主要法律问题】

（1）本案中，史某是否属于"无固定住处"？
（2）对在中国境内有固定住处的外国人，是否可以采取指定居所监视居住？

【主要法律依据】

《中华人民共和国刑事诉讼法》（2018年10月修正）

第74条　人民法院、人民检察院和公安机关对符合逮捕条件，有下列情形之一的犯罪嫌疑人、被告人，可以监视居住：

（一）患有严重疾病、生活不能自理的；
（二）怀孕或者正在哺乳自己婴儿的妇女；
（三）系生活不能自理的人的唯一扶养人；
（四）因为案件的特殊情况或者办理案件的需要，采取监视居住措施更为适宜的；
（五）羁押期限届满，案件尚未办结，需要采取监视居住措施的。

对符合取保候审条件，但犯罪嫌疑人、被告人不能提出保证人，也不交纳保证金的，可以监视居住。

监视居住由公安机关执行。

第75条　监视居住应当在犯罪嫌疑人、被告人的住处执行；无固定住处的，可以在指定的居所执行。对于涉嫌危害国家安全犯罪、恐怖活动犯罪，在住处执行可能有

[①] 本案系自编案例。

碍侦查的，经上一级公安机关批准，也可以在指定的居所执行。但是，不得在羁押场所、专门的办案场所执行。

《公安机关办理刑事案件程序规定》（2020年7月修正）

第112条　固定住处，是指被监视居住人在办案机关所在的市、县内生活的合法住处；指定的居所，是指公安机关根据案件情况，在办案机关所在的市、县内为被监视居住人指定的生活居所。

指定的居所应当符合下列条件：

（一）具备正常的生活、休息条件；

（二）便于监视、管理；

（三）保证安全。

公安机关不得在羁押场所、专门的办案场所或者办公场所执行监视居住。

第113条　指定居所监视居住的，除无法通知的以外，应当制作监视居住通知书，在执行监视居住后二十四小时以内，由决定机关通知被监视居住人的家属。

有下列情形之一的，属于本条规定的"无法通知"：

（一）不讲真实姓名、住址、身份不明的；

（二）没有家属的；

（三）提供的家属联系方式无法取得联系的；

（四）因自然灾害等不可抗力导致无法通知的。

无法通知的情形消失以后，应当立即通知被监视居住人的家属。

无法通知家属的，应当在监视居住通知书中注明原因。

【理论分析】

一、涉外监视居住的适用

1. 涉外监视居住的适用情形

涉外监视居住，是指公安机关、人民检察院、人民法院等机关对符合法定情形的外国或者无国籍犯罪嫌疑人、被告人所采取的，在一定期限内不得离开特定区域，并对其活动予以监视一种强制措施。人民法院、人民检察院和公安机关对符合逮捕条件，有下列情形之一的犯罪嫌疑人、被告人，可以监视居住：（1）患有严重疾病、生活不能自理的；（2）怀孕或者正在哺乳自己婴儿的妇女；（3）系生活不能自理的人的唯一扶养人；（4）因为案件的特殊情况或者办理案件的需要，采取监视居住措施更为适宜的；（5）羁押期限届满，案件尚未办结，需要采取监视居住措施的。对符合取保候审条件，但犯罪嫌疑人、被告人不能提出保证人，也不缴纳保证金的，可以监视居住。

这里需要注意的是：第一，"系生活不能自理的人的唯一扶养人"中的"扶养"包括父母、祖父母、外祖父母对子女、孙子女、外孙子女的抚养，以及子女、孙子女、外孙子女对父母、祖父母、外祖父母的赡养，以及配偶、兄弟姐妹之间的相互扶养。第二，上述五种情形可以监视居住的前提是必须符合"逮捕条件"，因此刑期应为有期徒刑以上方可对其监视居住。例如，外国人涉嫌危险驾驶罪，因最高刑罚为拘役，不符合逮捕所要求的最低刑期，故即便有上述五种情形之一，也不能对其监视居住。第三，对符合取保候审条件，必须既不能提供保证金，也不能提供保证人时，才可以监视居住。因此，如果外国人能够提供保证金，不能对其监视居住。

2. 涉外监视居住的类型

监视居住属于限制人身自由的措施，有两种类型：在住处执行的监视居住和在指定居所执行的监视居住。有固定住处，可以在住处执行监视居住。指定居所执行的监视居住适用的情形是：（1）无固定住处的，可以在指定的居所执行；（2）对于涉嫌危害国家安全犯罪、恐怖活动犯罪，在住处执行可能有碍侦查的，经上一级公安机关批准，也可以在指定的居所执行。但是，不得在羁押场所、专门的办案场所执行。

需要注意的是，"固定住处"是指犯罪嫌疑人在办案机关所在地的市、县内工作、生活的合法居所。这里的"市"应该属于县级市，否则市、县难以并列。而指定的居所则应当符合下列3个条件：（1）具备正常的生活、休息条件；（2）便于监视、管理；（3）保证安全。公安机关不得在羁押场所、专门的办案场所或者办公场所执行监视居住。

二、涉外监视居住的程序

1. 决定与执行

公安机关、人民检察院和人民法院有权决定采取监视居住，由公安机关执行。在危害国家安全犯罪当中，国家安全机关视为公安机关，由其执行。公安机关已经对犯罪嫌疑人采取监视居住的，案件移交到人民检察院后，以及人民检察院、公安机关已对犯罪嫌疑人监视居住，案件起诉到人民法院后，办案机关对于符合监视居住条件的，应当依法对被告人重新办理监视居住手续。监视居住的期限重新计算。

执行机关可以采取电子监控、不定期检查等监视方法对其遵守监视居住规定的情况进行监督；在侦查期间，可以对被监视居住的犯罪嫌疑人的通信进行监控。侦查期间通信监控的范围包括电话、传真、信函、邮件、网络等通信方式。指定居所监视居住的，不得要求被监视居住人支付费用（《六机关规定》第15条）。

2. 期限与折抵

监视居住的期限最长不超过6个月，在此期限内不得中断对案件的侦查、起诉和审理。指定居所监视居住的期限应当折抵刑期。被判处管制的，监视居住1日折抵刑期1日；被判处拘役、有期徒刑的，监视居住2日折抵刑期1日。这里需要注意：第一，只有指定居所监视居住才折抵刑期，因其处于隔绝状态容易发生刑讯逼供，而刑法规定"被先行羁押"在看守所即需折抵刑期，故刑事诉讼法也规定指定居所监视居住也折抵刑期。住处执行监视居住因有家属同住，不易发生刑讯逼供，故其不折抵刑期。第二，"指定居所监视居住"和"先行羁押"的刑期折抵既有相同，也有差异。先行羁押的刑期折抵分为：（1）管制的刑期，从判决执行之日起计算；判决执行以前先行羁押的，羁押1日折抵刑期2日。（2）拘役的刑期，从判决执行之日起计算；判决执行以前先行羁押的，羁押1日折抵刑期1日。（3）有期徒刑的刑期，从判决执行之日起计算；判决执行以前先行羁押的，羁押1日折抵刑期1日（《刑法》第41条、第44条、第47条）。两者折抵不同的原理是：如果性质相同，折抵时为一比一；如果性质不同，轻重比为二比一。其中，指定居所监视居住、管制的性质属于限制人身自由（轻），先行羁押、拘役、有期徒刑的性质属于剥夺人身自由（重）。

3. 通知家属与领事通知

指定居所监视居住的，除无法通知的以外，应当制作监视居住通知书，在执行监视居住后24小时以内，由决定机关通知被监视居住人的家属。有下列情形之一的，属于本条规定的"无法通知"：（1）不讲真实姓名、住址，身份不明的。（2）没有家属的。（3）提供的家属联系方式无法取得联系的。（4）因自然灾害等不可抗力导致无法通知的。无法通知的情形消失以后，应当立即通知被监视居住人的家属。

关于以"住处执行可能有碍侦查"为由进行指定居所监视居住，需要注意的是：（1）只能针对危害国家安全犯罪、恐怖活动犯罪适用。（2）须经上一级公安机关批准。其原理是：指定居所执行监视居住容易发生刑讯逼供，为预防刑讯逼供、防止侦查权滥用，故有固定住处而以"住处执行可能有碍侦查"为由指定居所监视居住仅限于危害国家安全罪、恐怖活动犯罪，且须经上一级机关批准。

4. 义务与责任

被监视居住人应当遵守以下规定：（1）未经执行机关批准不得离开执行监视居住的处所。（2）未经执行机关批准不得会见他人或者通信。（3）在传讯的时候及时到案。（4）不得以任何形式干扰证人作证。（5）不得毁灭、伪造证据或者串供。（6）将护照等出入境证件、身份证件、驾驶证件交执行机关保存。被监视居住的犯罪嫌疑人、被告人违反规定，情节严重的，可以予以逮捕；需要予以逮捕的，可以对犯罪嫌疑人、被告人先行拘留。

此处需要注意的是：

第一，如果取保候审、监视居住是由人民检察院、人民法院决定的，执行机关在批准犯罪嫌疑人、被告人离开所居住的市、县或者执行监视居住的处所前，应当征得决定机关同意（《六机关规定》第13条）。

第二，关于"未经执行机关批准不得会见他人或者通信"，需注意：（1）"他人"是指与被监视居住人共同居住的家庭成员和辩护律师以外的人。被监视居住的犯罪嫌疑人、被告人会见辩护律师原则上不需要经过批准，但危害国家安全犯罪、恐怖活动犯罪案件，在侦查期间辩护律师会见被监视居住的犯罪嫌疑人，应当经侦查机关许可。被监视居住人如果要会见他人，必须经过执行机关批准方能会见。（2）犯罪嫌疑人自被侦查机关第一次讯问或者采取监视居住之日起，有权委托辩护人。在侦查期间，只能委托律师作为辩护人。侦查机关在第一次讯问犯罪嫌疑人或者对犯罪嫌疑人采取监视居住时，应当告知犯罪嫌疑人有权委托辩护人。辩护人接受犯罪嫌疑人、被告人委托后，应当及时告知办理案件的司法机关。

第三，监视居住与取保候审所需要遵守的义务有所不同。监视居住涉及三种证件，包括"身份证件"；取保候审涉及两种证件，不包括"身份证件"。另外，证件交执行机关保存是被监视居住的人必须遵守的义务，并不是被取保候审的人必须遵守的义务。其原理是：被取保候审人在县域里可以自由活动，故不能让其上交身份证件，以免其出差时无法住宿。而被监视居住人的活动范围限于某处所，为防止其逃跑，须收缴其身份证件，且三种证件交执行机关保存是其必须遵守的义务。

三、本案评析

1. 本案中可对史某指定居所监视居住

本案中，可以认定史某"无固定住处"，因而可以指定居所监视居住。史某拥有美国国籍，被捕前在我国 A 省 B 市 C 区有固定住处。其犯罪行为发生于 2017 年末至 2018 年 2 月，在 B 市 D 区美国总领事馆被 B 市公安机关抓获，且 B 市公安机关所在地为 B 市 D 区。因此，虽然犯罪嫌疑人史某在 B 市 C 区有固定住所，但是，该固定住所并不在办案机关所在的 B 市 D 区，因而应认为史某在 B 市 D 区无固定住所，可以对其适用指定居所监视居住。

2. 如果涉嫌犯罪的外国人在我国境内有固定住处，应分两种情况判断能否对其指定居所监视居住

对于涉嫌危害国家安全犯罪、恐怖活动犯罪，即便有固定住处，但如果在住处执行可能有碍侦查的，经上一级公安机关批准，也可以在指定的居所执行。而对其他犯罪，有固定住处的，不能指定居所监视居住，意在保障人权，避免出现刑讯逼供等非法取证。本案中，如果史某在 B 市 D 区有固定住所，因其涉嫌的罪名是"组织他人偷越国（边）境罪"，不属于危害国家安全犯罪、恐怖活动犯罪，故不能以"在住处执行可能有碍侦查"为由对其指定居所监视居住。

【实操分析】

一、涉外监视居住必须进行领事通知

即对外国籍犯罪嫌疑人依法作出取保候审、监视居住决定或者执行拘留、逮捕后，由省级公安机关根据有关规定，将其姓名、性别、入境时间、护照或者证件号码、案件发生的时间、地点，涉嫌犯罪的主要事实，已采取的强制措施及其法律依据等，通知该外国人所属国家的驻华使馆、领事馆，同时报告公安部。经省级公安机关批准，领事通报任务较重的副省级城市公安局可以直接行使领事通报职能。

二、优先适用住处执行的监视居住

监视居住是限制人身自由的措施，但是基于外部监督的弱化，指定居所监视居住在实践中往往异化为变相的剥夺人身自由的措施。与指定居所监视居住相比，住处监

视居住能同时兼顾保障犯罪嫌疑人、被告人合法权益和节省诉讼资源。在具体案件中，如果涉嫌的系经济型涉外犯罪，在犯罪嫌疑人和被告人认错态度较好、人身危险性较小的情况下，办案机关决定采取强制措施时，可以优先考虑适用住监视居住。特别是在大数据背景下，各种监测设备能够对犯罪嫌疑人、被告人实现动态监管，比如卫星定位手环。这样一来，住处监视居住不仅能最大限度保障犯罪嫌疑人、被告人的合法权益，也能保证随传随到，不会影响案件进程。

【思考题】

上述案例中，史某审前被采取指定居所监视居住的期限应当怎么折抵刑期？

第三节 涉外刑事诉讼中的拘留

拘留是侦查机关在侦查过程中遇到法定的紧急情况，对于现行犯或者重大嫌疑分子采取的临时剥夺其人身自由的一种强制措施。拘留具有强制性、临时性等特点，符合实际办案需求，因而在实践中被广泛适用。拘留作为一种剥夺人身自由的强制措施，与权利保障之间存在一定的紧张关系，应依法规范适用。涉外刑事拘留既遵循一般的程序要求，同时在层报、领事通知与探视等方面有其特殊的程序要求。

案例三 乔治某故意伤害案[①]

【基本案情】

乔治某，男，1985年7月18日出生，美国国籍，被捕前暂住A市西区某小区。2019年8月19日，乔治某在一家餐馆就餐时，与他人发生冲突，因语言沟通不便，双方之间存在误解，乔治某冲动之下拿起手边的啤酒瓶砸向张某的头部。后在餐厅工作人员的劝阻下，乔治某停止了侵害行为，并主动拨打了急救电话。张某被送往医院治疗，经鉴定张某系轻伤。乔治某因涉嫌故意伤害罪于2019年8月19日被刑事拘留，同年9月25日被逮捕。后经当地人民法院审理，判处乔治某有期徒刑十个月，并处罚金人民币二千元。

【主要法律问题】

（1）刑事拘留后的羁押期限如何计算？
（2）本案中，公安机关决定拘留的做法是否正确？

---

① 参见浙江省杭州市中级人民法院（2019）浙01刑终724号刑事裁定书。

【主要法律依据】

《中华人民共和国刑事诉讼法》（2018年10月修正）

第82条　公安机关对于现行犯或者重大嫌疑分子，如果有下列情形之一的，可以先行拘留：

（一）正在预备犯罪、实行犯罪或者在犯罪后即时被发觉的；

（二）被害人或者在场亲眼看见的人指认他犯罪的；

（三）在身边或者住处发现有犯罪证据的；

（四）犯罪后企图自杀、逃跑或者在逃的；

（五）有毁灭、伪造证据或者串供可能的；

（六）不讲真实姓名、住址，身份不明的；

（七）有流窜作案、多次作案、结伙作案重大嫌疑的。

第85条　公安机关拘留人的时候，必须出示拘留证。

拘留后，应当立即将被拘留人送看守所羁押，至迟不得超过二十四小时。除无法通知或者涉嫌危害国家安全犯罪、恐怖活动犯罪通知可能有碍侦查的情形以外，应当在拘留后二十四小时以内，通知被拘留人的家属。有碍侦查的情形消失以后，应当立即通知被拘留人的家属。

第86条　公安机关对被拘留的人，应当在拘留后的二十四小时以内进行讯问。在发现不应当拘留的时候，必须立即释放，发给释放证明。

《公安机关办理刑事案件程序规定》（2020年7月修正）

第126条　拘留后，应当立即将被拘留人送看守所羁押，至迟不得超过二十四小时。

异地执行拘留，无法及时将犯罪嫌疑人押解回管辖地的，应当在宣布拘留后立即将其送抓获地看守所羁押，至迟不得超过二十四小时。到达管辖地后，应当立即将犯罪嫌疑人送看守所羁押。

第129条　对被拘留的犯罪嫌疑人，经过审查认为需要逮捕的，应当在拘留后的三日以内，提请人民检察院审查批准。在特殊情况下，经县级以上公安机关负责人批准，提请审查批准逮捕的时间可以延长一日至四日。

对流窜作案、多次作案、结伙作案的重大嫌疑分子，经县级以上公安机关负责人批准，提请审查批准逮捕的时间可以延长至三十日。

本条规定的"流窜作案"，是指跨市、县管辖范围连续作案，或者在居住地作案后逃跑到外市、县继续作案；"多次作案"，是指三次以上作案；"结伙作案"，是指二人以上共同作案。

第367条　对外国籍犯罪嫌疑人依法作出取保候审、监视居住决定或者执行拘留、逮捕后，应当在四十八小时以内层报省级公安机关，同时通报同级人民政府外事办公室。

重大涉外案件应当在四十八小时以内层报公安部,同时通报同级人民政府外事办公室。

第368条 对外国籍犯罪嫌疑人依法作出取保候审、监视居住决定或者执行拘留、逮捕后,由省级公安机关根据有关规定,将其姓名、性别、入境时间、护照或者证件号码、案件发生的时间、地点、涉嫌犯罪的主要事实、已采取的强制措施及其法律依据等,通知该外国人所属国家的驻华使馆、领事馆,同时报告公安部。经省级公安机关批准,领事通报任务较重的副省级城市公安局可以直接行使领事通报职能。

外国人在公安机关侦查或者执行刑罚期间死亡的,有关省级公安机关应当通知该外国人国籍国的驻华使馆、领事馆,同时报告公安部。

未在华设立使馆、领事馆的国家,可以通知其代管国家的驻华使馆、领事馆;无代管国家或者代管国家不明的,可以不予通知。

第370条 公安机关侦查终结前,外国驻华外交、领事官员要求探视被监视居住、拘留、逮捕或者正在看守所服刑的本国公民的,应当及时安排有关探视事宜。犯罪嫌疑人拒绝其国籍国驻华外交、领事官员探视的,公安机关可以不予安排,但应当由其本人提出书面声明。

在公安机关侦查羁押期间,经公安机关批准,外国籍犯罪嫌疑人可以与其近亲属、监护人会见、与外界通信。

【理论分析】

一、涉外刑事拘留的适用情形

涉外刑事拘留是指公安机关等侦查机关在侦查过程中,遇有紧急情况,依法临时剥夺某些外国籍或无国籍现行犯或者重大嫌疑分子的人身自由的一种强制措施。其目的是防止犯罪嫌疑人逃跑、自杀或继续危害社会,保证刑事诉讼的顺利进行。在国外,逮捕通常分为有证逮捕和无证逮捕,其中无证逮捕又叫作紧急逮捕,就是在紧急情况下来不及事先向法官申请逮捕令,而由侦查机关临时采取逮捕、事后补办逮捕令的措施。由于我国的逮捕要求必须出示逮捕证,属于有证逮捕,不存在无证逮捕,因而拘留实际上扮演了国外的紧急逮捕的角色,即对于现行犯或者重大嫌疑分子,在紧急情况下对其先行拘留,然后再去向检察机关申请补办逮捕证。因而拘留之后通常涉及报请检察机关进行批准逮捕的问题。公安机关对于现行犯或者重大嫌疑分子,如果有下列情形之一的,可以先行拘留:(1)正在预备犯罪、实行犯罪或者在犯罪后即时被发觉的;(2)被害人或者在场亲眼看见的人指认他犯罪的;(3)在身边或者住处发现有犯罪证据的;(4)犯罪后企图自杀、逃跑或者在逃的;(5)有毁灭、伪造证据或者串供可能的;(6)不讲真实姓名、住址,身份不明的;(7)有流窜作案、多次作案、结伙作案重大嫌疑的。

二、涉外刑事拘留的期限

公安机关对被拘留的人,认为需要逮捕的,应当在拘留后的三日以内,提请人民检察院审查批准。在特殊情况下，提请审查批准的时间可以延长一日至四日。对于流窜作案、多次作案、结伙作案的重大嫌疑分子，提请审查批准的时间可以延长至三十日。需注意的是，"流窜作案"是指跨市、县管辖范围连续作案，或者在居住地作案后逃跑到外市、县继续作案；"多次作案"是指三次以上作案；"结伙作案"是指二人以上共同作案。

人民检察院应当自接到公安机关提请批准逮捕书后的七日以内，作出批准逮捕或者不批准逮捕的决定。人民检察院不批准逮捕的，公安机关应当在接到通知后立即释放，并且将执行情况及时通知人民检察院。对于需要继续侦查，并且符合取保候审、监视居住条件的，依法取保候审或者监视居住。公安机关对人民检察院不批准逮捕的决定，认为有错误的时候，可以要求复议，但是必须将被拘留的人立即释放。如果意见不被接受，可以向上一级人民检察院提请复核。上级人民检察院应当立即复核，作出是否变更的决定，通知下级人民检察院和公安机关执行。

三、涉外刑事拘留的程序

1. 一般的程序要求

公安机关拘留人的时候，必须出示拘留证。拘留后，应当立即将被拘留人送看守所羁押，至迟不得超过二十四小时。除无法通知或者涉嫌危害国家安全犯罪、恐怖活动犯罪通知可能有碍侦查的情形以外，应当在拘留后二十四小时以内，通知被拘留人的家属。有碍侦查的情形消失以后，应当立即通知被拘留人的家属。公安机关对被拘留的人，应当在拘留后的二十四小时以内进行讯问。在发现不应当拘留的时候，必须立即释放，发给释放证明。

2. 特殊的程序要求

第一，层报与通报。对外国籍犯罪嫌疑人依法作出取保候审、监视居住决定或者执行拘留、逮捕后，应当在四十八小时以内层报省级公安机关，同时通报同级人民政府外事办公室。重大涉外案件应当在四十八小时以内层报公安部，同时通报同级人民政府外事办公室。

第二，领事通知。对外国籍犯罪嫌疑人依法作出取保候审、监视居住决定或者执行拘留、逮捕后，由省级公安机关根据有关规定，将其姓名、性别、入境时间、护照或者证件号码，案件发生的时间、地点，涉嫌犯罪的主要事实，已采取的强制措施及其法律依据等，通知该外国人所属国家的驻华使馆、领事馆，同时报告公安部。经省级公安机关批准，领事通报任务较重的副省级城市公安局可以直接行使领事通报职能。

外国人在公安机关侦查或者执行刑罚期间死亡的，有关省级公安机关应当通知该外国人国籍国的驻华使馆、领事馆，同时报告公安部。未在华设立使馆、领事馆的国家，可以通知其代管国家的驻华使馆、领事馆；无代管国家或者代管国家不明的，可以不予通知。

第三，领事探视。公安机关侦查终结前，外国驻华外交、领事官员要求探视被监视居住、拘留、逮捕或者正在看守所服刑的本国公民的，应当及时安排有关探视事宜。犯罪嫌疑人拒绝其国籍国驻华外交、领事官员探视的，公安机关可以不予安排，但应当由其本人提出书面声明。在公安机关侦查羁押期间，经公安机关批准，外国籍犯罪嫌疑人可以与其近亲属和监护人会见、与外界通信。

四、本案评析

1. 涉外刑事拘留应依法进行

关于涉外刑事拘留的适用，我国《刑事诉讼法》和《公安机关办理刑事案件程序规定》中均有相关规定。对外国籍犯罪嫌疑人、被告人采取拘留、监视居住、取保候审的，由省、自治区、直辖市公安机关负责人批准后，将相关案件情况在采取强制措施四十八小时内报告公安部，同时通报同级人民政府外事办公室。刑事拘留作为一种被公安机关经常采用的强制措施，具有保证犯罪嫌疑人、被告人及时到案，防止危险扩大，及时收集证据等功能，但实践中却存在被随意适用甚至滥用的情形。特别是刑事拘留的期限，仅侦查机关就有权决定将犯罪嫌疑人羁押三十日，加上检察机关审查逮捕的七日，拘留最长时间为三十七日。这么长的时间，虽然便于公安机关查清案件事实，但是，对于犯罪嫌疑人特别是一些轻罪的犯罪嫌疑人而言，长期羁押可能对其身心造成一定的伤害。因此，应规制随意适用刑事拘留的现象。

2. 本案中，公安机关的做法违背了相关法律规定

本案中，乔治某因故意伤害而被公安机关拘留三十七日，属于拘留期限的"顶格"适用，但乔治某并不属于"流窜作案、多次作案、结伙作案的重大嫌疑分子"，这种做法明显损害了其合法权益。案发时，乔治某在冲动之下拿起酒瓶砸向张某，对其人身造成了一定的伤害。在周围人的劝阻下，乔治某主动报警，积极赔偿张某损失，认罪态度较好。在这种情况下，公安机关于2019年8月19日将乔治某拘留，同年9月25日，对其逮捕，从拘留到逮捕共三十八日。一般情况下，对被拘留的犯罪嫌疑人，提请审查批准逮捕的时间为拘留后的三日以内，特殊情况可以延长一到四日。只有对流窜作案、多次作案、结伙作案的重大嫌疑分子，拘留方能延长至三十日。而乔治某涉嫌的罪名是故意伤害罪，主观恶性较小，且不属于"流窜作案、多次作案、结伙作案的重大嫌疑分子"，对其拘留三十七日显然不符合《公安机关办理刑事案件程序规定》第129条的规定。因此，本案中，公安机关的做法违背了相关法律规定，背离了"少捕、慎诉、慎押"和"轻罪治理"的要求。

【实操分析】

一、涉外刑事拘留的适用应严守比例原则

虽然刑事诉讼法规定了五种强制措施，但是，对于外国籍犯罪嫌疑人、被告人，多数情形下，公安机关更愿意采取刑事拘留措施。考虑到取保候审需要犯罪嫌疑人缴纳保证金或者找到保证人，监视居住需要安排工作人员监视犯罪嫌疑人（指定居所监

视居住还需找到合适的监视场所),这两种方式不仅需要客观条件,更需要花费办案人员精力及承担一定的办案风险。而拘留采取网上审批方式,审批速度快,在看守所执行,方便公安机关讯问和管理。因此,实践中,公安机关更倾向于选择拘留,而非取保候审或监视居住。拘留措施被泛化适用或长期羁押犯罪嫌疑人都不合理,既不利于贯彻"少捕、慎诉、慎押"刑事政策的要求,也不利于现代化法治的建设以及犯罪嫌疑人、被告人合法权益的保障。因此,在对外国籍犯罪嫌疑人、被告人选择适用强制措施时,应当综合考量案件情况,优先适用羁押替代性强制措施。只有在紧急情况时,才能适用拘留。

二、应强化涉外刑事拘留适用的检察监督

我国的检察机关既是司法机关,又是法律监督机关。在刑事诉讼活动中,检察机关有权对公安机关的立案、法院的审判和执行机关的执行活动是否合法进行监督。在强制措施中,公安机关认为需要逮捕犯罪嫌疑人的,应向检察机关提出申请。但是在刑事拘留的审批程序中,无论是申请还是最后的批准,并没有检察机关的介入,而是采取了行政审批流程,在公安机关对犯罪嫌疑人采取刑事拘留而未报捕的情况下,检察机关的监督就处于一种缺失状态。而在提请审查批准逮捕时,由县级以上公安机关负责人批准,即可延长至三十日。考虑到公安机关上下级之间系领导与被领导的关系,在面对下级公安机关的延长申请时,往往也是从发现案件真实的角度作出审批。因此,在接下来的程序设计中,笔者认为,应当强化检察机关对刑事拘留适用的监督。如果公安机关在特殊情况下,需要将拘留时间延长至四日的,需经县级以上公安机关负责人批准。对于"流窜作案、多次作案、结伙作案"的重大嫌疑分子,需要将其拘留三十日及更久的,应当报请检察机关审批。此外,可以设立刑事拘留信息平台。公安机关拟采取刑事拘留措施的,应及时在平台上创建信息,并实时上传拘留工作处理状况,检察机关予以监督,让拘留流程更加透明。

三、适用涉外刑事拘留应树立正确理念

刑事拘留作为我国公安机关、人民检察院、人民法院在刑事追诉活动中适用率较高的一种限制犯罪嫌疑人、被告人人身自由的强制措施,与犯罪嫌疑人、被告人基本权利保障之间有天然的紧张关系。而外国籍犯罪嫌疑人、被告人在我国境内一般没有固定住处,人际关系较为简单,可能不符合适用取保候审或住处监视居住等非羁押强制措施的条件,此时,办案机关倾向于选择适用拘留、逮捕等羁押性强制措施。这是考虑现实情况以及案件办理的需要。但是,对外国籍犯罪嫌疑人、被告人适用拘留时,要树立正确的办案理念,也要格外注意拘留期限的把握,同时也要注意遵循我国加入的相关公约(如《维也纳外交公约》《维也纳领事关系公约》等)。

【思考题】

公安机关、检察机关等不同机关所决定采取的刑事拘留有何不同?

第四节　涉外刑事诉讼中的逮捕

对外国人批准逮捕，将其进行羁押，可以防止其继续实施犯罪行为、逃避刑事处罚或者毁灭罪证等可能。但是，逮捕是最为严厉的刑事强制措施，它直接剥夺了犯罪嫌疑人、被告人的人身自由，一旦被滥用或违法使用，后果不堪设想。此外，对外国人逮捕往往涉及外交关系，不当逮捕容易引发外交纷争，影响国家形象。因此，对外国人采取逮捕，必须遵循严格的审查批准程序，履行好通知义务，从而既确保法律的权威，又尊重和保障人权。

案例四　阮某心诈骗案[①]

【基本案情】

阮某心，越南国籍。2018年8月，阮某心、阮某明等越南女子随同阮某香来到河北献县。由阮某香安排阮某明等越南女子以与相亲男子结婚为由，由阮某香通过当地婚介所向男方索要彩礼、介绍费。阮某心与被害人李某、刘某的儿子李某辉相亲后假装同意结婚，以骗取彩礼。随后，李某、刘某支付阮某心彩礼共计3万6千元给婚介所，其中，阮某香实际诈骗到手7千元，阮某心未分得钱款。阮某心在与李某辉生活半个月后，借故离开献县并失去联系。

2020年10月13日，阮某心被崇仁县公安局抓获到案后，被依法刑事拘留。同年10月19日，被献县公安局指定居所监视居住。2020年10月20日，被献县公安局刑事拘留。2020年11月19日，经献县人民检察院批准，被献县公安局执行逮捕，羁押于任丘市看守所。

河北省沧州市人民检察院指控被告人阮某心犯诈骗罪一案，于2021年4月19日向河北省沧州市中级人民法院提起公诉。根据被告人阮某心的犯罪事实、犯罪性质、情节、认罪认罚情况以及对社会的危害程度，依照我国《刑法》第6条、第266条、第25条、第35条，以及《刑事诉讼法》第15条之规定，沧州市中级人民法院判决被告人阮某心犯诈骗罪，判处有期徒刑8个月，并处罚金人民币1000元，驱逐出境。

【主要法律问题】

（1）献县人民检察院是否有权对本案的犯罪嫌疑人决定逮捕？
（2）本案中检察机关的审查批准逮捕程序如何进行？

---

① 参见河北省沧州市中级人民法院（2021）冀09刑初38号刑事判决书。

【主要法律依据】

《最高人民法院关于适用〈中华人民共和国刑事诉讼法〉的解释》（2021年3月1日起施行）

第479条 涉外刑事案件审判期间，人民法院应当将下列事项及时通报同级人民政府外事主管部门，并依照有关规定通知有关国家驻华使领馆：

（一）人民法院决定对外国籍被告人采取强制措施的情况，包括外国籍当事人的姓名（包括译名）、性别、入境时间、护照或者证件号码、采取的强制措施及法律依据、羁押地点等；……

第480条 需要向有关国家驻华使领馆通知有关事项的，应当层报高级人民法院，由高级人民法院按照下列规定通知：

（一）外国籍当事人国籍国与我国签订有双边领事条约的，根据条约规定办理；未与我国签订双边领事条约，但参加《维也纳领事关系公约》的，根据公约规定办理；未与我国签订领事条约，也未参加《维也纳领事关系公约》，但与我国有外交关系的，可以根据外事主管部门的意见，按照互惠原则，根据有关规定和国际惯例办理；

（二）在外国驻华领馆领区内发生的涉外刑事案件，通知有关外国驻该地区的领馆；在外国领馆领区外发生的涉外刑事案件，通知有关外国驻华使馆；与我国有外交关系，但未设使领馆的国家，可以通知其代管国家驻华使领馆；无代管国家、代管国家不明的，可以不通知；

（三）双边领事条约规定通知时限的，应当在规定的期限内通知；没有规定的，应当根据或者参照《维也纳领事关系公约》和国际惯例尽快通知，至迟不得超过七日；

（四）双边领事条约没有规定必须通知，外国籍当事人要求不通知其国籍国驻华使领馆的，可以不通知，但应当由其本人出具书面声明。

高级人民法院向外国驻华使领馆通知有关事项，必要时，可以请人民政府外事主管部门协助。

《人民检察院刑事诉讼规则》（2019年12月修订）

第294条 外国人、无国籍人涉嫌危害国家安全犯罪的案件或者涉及国与国之间政治、外交关系的案件以及在适用法律上确有疑难的案件，需要逮捕犯罪嫌疑人的，按照刑事诉讼法关于管辖的规定，分别由基层人民检察院或者设区的市级人民检察院审查并提出意见，层报最高人民检察院审查。最高人民检察院认为需要逮捕的，经征求外交部的意见后，作出批准逮捕的批复；认为不需要逮捕的，作出不批准逮捕的批复。基层人民检察院或者设区的市级人民检察院根据最高人民检察院的批复，依法作出批准或者不批准逮捕的决定。层报过程中，上级人民检察院认为不需要逮捕的，应当作出不批准逮捕的批复。报送的人民检察院根据批复依法作出不批准逮捕的决定。

基层人民检察院或者设区的市级人民检察院认为不需要逮捕的，可以直接依法作出不批准逮捕的决定。

外国人、无国籍人涉嫌本条第一款规定以外的其他犯罪案件，决定批准逮捕的人民检察院应当在作出批准逮捕决定后四十八小时以内报上一级人民检察院备案，同时向同级人民政府外事部门通报。上一级人民检察院经审查发现批准逮捕决定错误的，应当依法及时纠正。

《公安机关办理刑事案件程序规定》（2020 年 7 月修正）

第 142 条 接到人民检察院批准逮捕决定书后，应当由县级以上公安机关负责人签发逮捕证，立即执行，并在执行完毕后三日以内将执行回执送达作出批准逮捕决定的人民检察院。如果未能执行，也应当将回执送达人民检察院，并写明未能执行的原因。

第 143 条 执行逮捕时，必须出示逮捕证，并责令被逮捕人在逮捕证上签名、捺指印，拒绝签名、捺指印的，侦查人员应当注明。逮捕后，应当立即将被逮捕人送看守所羁押。

执行逮捕的侦查人员不得少于二人。

【理论分析】

一、涉外逮捕的特殊审批

涉外逮捕是指针对涉外刑事案件，公安机关、人民检察院和人民法院为了防止外国籍或无国籍犯罪嫌疑人或者被告人实施妨碍刑事诉讼的行为，逃避侦查、起诉、审判或者发生社会危险性，而依法暂时剥夺其人身自由的强制措施。逮捕作为最严厉的一种强制措施，关系犯罪嫌疑人的人权保障以及后续刑事诉讼程序的顺利进行，因此，公安机关、国家安全机关、检察机关以及人民法院在采取逮捕时，需要对犯罪嫌疑人的人身危险性、社会危害性以及羁押必要性进行严格全面的审查。由于涉外案件涉及国家主权及外交关系等问题，与普通逮捕程序相比，其逮捕审批程序更为严格，需要考虑的因素也更多。

首先，对外国人涉嫌危害国家安全案件、涉及政治外交关系案件、适用法律疑难案件的逮捕，分别由基层人民检察院或者分、州、市人民检察院审查并提出意见，层报最高人民检察院审查。最高人民检察院经审查认为需要逮捕的，经征求外交部的意见后，作出批准逮捕的批复，经审查认为不需要逮捕的，作出不批准逮捕的批复。基层人民检察院或者分、州、市人民检察院根据最高人民检察院的批复，依法作出批准或者不批准逮捕的决定。层报过程中，上级人民检察院经审查认为不需要逮捕的，应当作出不批准逮捕的批复，报送的人民检察院根据批复依法作出不批准逮捕的决定。基层人民检察院或者分、州、市人民检察院经审查认为不需要逮捕的，可以直接依法作出不批准逮捕的决定。这里需注意的是，层报过程中，上级检察院包括最高人民检察院作出的是"批复"，"批准或者不批准逮捕的决定"仍由报请的基层人民检察院或者分、州、市人民检察院根据批复作出。①

其次，对外国人涉嫌其他案件的逮捕，决定批准逮捕的人民检察院应当在作出批准逮捕决定后48小时以内报上一级人民检察院备案，同时向同级人民政府外事部门通报。上一级人民检察院对备案材料经审查发现错误的，应当依法及时纠正。

二、涉外逮捕的领事通知

涉外逮捕的通知对象更为广泛。对外国人逮捕后，首先应当通知其家属。逮捕后，除无法通知的以外，应当在逮捕后24小时以内，通知被逮捕人的家属。"无法通知"情形包括：被逮捕人无家属的；与其家属无法取得联系的；受自然灾害等不可抗力阻碍的。

对外国人逮捕后，不仅应当通知其家属，还涉及领事通知问题。领事通知权是《维也纳领事关系公约》中规定的权利，主要是指采取逮捕、监禁、羁押等拘禁措施的外国国民有权被立即告知，其有权得到派遣国领事的协助，接受国有义务迅速通知国民国籍国；经被拘禁外国国民请求时，接受国主管当局应立即通知派遣国领馆，派遣国领事可以在法定范围内为本国国民提供协助。我国签署了《维也纳外交公约》《维也纳领事关系公约》，自然应信守上述公约的有关规定。即参加公约国如逮捕或羁押了外国人，根据被羁押人的要求，要及时通知外国驻该国家的领事馆，并允许探视、通信。我国规定了涉外逮捕后的领事通知和领事探视制度。

首先，领事通知。涉外刑事案件审判期间，人民法院应当将对外国籍被告人采取强制措施的情况（包括外国籍当事人的姓名、译名、性别、入境时间、护照或者证件号码、采取的强制措施及法律依据、羁押地点等）事项及时通报同级人民政府外事主管部门，并依照有关规定通知相关国家驻华使领馆。②而对于检察机关在何种情况下负有领事通知义务，存在全程负责说和检察办案环节说两种不同观点。对此，最高人民检察院印发的《人民检察院办理涉外案件领事通知、领事探视等事项的若干规定》对

---

① 例如，加拿大籍的康某、迈某涉嫌境外刺探国家秘密、情报和为境外刺探、非法提供国家秘密罪案即是对外国人采取逮捕措施的特殊情形。该案属于危害国家安全犯罪，应由有管辖权的基层或设区的市级人民检察院审查并提出意见，层报最高人民检察院审查。最高人民检察院认为需要逮捕的，经征求外交部的意见后，作出批准逮捕的批复。基层人民检察院或设区的市级人民检察院根据最高人民检察院的批复，依法作出批准或者不批准逮捕的决定，并由有关国家安全机关予以执行，并将执行回执3日内送达作出批准逮捕决定的人民检察院。

② 领事通知的具体程序是：需要向有关国家驻华使领馆通知有关事项的，应当层报高级人民法院，由高级人民法院按照下列规定通知：（1）外国籍当事人国籍国与我国签订双边领事条约的，根据该条约规定办理；未与我国签订双边领事条约，但参加《维也纳领事关系公约》的，根据该公约规定办理；未与我国签订领事条约，也未参加《维也纳领事关系公约》，但与我国有外交关系的，可以根据外事主管部门的意见，按照互惠原则，根据有关规定和国际惯例办理。（2）在外国驻华领馆领区内发生的涉外刑事案件，通知有关外国驻该地区的领馆；在外国领馆领区外发生的涉外刑事案件，通知有关外国驻华使馆；与我国有外交关系，但未设使领馆的国家，可以通知其代管国家驻华使领馆；无代管国家、代管国家不明的，可以不通知。（3）双边领事条约规定通知时限的，应当在规定的期限内通知；没有规定的，应当根据或者参照《维也纳领事关系公约》和国际惯例尽快通知，至迟不得超过7日。（4）双边领事条约没有规定必须通知，外国籍当事人要求不通知其国籍国驻华使领馆的，可以不通知，但应当由其本人出具书面声明。高级人民法院向外国驻华使领馆通知有关事项，必要时，可以请人民政府外事主管部门协助。

检察机关领事通知义务作了狭义界定，采用了检察办案环节说，对于人民检察院在检察办案环节决定对外国籍犯罪嫌疑人、被告人采取或者变更强制措施的，应及时履行告知义务。

其次，领事探视。涉外刑事案件审判期间，其国籍国驻华使、领馆官员要求探视的，可以向受理案件的人民法院所在地的高级人民法院提出。人民法院应当根据我国与被告人国籍国签订的双边领事条约规定的时限予以安排；没有条约规定的，应当尽快安排。必要时，可以请人民政府外事主管部门协助。

三、本案评析

献县人民检察院有权对本案的犯罪嫌疑人决定逮捕。外国人犯罪案件的审查逮捕案件原来由分、州、市级别的检察机关办理。自2012年《刑事诉讼法》修正以来，取消了外国人犯罪案件应由中级人民法院一审管辖的规定。而最高人民检察院也随即对《人民检察院刑事诉讼规则》作出了修订，对于外国人、无国籍人涉嫌危害国家安全犯罪的案件或者涉及国与国之间政治、外交关系的案件以及在适用法律上确有疑难的案件，需要逮捕犯罪嫌疑人的，分别由基层人民检察院或者设区的市级人民检察院审查并提出意见、报请批复，而后根据批复作出决定；而对于其他犯罪案件，则一般由基层人民检察院进行审查逮捕并作出决定。本案属于对外国人涉嫌三类案件以外的其他案件的逮捕，献县人民检察院有权作出批准逮捕外国籍犯罪嫌疑人的决定。

献县人民检察院应当在作出批准逮捕决定后48小时以内报上一级人民检察院备案，同时向献县人民政府外事部门通报。接到人民检察院批准逮捕决定书后，应当由献县公安机关负责人签发逮捕证，立即执行，并在执行完毕后3日以内将执行回执送达献县人民检察院。如果未能执行，也应当将回执送达献县人民检察院，并写明未能执行的原因。献县公安机关执行逮捕时，必须出示逮捕证，并责令被逮捕人在逮捕证上签名、捺指印；拒绝签名、捺指印的，侦查人员应当注明。逮捕后，应当立即将被逮捕人送看守所羁押。本案中，如果不存在"无法通知"情形，则应当在逮捕后24小时以内，通知被逮捕人阮某心的家属，并履行领事通知义务。

【实操分析】

一、严格区分批复决定

依照案件的不同，对外国人或者无国籍人采取逮捕有各自特殊的审批程序。但需要注意的是，无论哪种案件，作出逮捕决定的检察院始终是最初有权受理案件的检察院，而非上级乃至最高人民检察院。在涉嫌国家安全犯罪的案件、涉及国与国之间政治外交关系的案件、适用法律上确有疑难的案件中，上级乃至最高人民检察院作出的只是是否同意逮捕的"批复"而非"决定"，此为相关司法解释新旧法条变化的关键点，在实务中不可搞混，否则容易出现程序错误。

二、切勿忽略领事通知

对外国人的逮捕往往涉及外交关系，领事通知权既是国际条约的要求，也为我国立法所肯定，该权利有助于有效保障外国籍犯罪嫌疑人、被告人的合法权益，因此在实际办案当中，对外国籍犯罪嫌疑人、被告人采取逮捕措施之后，除了及时通知其家属，还必须按照法定程序进行领事通知，并有效保障领事探视等有关权利。一旦忽略了领事通知的程序，很容易造成不良的影响。

三、审慎进行逮捕审查

审查逮捕时，除了对管辖、随案移送案卷材料等进行核查外，应首先查看犯罪嫌疑人的基本情况，判断其是否系有中文名的涉外的犯罪嫌疑人，是否系外国籍华裔或者曾系中国公民，这类外国人犯罪案件的报捕书和中国公民犯罪案件的报捕书相差较小，要注意区分。如果没有及时发现，有可能会造成聘请翻译不及时、影响讯问工作等严重后果。经受案审查，如发现犯罪嫌疑人系外国人，还应审核该外国人的身份证明等证件，确认其国籍。同时，尽快确定讯问时间，并立即聘请翻译，保障其诉讼权利。

对于外国籍犯罪嫌疑人的国籍，以其在入境时持用的有效证件予以确认。这里入境的有效证件，根据《出境入境管理法》的有关规定，主要有护照、其他国际旅行证件、签证等。如果公安机关未能随案移送外国籍犯罪嫌疑人入境时的有效证件，则应督促其尽快提供。对于确实没有入境时有效证件的犯罪嫌疑人，参照公安部和最高人民法院的上述规定，则应提供出入境管理部门协查的证明或有关国家驻华使、领馆出具的证明。

【思考题】

涉外逮捕程序与普通逮捕程序有何区别？

第七章

涉外刑事诉讼的审前程序

本章知识要点

（1）涉外刑事案件侦查取证包括取证主体的确定、取证程序以及证据的审查等，是涉外刑事案件侦破的关键环节，在整个程序中起到承前启后的作用，为后续刑事诉讼程序的开展提供证据支持；（2）涉外刑事案件立案起诉不同于普通刑事案件，牵涉多机关、多层级和多维度，在案件发生难以控制的域外进行侦查，所获得的证据势必要更加谨慎地对待，检察机关在审查起诉阶段要集中证据本身，利用证据还原案件事实，从而为支持公诉打下坚实基础。

第一节 涉外刑事案件的侦查取证

涉外刑事案件侦查取证所面临的不仅包括案件本身带来的问题，而且也要面临由于各国刑事政策与具体刑事制度差异所带来的挑战。根据国际法和双边、多边司法协助条约，在刑事案件中确定侦查取证主体是首要任务。要充分尊重各国法律文化差异，在严格遵守他国要求的情况下，维护我国主权和公民人身财产安全，进而侦破案件。我国侦查机关应充分利用合法侦查手段，与国内其他司法机关紧密合作，共同推进案件的妥善解决。

案例一 李某南故意杀人案[①]

【基本案情】

李某南，男，1991年9月16日出生，浙江乐清人，留美大学生。

2012年，李某南、邵某分别就读于美国罗切斯特理工学院、美国爱荷华州立大学，

---

① 参见浙江省温州市中级人民法院（2015）浙温刑初字第225号刑事判决书。

之后二人成为男女朋友。2013年5月，李某南为就近方便与邵某见面，从罗切斯特理工学院转学到爱荷华大学。2014年9月3日（美国当地时间，下同），李某南拨打邵某电话，邵某无意中接通电话，李某南在电话里听到邵某贬低他的言语。同月5日下午4时30分许，李某南与邵某入住美国爱荷华州爱荷华市某旅馆。当晚两人因感情问题发生争执，后李某南通过他人预定了回中国的单程机票。次日下午5时许，李某南乘邵某返校做小组作业之机，到超市分别购买一个行李箱和两只哑铃，藏放于其驾驶的丰田凯美瑞轿车后备箱内。同月7日凌晨1时许，二人在旅馆房间内再次因感情问题发生争执，李某南扼颈掐死邵某。为隐瞒犯罪事实并能及时逃离美国，李某南将尸体装入所购行李箱，箱内放入一只重20磅的哑铃，然后将行李箱藏于丰田凯美瑞轿车后备箱。后因故没有沉尸河中，李某南直接驾车回到爱荷华州爱荷华市自己居住的公寓，将车停放在其住处附近的停车场。其间李某南以邵某的名义发短信给邵某室友，谎称邵某要离开一周前往明尼苏达州看望朋友。同月8日凌晨，李某南乘坐预定的航班，辗转飞机回国。经鉴定，邵某系遭受暴力致窒息死亡。2015年5月13日（北京时间），李某南自动到温州市公安局投案。法院最终认定李某南构成故意杀人罪，判处其无期徒刑，剥夺政治权利终身。

【主要法律问题】

(1) 本案中境外取证的主体如何确定？
(2) 境外取证程序和方式相比于境内有何不同？

【主要法律依据】

《中华人民共和国国际刑事司法协助法》（2018年10月26日起施行）

第5条 中华人民共和国和外国之间开展刑事司法协助，通过对外联系机关联系。

中华人民共和国司法部等对外联系机关负责提出、接收和转递刑事司法协助请求，处理其他与国际刑事司法协助相关的事务。

中华人民共和国和外国之间没有刑事司法协助条约的，通过外交途径联系。

第6条 国家监察委员会、最高人民法院、最高人民检察院、公安部、国家安全部等部门是开展国际刑事司法协助的主管机关，按照职责分工，审核向外国提出的刑事司法协助请求，审查处理对外联系机关转递的外国提出的刑事司法协助请求，承担其他与国际刑事司法协助相关的工作。在移管被判刑人案件中，司法部按照职责分工，承担相应的主管机关职责。

办理刑事司法协助相关案件的机关是国际刑事司法协助的办案机关，负责向所属主管机关提交需要向外国提出的刑事司法协助请求、执行所属主管机关交办的外国提出的刑事司法协助请求。

第9条 办案机关需要向外国请求刑事司法协助的，应当制作刑事司法协助请求书并附相关材料，经所属主管机关审核同意后，由对外联系机关及时向外国提出请求。

第 10 条　向外国的刑事司法协助请求书，应当依照刑事司法协助条约的规定提出；没有条约或者条约没有规定的，可以参照本法第 13 条的规定提出；被请求国有特殊要求的，在不违反中华人民共和国法律的基本原则的情况下，可以按照被请求国的特殊要求提出。请求书及所附材料应当以中文制作，并附有被请求国官方文字的译文。

第 25 条　办案机关需要外国就下列事项协助调查取证的，应当制作刑事司法协助请求书并附相关材料，经所属主管机关审核同意后，由对外联系机关及时向外国提出请求：

（一）查找、辨认有关人员；

（二）查询、核实涉案财物、金融账户信息；

（三）获取并提供有关人员的证言或者陈述；

（四）获取并提供有关文件、记录、电子数据和物品；

（五）获取并提供鉴定意见；

（六）勘验或者检查场所、物品、人身、尸体；

（七）搜查人身、物品、住所和其他有关场所；

（八）其他事项。

请求外国协助调查取证时，办案机关可以同时请求在执行请求时派员到场。

《最高人民法院关于适用〈中华人民共和国刑事诉讼法〉的解释》（2021 年 3 月 1 日起施行）

第 77 条　对来自境外的证据材料，人民检察院应当随案移送有关材料来源、提供人、提取人、提取时间等情况的说明。经人民法院审查，相关证据材料能够证明案件事实且符合刑事诉讼法规定的，可以作为证据使用，但提供人或者我国与有关国家签订的双边条约对材料的使用范围有明确限制的除外；材料来源不明或者真实性无法确认的，不得作为定案的根据。

当事人及其辩护人、诉讼代理人提供来自境外的证据材料的，该证据材料应当经所在国公证机关证明，所在国中央外交主管机关或者其授权机关认证，并经中华人民共和国驻该国使领馆认证，或者履行中华人民共和国与该所在国订立的有关条约中规定的证明手续，但我国与该国之间有互免认证协定的除外。

第 78 条　控辩双方提供的证据材料涉及外国语言、文字的，应当附中文译本。

《公安机关办理刑事案件程序规定》（2020 年 7 月修正）

第 375 条　公安机关进行刑事司法协助和警务合作的范围，主要包括犯罪情报信息的交流与合作，调查取证，安排证人作证或者协助调查，查封、扣押、冻结涉案财物，没收、返还违法所得及其他涉案财物，送达刑事诉讼文书，引渡、缉捕和递解犯罪嫌疑人、被告人或者罪犯，以及国际条约、协议规定的其他刑事司法协助和警务合作事宜。

【理论分析】

一、涉外侦查取证程序

1. **涉外刑事案件侦查取证主体**

涉外刑事案件不同于境内刑事案件,其案件管辖、侦查取证等一系列问题都涉及国家主权。在确定案件侦查主体时,首先应当考虑我国是否有相应的法律规定,其次再考虑两国或多国签订的双边及多边司法协助协定的现象。我国2018年实施的《国际刑事司法协助法》对该问题进行了明确,规定由司法部负责涉外刑事案件相关事宜,同时明确了国家监察委员会、最高人民法院和最高人民检察院等单位的职责及分工。

2. **涉外刑事案件侦查取证内容**

境内刑事案件侦查取证一般情况下由侦查机关,大多数情况下为公安机关自行决定。但是涉外刑事案件,由于其特殊性,往往需要经过国内请求、国外取证及认证和证据接受程序。国内请求,顾名思义即由办理涉外刑事案件的执行部门根据相关协议,提请本系统最高主管机关,然后由最高主管机关与中央机关进行联系。而国外取证程序,通常情况下当地警方为主导,申请侦查的一方为协助方,不享有侦查权,这也是由主权问题延伸出的限制。

办案机关需要向外国请求刑事司法协助的,应当制作刑事司法协助请求书并附相关材料,经所属主管机关审核同意后,由对外联系机关及时向外国提出请求。办案机关需要外国就下列事项协助调查取证的,应当制作刑事司法协助请求书并附相关材料,经所属主管机关审核同意后,由对外联系机关及时向外国提出请求:(1)查找、辨认有关人员;(2)查询、核实涉案财物、金融账户信息;(3)获取并提供有关人员的证言或者陈述;(4)获取并提供有关文件、记录、电子数据和物品;(5)获取并提供鉴定意见;(6)勘验或者检查场所、物品、人身、尸体;(7)搜查人身、物品、住所和其他有关场所;(8)其他事项。请求外国协助调查取证时,办案机关可以同时请求在执行请求时派员到场。

二、涉外侦查取证方式

1. **客观性证据取证方式**

我国刑事诉讼法将刑事案件证据分为八种,其中物证、书证,因其性质被定义为客观性证据。此类证据主要以其自身记载的内容或者传递的信息来还原案件的真实情况,无论是在我国,抑或是大陆法系国家、英美法系国家,都具有相类似的证据规则和认证标准。所以这类证据并不需要特殊的取证方式,只要取证方式合乎法律要求,在此后的质证环节,其证据能力和证明力也就不会受到动摇。

2. **言词证据取证方式**

英美法系国家采取直接言词原则,对于言词证据,需要相关的证人出庭作证,才能作为认定案件事实的依据。而我国主要吸纳了大陆法系国家的立法原则，在刑事诉讼法中虽然规定了鉴定人必须出庭，但对证人出庭作证则未做强制性要求，而是在《刑事诉讼法》第192条中规定公诉人、当事人或者辩护人、诉讼代理人对证人证言有异议，且该证人证言对定罪量刑有重大影响，或者对鉴定意见有异议，人民法院认为证人、鉴定人有必要出庭作证的，应当通知证人、鉴定人出庭。实践中证人出庭率也不高，理论界和实务界也对证人出庭持保守态度，认为证人出庭与否对案件发展并无重大意义。

三、本案评析

1. 本案符合涉外侦查取证的程序

本案发生在美国，在当时我国并没有统一的司法协助主管机关，只能借助中美司法协助协定来确定取证的中央机关，负责提交、接收和转递司法协助请求。按照协定，当时进行取证协助的中方中央机关应是司法部，美方为司法部长或由司法部长指定的人。本案中，公安部指定温州市公安局办理，负责具体侦查取证工作，中美刑事司法协助协议规定中方指定司法部为中央机关，美方指定司法部长或其指定的人为中央机关，故该案由温州市公安局通过公安部联系司法部，由司法部向美国司法部长或其指定的人提交协助请求。① 后续的侦查环节，尽管公安部、温州市人民检察院与温州市公安局组成了派往美国的调查小组，但是也仅是对实地进行了简单调查并听取了案件情况。之后的公证同样由美国警方主导，经过多方认证确认后，由美国警方移交给中方，再由我国中央接收机关确认后移交给具体执行机关。

2. 本案涉及域外证据的取证方式

本案并未出现关于客观证据，如书证、物证的取证争议。主要焦点集中在言词证据的收集和认定上，共有三种针对言词证据的取证构想。一是依照司法协助协议取证，由中方向美方提出请求，让美方协助中方人员以中国刑事诉讼法规定的形式获取相关证人证言。但由于美国是联邦制，爱荷华州警方并未支持此次请求。二是在我国使领馆进行取证，邀请关键证人至我国使领馆进行谈话取证，但由于路程问题和签证时间问题，也并未实现。三是录音录像取证，爱荷华州警方在取证时大部分都进行了录音或录像，最后也是借助这种方式成功取得了至关重要的言词证据记录工作报告。

【实操分析】

一、拓展涉外侦查取证渠道

在刑事司法协助领域，属地原则的应用要高于其他原则。涉外刑事案件大多由当

---

① 金兴聪，郑加佳，余杨凡. 涉外刑事案件的侦查取证探索——以李向南留美故意杀人案为视角 [J]. 人民检察，2016（18）：70-72.

地侦查机关主导，申请方无法行使自身侦查权，但是实践中仍有操作空间，帮助申请方取得更多的主动权。本案中，对于证据的收集，其实可以采取的方式有很多，包括使、领馆的取证和工作报告记录。使、领馆是一国派驻在他国负责管理当地本国侨民和其他外交、领事事务的政府代表机关。事前的沟通和安排可以避免时间和距离上的限制，尤其是证人证言这种相对灵活的证据，不会受到当地警方的过多限制。而工作报告虽然拿不到第一手信息，但是通过其他证据的补强和认证，同样可以起到认定案件事实的作用，这对于侦查取证困难的涉外刑事案件的侦破具有重大意义，也是维护国家主权的重要方法。

二、强化侦检程序衔接

实践中申请方派遣的工作组，往往签证时间较短，无法像侦查本地刑事案件一样，先进行证据的收集，然后再对证据进行审查认证，也无法对所有证据进行统一标准的审查。所以，为了提高效率和节省工作组的时间，涉外刑事案件侦查往往采取取证和审查同步进行的策略。在审查时也主要针对涉外刑事案件证据材料的真实性和取证程序的合法性进行审查。即使如此，在大多数情况下也很难形成理想的证据链条。在这种情况下，考虑涉外刑事案件侦查取证的困难程度，对证据的审理标准也应当适当降低，但是要有其他证据予以补强，然后对各种证据进行高标准的质证，才不违背公平正义的要求。

三、适应与尊重法律文化

在整个侦查取证过程中，对不同法律文化的理解和尊重是基础。这不仅体现在对法律程序的遵守上，也包括对外国司法机关的尊重和信任建立。通过文化交流和培训，提高侦查人员的国际法律意识，有助于减少误解和冲突，促进国际合作。

【思考题】

（1）如何有效开展国际刑事司法协助活动？
（2）涉外刑事案件侦查取证活动面临的最大困难是什么？

第二节 涉外刑事案件的立案与审查起诉

涉外刑事案件与普通刑事案件相比，存在相当大的差异性，不仅体现在涉案当事人和案件侦破难度上，还包括各机关之间的紧密配合和国内外相关机关和人员的沟通联系。该类案件要求多机关适时衔接，将案件传递到适法主体，由其对案件进行审理，并根据法律规定进行立案，以及时开展侦查，侦查完毕后移送人民检察院审查起诉。检察机关应当对案件证据进行全面审查，充分论证其客观性、合法性和关联性，对于案件存在瑕疵的证据，及时与侦查机关和涉外部门联系，以完善相关内容。在对案件审查完毕后，依照法律作出相应的处理决定，对于事实清楚、证据确实充分的案件，及时提起公诉，并为支持公诉做好准备。

案例二 张某闵等 52 人电信网络诈骗案[①]

【基本案情】

被告人张某闵，男，1981 年 11 月出生，中国台湾地区居民，无业。2015 年 6 月至 2016 年 4 月，被告人张某闵等 52 人先后在印度尼西亚共和国和肯尼亚共和国参加对中国大陆居民进行电信网络诈骗的犯罪集团。在实施电信网络诈骗过程中，各被告人分工合作，其中部分被告人负责利用电信网络技术手段对大陆居民的手机和座机电话进行语音群呼，群呼的主要内容为"有快递未签收，经查询还有护照签证即将过期，将被限制出境管制，身份信息可能遭泄露"等。当被害人按照语音内容操作后，电话会自动接通冒充快递公司客服人员的一线话务员。一线话务员以帮助被害人报案为由，在被害人不挂断电话时，将电话转接至冒充公安局办案人员的二线话务员。二线话务员向被害人谎称"因泄露的个人信息被用于犯罪活动，需对被害人资金流向进行调查"，欺骗被害人转账、汇款至指定账户。如果被害人对二线话务员的说法仍有怀疑，二线话务员会将电话转给冒充检察官的三线话务员继续实施诈骗。至案发，张某闵等被告人通过上述诈骗手段骗取 75 名被害人钱款共计人民币 2300 余万元。

2016 年 4 月，肯尼亚共和国将 76 名电信网络诈骗犯罪嫌疑人（其中中国大陆居民 32 人，中国台湾地区居民 44 人）遣返中国大陆。经初步审查，张某闵等 41 人与其他被遣返的人分属互不关联的诈骗团伙，公安机关依法分案处理。2016 年 5 月，北京市人民检察院第二分院经指定管辖本案，并应公安机关邀请，介入侦查引导取证。

鉴于肯尼亚共和国在遣返犯罪嫌疑人前已将起获的涉案笔记本电脑、语音网关（指能将语音通信集成到数据网络中实现通信功能的设备）、手机等物证移交我国公安机关，为确保证据的客观性、关联性和合法性，检察机关就案件证据需要达到的证明标准以及涉外电子数据的提取等问题与公安机关沟通，提出提取、恢复涉案的 Skype 聊天记录、Excel 和 Word 文档、网络电话拨打记录清单等电子数据，并对电子数据进行无污损鉴定的意见。在审查电子数据的过程中，检察人员与侦查人员在恢复的 Excel 文档中找到多份"返乡订票记录单"以及早期大量的 Skype 聊天记录。依据此线索，查实部分犯罪嫌疑人在去肯尼亚共和国之前曾在印度尼西亚共和国两度针对中国大陆居民进行诈骗，诈骗数额累计达 2000 余万元人民币。随后，11 名曾在印度尼西亚共和国参与张某闵团伙实施电信诈骗，未赴肯尼亚共和国继续诈骗的犯罪嫌疑人陆续被缉捕到案。至此，该案 52 名犯罪嫌疑人全部到案。

[①] 参见北京市第二中级人民法院（2017）京 02 刑初 55 号刑事判决书。

【主要法律问题】

（1）如何审查境外证据的合法性？

（2）涉外刑事案件审查起诉中，电子证据的排除有何特殊规定？

【主要法律依据】

《中华人民共和国刑事诉讼法》（2018 年 10 月修正）

第 175 条　人民检察院审查案件，可以要求公安机关提供法庭审判所必需的证据材料；认为可能存在本法第 56 条规定的以非法方法收集证据情形的，可以要求其对证据收集的合法性作出说明。

人民检察院审查案件，对于需要补充侦查的，可以退回公安机关补充侦查，也可以自行侦查。

对于补充侦查的案件，应当在一个月以内补充侦查完毕。补充侦查以二次为限。补充侦查完毕移送人民检察院后，人民检察院重新计算审查起诉期限。

对于二次补充侦查的案件，人民检察院仍然认为证据不足，不符合起诉条件的，应当作出不起诉的决定。

《最高人民法院关于适用〈中华人民共和国刑事诉讼法〉的解释》（2021 年 3 月 1 日起施行）

第 110 条　对电子数据是否真实，应当着重审查以下内容：

（一）是否移送原始存储介质；在原始存储介质无法封存、不便移动时，有无说明原因，并注明收集、提取过程及原始存储介质的存放地点或者电子数据的来源等情况；

（二）是否具有数字签名、数字证书等特殊标识；

（三）收集、提取的过程是否可以重现；

（四）如有增加、删除、修改等情形的，是否附有说明；

（五）完整性是否可以保证。

第 111 条　对电子数据是否完整，应当根据保护电子数据完整性的相应方法进行审查、验证：

（一）审查原始存储介质的扣押、封存状态；

（二）审查电子数据的收集、提取过程，查看录像；

（三）比对电子数据完整性校验值；

（四）与备份的电子数据进行比较；

（五）审查冻结后的访问操作日志；

（六）其他方法。

第 112 条　对收集、提取电子数据是否合法，应当着重审查以下内容：

（一）收集、提取电子数据是否由二名以上调查人员、侦查人员进行，取证方法是否符合相关技术标准；

（二）收集、提取电子数据，是否附有笔录、清单，并经调查人员、侦查人员、电子数据持有人、提供人、见证人签名或者盖章；没有签名或者盖章的，是否注明原因；对电子数据的类别、文件格式等是否注明清楚；

（三）是否依照有关规定由符合条件的人员担任见证人，是否对相关活动进行录像；

（四）采用技术调查、侦查措施收集、提取电子数据的，是否依法经过严格的批准手续；

（五）进行电子数据检查的，检查程序是否符合有关规定。

第113条　电子数据的收集、提取程序有下列瑕疵，经补正或者作出合理解释的，可以采用；不能补正或者作出合理解释的，不得作为定案的根据：

（一）未以封存状态移送的；

（二）笔录或者清单上没有调查人员或者侦查人员、电子数据持有人、提供人、见证人签名或者盖章的；

（三）对电子数据的名称、类别、格式等注明不清的；

（四）有其他瑕疵的。

第114条　电子数据具有下列情形之一的，不得作为定案的根据：

（一）系篡改、伪造或者无法确定真伪的；

（二）有增加、删除、修改等情形，影响电子数据真实性的；

（三）其他无法保证电子数据真实性的情形。

《最高人民法院、最高人民检察院、公安部关于办理刑事案件收集提取和审查判断电子数据若干问题的规定》（2016年10月1日起施行）

第9条　具有下列情形之一，无法扣押原始存储介质的，可以提取电子数据，但应当在笔录中注明不能扣押原始存储介质的原因、原始存储介质的存放地点或者电子数据的来源等情况，并计算电子数据的完整性校验值：

（一）原始存储介质不便封存的；

（二）提取计算机内存数据、网络传输数据等不是存储在存储介质上的电子数据的；

（三）原始存储介质位于境外的；

（四）其他无法扣押原始存储介质的情形。

对于原始存储介质位于境外或者远程计算机信息系统上的电子数据，可以通过网络在线提取。

为进一步查明有关情况，必要时，可以对远程计算机信息系统进行网络远程勘验。进行网络远程勘验，需要采取技术侦查措施的，应当依法经过严格的批准手续。

《公安机关办理刑事案件电子数据取证规则》（2019年2月1日起施行）

第26条　网络在线提取电子数据应当在有关笔录中注明电子数据的来源、事由和目的、对象，提取电子数据的时间、地点、方法、过程，不能扣押原始存储介质的原因，并附《电子数据提取固定清单》，注明类别、文件格式、完整性校验值等，由侦查人员签名或者盖章。

《最高人民法院、最高人民检察院、公安部关于办理电信网络诈骗等刑事案件适用法律若干问题的意见（二）》（2021 年 6 月 17 日起施行）

第 14 条　通过国（区）际警务合作收集或者境外警方移交的境外证据材料，确因客观条件限制，境外警方未提供相关证据的发现、收集、保管、移交情况等材料的，公安机关应当对上述证据材料的来源、移交过程以及种类、数量、特征等作出书面说明，由两名以上侦查人员签名并加盖公安机关印章。经审核能够证明案件事实的，可以作为证据使用。

【理论分析】

一、涉外刑事案件的立案

1. 涉外刑事立案主体

涉外刑事案件不同于境内刑事案件，其案件管辖、侦查取证等一系列问题都涉及国家主权。在确定案件立案主体时，首先应当考虑我国是否有相应的法律规定，其次再考虑两国或多国签订的双边及多边司法协助协定的规定。2018 年实施的《国际刑事司法协助法》对该问题进行了明确，规定由司法部负责涉外刑事案件相关事宜，同时明确了国家监察委员会、最高人民法院和最高人民检察院等单位的职责及分工。

2. 涉外刑事立案程序

根据境内刑事案件立案程序，由公安机关或者检察院根据管辖进行立案侦查（详见本书"第三章　涉外刑事诉讼的管辖"）。侦查取证一般情况下由侦查机关自行决定，大多数情况下为公安机关。但是涉外刑事案件由于其特殊性，往往需要经过国内请求、国外取证及认证和证据接受程序。国内请求，即由办理涉外刑事案件的执行部门根据相关协议，提请本系统最高主管机关，然后由最高主管机关与中央机关进行联系。而国外取证程序则通常情况下以当地警方为主导，申请侦查的一方为协助方，不享有侦查权，这也是由主权问题延伸出的限制。

二、涉外刑事案件的审查起诉

(一) 审查境外证据合法性与真实性

1. 审查境外证据是否经多重认证

对于在国外获取的与犯罪行为相关的证据，首先，需检验其是否符合中国刑事诉讼法规则。如果这些证据能有效证明案件实情且满足法律规定，即可采纳为法庭证据。其次，针对那些依据国际条约、司法协助协议、海峡两岸司法互助协议，或是通过国际组织协助搜集的证据，应仔细检查其获取流程、手续是否完善，以及收集过程和标准是否与相关法律法规相契合。若证据缺乏法定程序支持，原则上需补充来源国公证机构的确认，继而由该国外交主管部门或其指定机构认证，并最终通过我国驻该国大使馆或领事馆的认证。再次，在转交由境外委托获取的证据时，必须确保审查转交程序的连贯性、手续的完整性、物品的无损交接，以及交接清单与实物的一致性和对应关系。最后，对于当事人、其辩护人或诉讼代理人提交的境外证据材料，要核查其是否依照相关条约等规定完成了公证、认证流程，并已获得我国驻该国外交机构的认证。

2. 审查电子证据的一致性

审查电子证据的一致性的首要任务是验证电子数据存储媒介的真实可靠性。这包括检查原始存储介质的扣留、转移等法律程序及相关清单，以确认在电子数据的采集、保存、鉴定、检验等每个阶段，媒介的原始状态和一致性是否得到维持。

3. 检验电子数据的完整性

通过追溯数据源头及收集步骤，验证电子数据是否直接源自原始存储媒介，以及所采用的收集程序和技术手段是否遵循法律和技术标准。特别是针对从国外获取的存储媒介中提取或恢复的电子数据，必须实施无损鉴定，以媒介的获取时间为鉴定起始点，确保电子数据的客观性、真实性和完整性。

4. 审视电子数据的真实性

即评估案件中的口头证据能否与电子数据相互确认，以及不同电子数据之间能否形成互相支撑的证据链，以确定电子数据所含案件信息是否与其他现有证据协调一致。

5. 排除非法证据

电子数据的收集、提取程序有下列瑕疵，经补正或者作出合理解释的，可以采用；不能补正或者作出合理解释的，不得作为定案的根据：（1）未以封存状态移送的；（2）笔录或者清单上没有调查人员或者侦查人员、电子数据持有人、提供人、见证人签名或者盖章的；（3）对电子数据的名称、类别、格式等注明不清的；（4）有其他瑕疵的。电子数据具有下列情形之一的，不得作为定案的根据：（1）系篡改、伪造或者无法确定真伪的；（2）有增加、删除、修改等情形，影响电子数据真实性的；（3）其他无法保证电子数据真实性的情形。

同时，通过国（区）际警务合作收集或者境外警方移交的境外证据材料，确因客观条件限制，境外警方未提供相关证据的发现、收集、保管、移交情况等材料的，公安机关应当对上述证据材料的来源、移交过程以及种类、数量、特征等作出书面说明，由两名以上侦查人员签名并加盖公安机关印章。经审核能够证明案件事实的，可以作为证据使用，不予排除。

（二）审查境外证据关联性

涉外刑事案件的证据依赖要比普通刑事案件更加强烈，原因无外乎是案件的发生空间和时间均不受我国相关部门控制。对于原始存储介质位于境外或者远程计算机信息系统上的电子数据，可以通过网络在线提取。为进一步查明有关情况，必要时，可以对远程计算机信息系统进行网络远程勘验。网络远程勘验需要采取技术侦查措施的,应当依法经过严格的批准手续。在这种情况下,针对证据关联性的审查就更加严峻且重要,这在审查起诉阶段也是核心要点。关联性所代表的是案件发生过程中,犯罪嫌疑人与被其侵害的社会关系间之间存在的某种联系,这种联系直接影响着因果关系的成立和认定。涉外刑事案件的不可控性,使证据的关联性成为反映案件真实情况不可或缺的重要因素和着力点。因而,网络在线提取电子数据应当在有关笔录中注明电子数据的来源、事由和目的、对象,提取电子数据的时间、地点、方法、过程,不能扣押原始存储介质的原因,并附《电子数据提取固定清单》,注明类别、文件格式、完整性校验值等,由侦查人员签名或者盖章。

三、本案评析

1. 适时退回补充,有效引导侦查取证

针对案件现状,检察机关将案件退回补充侦查,并提出了几项具体的补充侦查建议:首先,请求中国驻肯尼亚共和国大使馆确认逮捕犯罪嫌疑人及没收关键物证的精确时间,并以此时间为基点,重启电子数据的无损鉴定程序,旨在重新验证电子数据的客观性与纯洁性。其次,需追加收集犯罪嫌疑人利用网络电话与受害者通话的记录、受害者向犯罪嫌疑人指定账户转账的详细记录,以及嫌疑账户的资金流动详情等证据,以精确辨认并确认所有受害者身份。最后,应收缴所有犯罪嫌疑人的护照副本,并委托北京市公安局出入境管理总队,基于护照信息出具全面的出入境记录;同时,对负责护照管理的犯罪嫌疑人进行深度审讯,查实部分犯罪嫌疑人是否曾中途脱离诈骗窝点,以此来精准界定各犯罪嫌疑人加入犯罪团伙的具体时间。在补充侦查阶段,检察机关主动与公安机关面对面交流,加速推动补充证据的收集工作。此外,检察官与侦探人员共同访问了国家信息中心电子数据司法鉴定中心,就电子数据提取及无损鉴定等专业问题征询了行业专家的意见,明确了无损鉴定的具体标准及电子数据提取、固定的范畴与程序。针对公安机关以《司法鉴定书》记录电子数据勘查过程的做法,检察机关提出了改进意见,主张将其转换为正式的勘查笔录形式。通过上述系列努力,案件证据体系得到了显著增强,整理形成了扎实的补充侦查材料,为案件的深入审查及后续起诉提供了坚实的证据基础。

2. 全面评估证据,提高案件审查质量

本案证据虽达到一定标准,但仍存在以下问题:首先,关于电子数据的无损鉴定报告,其鉴定工作的起始参考时间比犯罪嫌疑人被捕时间滞后约 11 小时,这段时间内电子数据是否存在增删或改动的情况无法确定。其次,从受害者与诈骗团伙关联性的证据收集来看,尚不全面,不足以证明部分受害者确实为该诈骗团伙所欺骗。再次,中国台湾地区警方提供的犯罪嫌疑人的出入境记录不够完整,与北京市公安局出入境管理部门出具的记录及犯罪嫌疑人供述等其他证据存在不完全吻合之处,目前的证据无法确切证明每位犯罪嫌疑人加入诈骗团伙的具体时间点。在要求侦查机关补充侦查期间，检察机关也通过多种途径对证据进行完善。最后，检察机关在审查后认为，根据肯尼亚共和国警方提供的《调查报告》、我国驻肯尼亚共和国大使馆出具的《情况说明》，以及公安机关开具的扣押决定书和扣押清单等一系列文件，可以明确境外证据的来源合法，其传递过程确凿、连贯且符合法律规定。国家信息中心电子数据司法鉴定中心新完成的无损鉴定工作，其鉴定时间起点与肯尼亚共和国警方拘捕犯罪嫌疑人并查获相关设备的时刻相吻合，进一步证实了电子数据的可信度。从涉及的笔记本电脑和手机中提取的 Skype 登录信息等电子数据，与犯罪嫌疑人的口供形成了相互支持，确立了犯罪嫌疑人在网络与现实世界身份的一致性。关于 75 名受害者的关联性证据已经得到了充分补充，具体表现在：网络电话记录、Skype 聊天记录与受害者提供的诈骗电话号码、银行账户信息等细节相互匹配；电子记录中的聊天和通话时间与银行交易流水中的转账时间相符；受害者所述的受骗经历与被告人的诈骗手法描述相吻合。所有这 75 名受害者的被骗情形均符合上述相互验证的标准。

【实操分析】

一、强化多方合作审查机制

涉外刑事案件，鉴于其复杂性和特殊性，办案单位应深入研究《国际刑事司法协助法》及区际相关双边或多边司法协助协议，明确请求协助的具体程序和要求。张某闵等嫌疑人，在国外对我国国民进行电信网络诈骗，我国根据各种国际法条约及协定，与肯尼亚共和国官方取得联系，请求其对我国的要求进行处理，完全体现了双方及多方国际交往中的相互协助。所以，建立与外国执法机关、司法机关的有效沟通渠道，了解对方国家的法律制度，确保请求的法律文书格式、内容符合对方国家的要求，能够有效加快案件推进速度。

二、构建电子证据标准化处理流程

电子证据在本案中的体现十分明显，同时电信网络诈骗主要发生在互联网端，有相当多反映案件情况的数据储存为电子形式。我国检察机关不仅在取证阶段引导证据的收集，更是在之后的审查起诉中，对电子数据进行了着重审查，并积极进行相关鉴定工作的开展。针对电子证据，应制定一套标准化的收集、保管、鉴定流程，确保每一步骤都有法可依、有章可循。例如，制定详细的电子数据现场保护、提取、传输、存储的指导手册，强调无损鉴定的重要性，确保电子证据的原始性和完整性。同时，培训专业技术人员，提高他们对国内外电子取证技术及软件的熟悉程度，以便高效处理跨境电子数据。

三、提高证据综合审查能力

由于涉外案件的特殊性，证据的关联性审查尤为重要。检察官和侦查人员应提升跨学科知识整合能力，比如结合信息技术、金融知识、心理学等，对证据进行全面、深入分析。利用数据分析工具，如时间线分析、社交网络分析等，帮助识别犯罪模式，确认证据之间的逻辑关系,构建紧密的证据链。同时,加强对间接证据和环境证据的重视,这些证据往往能辅助证明犯罪行为与犯罪嫌疑人之间的关联性。

【思考题】

(1) 检察机关在审查起诉阶段对证据还应着重审查哪些方面?

(2) 检察机关在审前程序如何为支持公诉进行准备?

第八章
涉外刑事诉讼的一审程序

本章知识要点

（1）国籍认定是涉外刑事诉讼一审程序中的重要环节，外国人的国籍根据其入境时的有效证件确认；国籍不明的，根据公安机关或者有关国家驻华使、领馆出具的证明确认；国籍无法查明的，以无国籍人对待，在裁判文书中写明"国籍不明"。（2）在刑事诉讼一审程序中必须为外国籍人员（含无国籍人员）提供翻译，保证诉讼顺利进行；如果外国籍人员表示不需要翻译，必须以书面明确。（3）涉外刑事诉讼的一审案件一般情况下由基层法院管辖；中级人民法院可以指定辖区内的基层人民法院集中管辖涉外案件；上级人民法院也可以指定下级人民法院管辖。

第一节 涉外刑事一审中外国籍当事人的国籍认定

随着我国对外开放力度的加大，涉外刑事诉讼案件数量也呈上升趋势。涉外刑事诉讼的一审作为涉外刑事诉讼的关键部分，是后续上诉或复审程序的基础，直接关系到案件查明、证据审查与被告人的定罪量刑等方面，在国际司法交流和合作中具有重要作用。从典型案例出发，分析涉外刑事诉讼一审程序的要点，架起理论与实践的桥梁，对于提升整个司法流程的质量与效率具有深远意义。

案例一 胡某涉黑案[①]

【基本案情】

公诉机关指控胡某共涉嫌组织、领导黑社会性质组织罪，故意伤害罪，非法拘禁

[①] 中国法院网. 胡某涉黑案 [EB/OL]. (2014-05-15). https://www.chinacourt.org/article/detail/2014/05/id/1296355.shtml.

罪等十宗罪行。庭审时，胡某的两位辩护人对胡某的身份提出了异议，表示胡某是美国公民，应适用涉外程序而不应适用普通程序审理。胡某在法庭上称，他在20世纪90年代移民美国并取得美国国籍。

法院查明被告人胡某自2012年1月4日至2012年6月10日，曾4次持美国护照往返中国与美国之间，8次持港澳居民往来内地通行证往返香港与内地之间，其中最后一次入境是2012年6月10日从香港持港澳居民往来内地通行证从深圳罗湖口岸进入中国内地。

法院认为，胡某为香港特别行政区的中国公民，在本案中应认定为中国国籍，因此胡某在本案中不得享有外国领事保护权。最终法院认定，2004年以来，胡某以富星商贸广场房产开发惠州有限公司（以下简称富星公司）为依托，以胡某容等人为骨干成员，网罗胡氏家族成员、曾受刑事或治安处罚者等社会闲散人员，通过层级管理，提供作案工具、经费和报酬，以商养黑，采取暴力、威胁或者其他手段，有组织地多次实施强行拆迁、寻衅滋事、打击报复国家机关工作人员、骗取贷款、妨害作证、伪造证据、开设赌场、故意毁坏财物、非法拘禁、故意伤害等违法犯罪活动，大肆非法敛财，实现以黑护商的目的，严重破坏经济、社会生活秩序。此外，法院认定胡某还曾故意伤害他人身体，致一人重伤、两人轻伤；非法拘禁他人；故意毁坏公私财物；开设赌场；指使他人作伪证等其他六宗罪行。

法院对胡某七项罪名进行判处。其中，故意伤害他人身体，致一人重伤、两人轻伤一事，对其判处有期徒刑9年；组织、领导黑社会一事，对其判处有期徒刑8年。加上其他罪名共判处有期徒刑30年，决定执行有期徒刑20年，并处没收个人财产人民币2亿元，罚金人民币50万元。

【主要法律问题】

（1）涉外刑事审判中当事人的国籍如何确定？
（2）我国是否承认当事人的双重国籍？
（3）如果本案中胡某被认定为外国人，应当适用怎样的一审程序？

【主要法律依据】

《最高人民法院关于适用〈中华人民共和国刑事诉讼法〉的解释》（2021年3月1日起施行）

第477条 外国人的国籍，根据其入境时的有效证件确认；国籍不明的，根据公安机关或者有关国家驻华使、领馆出具的证明确认。

国籍无法查明的，以无国籍人对待，适用本章有关规定，在裁判文书中写明"国籍不明"。

【理论分析】

一、涉外刑事一审的原则

1. 国家主权

国家主权原则是涉外刑事诉讼程序中的首要原则，强调在中华人民共和国领域内对外国人犯罪的追诉和审判适用中国法律，体现了国家司法主权的至高无上性。根据国家主权原则，办理外国人犯罪案件应当适用我国《刑事诉讼法》和有关司法解释的规定，只有法律或者司法解释有特别规定时，才适用特别规定。对于具有外交特权和豁免权的外国人的刑事责任，应当通过外交途径解决。

2. 遵守国际条约

在办理涉外刑事案件时，在我国缔结或参加的国际条约有规定的情况下，原则上应当适用国际条约的规定。但存在两个例外情形：（1）声明保留的例外。在我国缔结或参加的国际条约中，如果我国在缔结或加入时对条约的某一条款声明保留，则该条款可不再适用。（2）对等原则的例外。在我国诉讼中适用本国缔结或参加的国际条约时，如果相关国家对我国诉讼参与主体的权利行使实施了限制，则我国也可以对该国相应诉讼参与主体的权利行使加以相同限制，以实现相互对等。

3. 平等、互利

平等、互利原则是国际法的一项重要原则，这一原则也是公平原则在国际司法领域的具体体现。平等、互利原则包括当事人权利与义务的平等，当事人之间、不同国家之间、中外当事人之间的平等和互利等。

4. 使用中国通用的语言文字进行诉讼

在整个涉外刑事诉讼程序中，包括庭前、法庭审判、调查讯问等环节，公安机关、司法机关均应使用中华人民共和国通用的语言（汉语）和文字（汉字）。对于不通晓中文的外国人，司法机关通过提供翻译服务等措施，确保他们能够有效参与诉讼，维护自身权益。

5. 委托中国律师参加诉讼

在涉外刑事诉讼中，外国籍当事人如果需要委托律师进行辩护或代理活动，只能委托拥有中华人民共和国律师资格并在律师协会登记、合法执业的中国律师。

二、无国籍人在涉外刑事一审中的地位

1. 适用我国法律

无国籍人在我国领域内犯罪或作为受害者参与刑事诉讼时，同样适用我国的刑事诉讼法及相关法律法规。

2. 诉讼权利保障

无国籍人在刑事诉讼中享有与我国公民同样的诉讼权利，包括但不限于辩护权、

聘请律师、申请翻译服务、提出证据、质证的权利等。如果无国籍被告人没有委托辩护人，根据中国刑事诉讼法规定，人民法院应当为其指定辩护律师，以保障其辩护权。

3. 人权保护

我国法律确保无国籍人在羁押、审判及服刑期间的人权得到充分保护，避免因其无国籍身份而受到歧视或不当对待。

另外，虽然当事人被认定为无国籍，若案件涉及跨国犯罪或需要获取国外证据，中国司法机关仍可以通过国际司法协助途径与其他国家合作调查其真实国籍情况。

三、本案评析

1. 如何确定当事人的国籍

在涉外刑事诉讼案件中，应当按照《最高人民法院关于适用〈中华人民共和国刑事诉讼法〉的解释》的规定确定当事人的国籍。确定当事人国籍主要有以下几种途径：（1）根据有效证件确认。有效证件一般是指该外国人入境中国时所持的有效旅行证件。通常情况下，护照或其他官方身份证明文件上具有明确的国籍标注，此为最直接的国籍判断方式。（2）公安机关协助查明。若对外国人的国籍存疑或无法查明，公安机关出入境管理部门可通过查询相关数据库、与外国领事馆沟通等措施协助查明其真实国籍。（3）依司法协助与国际公约确定。若我国与当事人所声称的国籍国有司法协助条约或共同参加的国际公约，可依据条约或公约的规定请求该国协助查明其身份。这通常涉及正式的司法协助请求程序。在没有明确规定的情况下，当事人的国籍确定问题可由外交途径解决。（4）以自报国籍或无国籍处理。当国籍确实无法查明时，可按照外国人自报的国籍处理，或可将其视为无国籍人。无国籍人可参照《联合国关于无国籍人地位的公约》等相关国际条约的规定执行。

2. 我国不承认当事人的双重国籍

我国《国籍法》规定，中华人民共和国不承认中国公民具有双重国籍，仅允许国籍的变更。我国《国籍法》对国籍的变更作了明确规定：（1）定居外国的中国公民，自愿加入或取得外国国籍的，即自动丧失中国国籍。（2）国家工作人员和现役军人不得退出中国国籍。（3）香港和澳门由于历史原因，其居民可能拥有英国、葡萄牙等国护照或居民证，此时应当根据相关法律确认其国籍。如我国香港法律规定，持有外国护照的香港特别行政区的中国公民可向香港入境事务处申报国籍变更，若申报获得认可，则丧失中国国籍，否则仍具有中国国籍。

司法实践中，可能出现中国公民要求以外国公民身份适用涉外诉讼程序的情况。一旦确定该公民已加入外国籍，则应当适用涉外诉讼程序。如果法院仍以普通诉讼程序起诉，当事人可以违反诉讼程序规定为由要求重新审理。

3. 本案中胡某应当适用的一审程序

如果本案中胡某被认定为外国人，则应当适用以下一审程序：

（1）侦查阶段。外国人涉嫌犯罪的案件主要由公安机关侦办。对于外国人犯罪的案件，侦查工作通常由更高级别的公安机关开展，以确保调查的专业性和国际协作的需要。公安机关应当在侦查阶段收集、调取犯罪嫌疑人有罪、无罪、罪轻或者罪重的证据材料，可传唤外国人了解案情、制作笔录。外国人自第一次被讯问或采取强制措施之日起可委托律师作为辩护人。

（2）审查起诉阶段。检察院对于公安机关移送的涉案材料负责审查，如果犯罪事实清楚、证据确实充分且应当追究刑事责任的，会向法院对该外国人提起公诉，将起诉书及涉案材料一同移送到法院。检察机关在提起公诉时需遵守相关的国际法义务和双边协议。

（3）审判阶段。法院对案件进行开庭审理，通过法庭调查、举证质证、法庭辩论等环节，必要时为外国人提供翻译。法院应当结合证据及相关法律规定，判决该外国人是否有罪、所犯罪名及所受刑罚。如果外国人对一审判决结果不服，在收到判决书的10日内，有权提起上诉，启动二审程序。被害人不服一审判决的，有权申请检察机关抗诉，检察机关也有权提起抗诉。

【实操分析】

实务中涉外刑事诉讼中对被告人身份、国籍的查明应遵循以下要点：

（1）外国人的国籍原则上以入境时使用的有效证件（护照）为准。

（2）对于被告人入境时所持的身份，可以向我国警方在各辖区的出入境管理处请求协助核查身份。

（3）司法机关在向当事人所在国驻中国使、领馆发出协助调查身份的函件后，若迟迟未能得到答复，为保证诉讼效率，避免诉讼过分拖延，可根据当事人自报国籍认定其身份，或可认定为国籍不明。

（4）对于外国籍被告人未如实告知的情况，使、领馆工作人员如果发现自报不实，一般应先与本市高级人民法院外事办沟通，并在使、领馆会见过程中加以确认。

（5）对于已查明是持伪造护照入境等国籍不明的情况，国籍不能按照其所持有的伪造护照认定，可先按其自报的国籍暂定，再根据我国警方或外国使、领馆出具的证明予以确认。

（6）在查明国籍的同时，被告人在中国的就业、就学等情况也必须查明。如被告人在中国工作，要查明工作单位名称、职务；如果其在中国求学，要查明学籍证明。这涉及后续缓刑、附加刑驱逐出境等能否适用的审核。

第二节 涉外刑事一审中为外国籍当事人提供翻译

案例二 拉某走私毒品案①

【基本案情】

拉某,男,1972年4月22日出生,巴基斯坦籍,住巴基斯坦伊斯兰共和国。

2015年4月3日16时许,被告人拉某乘坐某航班从卡塔尔多哈飞抵中华人民共和国重庆江北国际机场,准备转机前往广州。海关旅检关员在对其进行安全查验时,从其穿着皮鞋中查获净重502.5克、498.5克的毒品可疑物两包。经鉴定,查获的毒品可疑物中均检出海洛因成分,含量分别为35.4%、37.7%。

拉某所属国领馆官员曾表示愿意担任本案的翻译人员,但经合议庭研究后,未接受其领馆官员担任翻译的建议,而由法院自行为其聘请了翻译人员卫某乙,经审查其具有翻译资格,庭审中翻译人员卫某乙到庭参加诉讼。

重庆市人民检察院第一分院对被告人拉某犯走私毒品罪一案提起公诉,法院经审理认为被告人拉某走私毒品海洛因1001克,其行为已构成走私毒品罪,依法应予惩处。鉴于拉某系初犯、偶犯,到案后如实供述犯罪事实与查明事实及证据相符,可对其从轻处罚,法院最终判处被告人拉某犯走私毒品罪,判处无期徒刑,并处没收个人全部财产,并对查获的毒品海洛因1001克、犯罪工具手机一部予以没收。

【主要法律问题】

(1) 本案中法院为何没有接受拉某领馆官员担任翻译的建议?
(2) 在涉外刑事诉讼中担任翻译人员的条件是什么?
(3) 涉外刑事诉讼中的法律文书是否需要翻译?

【主要法律依据】

《最高人民法院关于适用〈中华人民共和国刑事诉讼法〉的解释》(2021年3月1日起施行)

第484条 人民法院审判涉外刑事案件,使用中华人民共和国通用的语言、文字,应当为外国籍当事人提供翻译。翻译人员应当在翻译文件上签名。

人民法院的诉讼文书为中文本。外国籍当事人不通晓中文的,应当附有外文译本,译本不加盖人民法院印章,以中文本为准。

---

① 参见重庆市第五中级人民法院(2020)渝刑终13号刑事判决书。

外国籍当事人通晓中国语言、文字，拒绝他人翻译，或者不需要诉讼文书外文译本的，应当由其本人出具书面声明。拒绝出具书面声明的，应当记录在案；必要时，应当录音录像。

《中华人民共和国刑事诉讼法》（2018年10月修正）

第29条 审判人员、检察人员、侦查人员有下列情形之一的，应当自行回避，当事人及其法定代理人也有权要求他们回避：

（一）是本案的当事人或者是当事人的近亲属的；

（二）本人或者他的近亲属和本案有利害关系的；

（三）担任过本案的证人、鉴定人、辩护人、诉讼代理人的；

（四）与本案当事人有其他关系，可能影响公正处理案件的。

第32条 本章关于回避的规定适用于书记员、翻译人员和鉴定人。

辩护人、诉讼代理人可以依照本章的规定要求回避、申请复议。

【理论分析】

一、涉外刑事诉讼翻译制度

涉外刑事诉讼翻译制度，是指在刑事诉讼活动中针对不通晓本国语言文字的外国被追诉人，为其提供通晓外国语言的翻译人员的帮助，以消除刑事诉讼各环节的沟通障碍，保障外国人语言权利的诉讼制度。该制度设立的目的在于保障外国人在刑事诉讼活动中的语言平等权，确保刑事诉讼程序的公平正义。翻译在涉外刑事诉讼的一审程序中表现形式多样。在侦查阶段以及起诉阶段，翻译活动主要体现在讯问犯罪嫌疑人的过程中；在审判阶段，翻译活动通常会以直观的法庭口译的形式体现，有时也会伴随文书翻译工作。

涉外刑事诉讼中的翻译人员指在刑事诉讼过程中接受公安机关、司法机关的指派或者聘请，在涉外刑事诉讼中担任语言、文字翻译工作的人员，属于我国《刑事诉讼法》第108条规定的诉讼参与人之一。翻译人员在刑事诉讼活动中承担纯粹的事务性工作，不承担控告、辩护、审判中任何一方的职能。由于涉及案件信息的传递，翻译质量往往会对案件事实查清、证据认定、法庭判决等实体性因素产生很大影响。因此，翻译人员与案件结果不能存在任何利害关系，在进行翻译活动时，必须实事求是，力求准确无误，保持客观性和中立性。

二、是否需要庭审翻译的判断方法

涉外刑事案件中判断是否需要对外国人配备翻译并没有统一的标准，通常由司法人员根据当事人的要求或事实判断而决定。

1. 原国籍为中国籍的人

此类人指从小生活在中国，且原籍为中国，但其后放弃中国国籍加入外国国籍的人。因其以中文为母语，大多可以达到以中文流畅参与诉讼的程度，在司法实践中对此类当事人一般不存在翻译上的问题。但如果当事人因移民过早，对中文已不熟悉，提出需要翻译，法庭也不会拒绝其正当请求。

2. 长期生活在中国的人

部分外国籍人员由于长时间生活在中国，已可以做到用中文流畅交流，此时其在没有翻译的情况下仍可正常参与诉讼。但在实践中可能出现此类当事人以法庭没有提供翻译为由对判决提出异议的情况，所以诉讼中法庭必须询问其是否需要翻译。如本人明确声明不需要翻译，应当由其本人出具书面声明，拒绝出具书面声明的，应当记录在案；必要时，应当录音录像。

3. 短暂入境的外国人

短暂入境的外国人大多不会熟练使用中文，一般需要人民法院为其提供翻译。《最高人民法院关于适用〈中华人民共和国刑事诉讼法〉的解释》第484条规定："人民法院审判涉外刑事案件，使用中华人民共和国通用的语言文字，应当为外国籍被告人提供翻译。"该规定表明，司法机关有权聘请翻译，翻译费用由司法机关支付。

三、本案评析

1. 本案中，合议庭是否有权拒绝拉某领馆官员担任翻译的建议

本案中，合议庭有权拒绝拉某领馆官员担任翻译的建议。其原因主要是考虑翻译人员的身份回避问题。我国的回避制度规定，与案件具有利害关系的人员不得担任案件的翻译人。一般情况下，外国人的翻译可以由领事馆的官员推荐，司法机关再通过对翻译人员身份鉴定判断，决定其是否可以担任案件的翻译。但本案中，合议庭认为领事馆的官员属于案件有利害关系的人员，不符合对翻译人员中立性的要求，故自行为其聘请翻译人员，以保证案件的公正处理。

2. 我国对翻译人员资格和身份的具体要求

在涉外刑事诉讼中，并非任何人都可以担任翻译人员，我国对翻译人员的资格和身份有具体要求。（1）翻译人员的资格。我国翻译协会《司法翻译服务规范》规定，司法翻译人员应秉持客观、中立的态度，恪守职业道德，尊重各方权益，维护各方尊严。《司法翻译服务规范》要求专业能力翻译人员具有基本法学专业知识，掌握司法文书常见类型和相关要求，并能够熟练应用上述知识完成笔译或生成目标语言内容，熟练掌握司法专业领域的术语、句型、格式及习惯用法，确保目标语言内容应符合约定司法用途和领域，符合目标语言司法文本类型惯例。然而在实践中由于我国对翻译人员资格没有强制规定，有时难以选聘完全符合资质的翻译人员。（2）翻译人员的身份。翻译人员的身份问题主要关系到翻译人员的回避。根据我国《刑事诉讼法》，翻译人员也要适用诉讼回避制度，这是由翻译人员的中立性而决定的。翻译人员应当与案件或案件当事人无利害关系，具有下列情况的翻译人应当回避：是案件当事人或者当事人、诉讼代理人近亲属的；与案件有利害关系的；与案件当事人、诉讼代理人有其他关系，

可能影响对案件公正审理的。

3. 涉外刑事诉讼中需要翻译的法律文书

涉外刑事诉讼中，与当事人权利义务密切相关的法律文书需要翻译。外国籍被告人不通晓中文的，应当附有外文译本。因此，应当对人民法院作出的判决书、裁定书进行翻译，向外国籍当事人提供外文译本。从权利保障和义务承担角度出发，对权利义务告知书、合议庭成员告知书等与当事人行使相关诉讼权利密切相关的法律文书也应当向其提供外文译本。翻译方式可分为两种：一种是在裁判文书定稿后再进行翻译；另一种是对于较为复杂的案件，在裁判文书基本定型后即进行翻译，中文本与外文译本同步修改。

【实操分析】

一、妥善处理涉外翻译问题

1. 翻译人员的选择

拉某所属国领馆官员虽表示愿意担任翻译，但法院最终决定不采纳此建议。这表明在涉外案件中，尽管尊重当事人国籍国的参与，但更重视翻译的独立性和公正性，故本案法院自行聘请了翻译人员。本案法院聘请了重庆医科大学在读研究生卫某乙，经过审查确认其具有翻译资格，确保了翻译工作的专业性和准确性。

2. 翻译人员的作用

卫某乙在庭审中到庭参加诉讼，负责现场的口译工作，保证了被告人拉某理解诉讼过程，同时也确保了法庭对被告陈述的理解无误。除庭审口译外，翻译人员还可能参与法律文书的笔译工作，包括翻译起诉书、证据材料、法庭裁决等，确保被告人和其代理律师能全面理解案件材料。该案件中的翻译问题突出了翻译工作在保障涉外刑事诉讼公正性中的关键作用。

3. 依法定程序选任涉外翻译

对于不通晓汉语或我国当地通用的其他语言的外国人犯罪案件，法院适用翻译人员一般存在两种情况，一种是直接使用公安侦查、检察院起诉阶段的翻译人员；另一种是通过外事办、公证处、省翻译协会或者联系省内高校等聘用相关翻译人员。在实践中法院会向涉外翻译人员发放聘请书。在选定翻译人员之后，法院都会向其告知相关权利义务，在诉讼过程中主要通过电话与翻译人员联系具体事宜。

二、强化庭审翻译的监督轮训

1. 加强对翻译人员的监督

可以对部分重点案件采取全程录音、录像，以防止翻译人员不正确履行职责。在翻译人员翻译结束之后应当要求其在翻译的口译本或者笔译文件上签名，证明其已经明知自己的翻译会发生法律效力，并以此举保证翻译的准确性。在关键的审判阶段也可以实行双人翻译制度,即在审判阶段聘请两名翻译人员,其中一名为执行翻译,履行刑事诉讼活动中的翻译职责,而另一名为翻译监督,对执行翻译的翻译过程进行全程监督,及时纠正执行翻译的失误和过错,以确保公正。

2. 实行翻译轮换机制

翻译轮换机制主要是指在刑事诉讼翻译中,翻译人员不能贯穿于该案件从头到尾的每一个环节,必须在不同的环节换不同的翻译人员。例如,在诉讼过程中,为外国人提供笔录口译或者笔译的人员与庭审时的翻译人员就应该为不同的人。这一规定意在在最大限度上保证翻译的公平性,防止有人在怀揣不轨之心时以不正确的翻译贯穿诉讼的整个过程,进而提高办案质量。

3. 从机关内部择人进行培训

应当加强对法院、检察院内部人员的培训。法院、检察院内部人员一般已经具有较为专业的法律素养保证,鼓励本院青年干警同步参加翻译培训,从中选拔考核成绩优秀的干警承办涉外案件,打造业务过硬的诉讼队伍。

第三节 涉外刑事诉讼一审案件的管辖

案例三 桥某甲诉桥某乙重婚案[①]

【基本案情】

自诉人桥某甲(日本国国籍)以被告人桥某乙(日本国国籍)、陈某丙(中国国籍)犯重婚罪向上海市第一中级人民法院提起控诉。自诉人桥某甲诉称:被告人桥某乙通过伪造签名、印章等非法手段骗取离婚登记,在与桥某甲婚姻关系合法存续期间,又与陈某丙在中国登记结婚并生育一子的行为,构成重婚罪。后桥某甲撤回了对陈某丙的控诉。

法院经审理查明:桥某乙与桥某甲于1990年10月1日在日本国京都市南区登记结婚,婚后育有一子二女,桥某乙在福井县敦贺市开设儿科医院。2004年5月,桥某乙认识了在敦贺市工作的中国籍女子陈某丙,双方交往密切。2005年11月,桥某乙向京都家庭裁判所申请调解离婚未果。2007年3月5日,桥某乙在桥某甲未到场的情况下以协议离婚的形式在向福井县敦贺市长申报离婚登记的文书上伪造桥某甲的手写签名,还伪造证人桥某乙之父、桥某甲之父的手写签名,骗取了离婚登记。同月7日,敦贺

---

① 参见上海市第一中级人民法院(2010)沪一中刑初字第135号刑事判决书。

市政府向桥某甲送达离婚登记通知，桥某甲于同月12日向京都家庭裁判所提起该离婚无效的调解申请。京都家庭裁判所认为，桥某乙向敦贺市长提交的离婚申报专用纸上载有的桥某甲署名系伪造，并非其真实意思表示，于同年9月4日判决2007年3月5日向福井县敦贺市长申报的桥某乙与桥某甲的离婚无效。桥某乙虽经公示送达被传唤出庭，但在该案口头辩论日并未出庭。2007年10月3日，桥某甲依据该判决恢复在桥某乙户籍登记中与桥某乙的夫妻关系。2008年3月13日，桥某乙以诉讼时人在中国未被及时告知为由，向大阪高等裁判所上诉，要求撤销京都家庭裁判所判决，大阪高等裁判所认为桥某乙属于因可归责的事由导致未能遵守上诉期限，上诉期限已过，于同年8月26日判决驳回上诉。

2007年6月13日，桥某乙与陈某丙在中国重庆市登记结婚，并经重庆市公证处公证后，向上海日本国总领事申请将陈某丙登记于桥某乙日本国户籍中，陈某丙为桥某乙配偶身份。桥某乙与陈某丙在中国工作和生活并育有一子。

上海市第一中级人民法院认为，重婚罪是指自己有配偶或者明知他人有配偶而与他人结婚的行为。被告人桥某乙伪造配偶桥某甲的签名骗取离婚登记并与陈某丙在中国登记结婚，桥某乙之行为系有配偶而与他人结婚的行为，依法构成重婚罪，应当承担刑事责任；桥某乙与陈某丙的婚姻无效。依照我国《刑法》第6条、第258条之规定，上海市第一中级人民法院以被告人桥某乙犯重婚罪，判处拘役三个月。

一审宣判后，被告人桥某乙未提出上诉，判决已生效。

【主要法律问题】

上海市第一中级人民法院对本案是否具有管辖权？

【主要法律依据】

《中华人民共和国刑事诉讼法》（2018年10月修正）

第17条　对于外国人犯罪应当追究刑事责任的，适用本法的规定。

对于享有外交特权和豁免权的外国人犯罪应当追究刑事责任的，通过外交途径解决。

第20条　基层人民法院管辖第一审普通刑事案件，但是依照本法由上级人民法院管辖的除外。

第21条　中级人民法院管辖下列第一审刑事案件：

（一）危害国家安全、恐怖活动案件；

（二）可能判处无期徒刑、死刑的案件。

第22条　高级人民法院管辖的第一审刑事案件，是全省（自治区、直辖市）性的重大刑事案件。

第23条　最高人民法院管辖的第一审刑事案件，是全国性的重大刑事案件。

第八章　涉外刑事诉讼的一审程序

《最高人民法院关于适用〈中华人民共和国刑事诉讼法〉的解释》（2021 年 3 月 1 日起施行）

第 6 条　在国际列车上的犯罪，根据我国与相关国家签订的协定确定管辖；没有协定的，由该列车始发或者前方停靠的中国车站所在地负责审判铁路运输刑事案件的人民法院管辖。

第 7 条　在中华人民共和国领域外的中国船舶内的犯罪，由该船舶最初停泊的中国口岸所在地或者被告人登陆地、入境地的人民法院管辖。

第 8 条　在中华人民共和国领域外的中国航空器内的犯罪，由该航空器在中国最初降落地的人民法院管辖。

第 9 条　中国公民在中国驻外使领馆内的犯罪，由其主管单位所在地或者原户籍地的人民法院管辖。

第 10 条　中国公民在中华人民共和国领域外的犯罪，由其登陆地、入境地、离境前居住地或者现居住地的人民法院管辖；被害人是中国公民的，也可以由被害人离境前居住地或者现居住地的人民法院管辖。

第 11 条　外国人在中华人民共和国领域外对中华人民共和国国家或者公民犯罪，根据《中华人民共和国刑法》应当受处罚的，由该外国人登陆地、入境地或者入境后居住地的人民法院管辖，也可以由被害人离境前居住地或者现居住地的人民法院管辖。

第 12 条　对中华人民共和国缔结或者参加的国际条约所规定的罪行，中华人民共和国在所承担条约义务的范围内行使刑事管辖权的，由被告人被抓获地、登陆地或者入境地的人民法院管辖。

第 476 条　第一审涉外刑事案件，除刑事诉讼法第 21 条至第 23 条规定的以外，由基层人民法院管辖。必要时，中级人民法院可以指定辖区内若干基层人民法院集中管辖第一审涉外刑事案件，也可以依照刑事诉讼法第 24 条的规定，审理基层人民法院管辖的第一审涉外刑事案件。

【理论分析】

一、涉外刑事案件的一审地区管辖

1. 外国人在中国境内犯罪

外国人在中国境内犯罪包括外国人在中国境内对中国人犯罪和外国人在中国境内对外国人犯罪。不论是何种情况，根据属地管辖原则，只要犯罪行为发生地或者犯罪结果发生地在中国境内，中国法院均有管辖权。但属地管辖也存在例外：（1）如果外国人享有外交特权或者外交豁免权，其刑事责任应当通过外交途径解决。（2）发生在我国船舶和航空器内的刑事案件，我国有当然的管辖权，并规定了专门的管辖法院。在中华人民共和国领域外的中国船舶内的犯罪，由该船舶最初停泊的中国口岸所在地或者被告人登陆地、入境地的人民法院管辖。在中华人民共和国领域外的中国航空器内的犯罪，由该航空器在中国最初降落地的人民法院管辖。

2. 中国人在中国境内对外国、外国人犯罪

中国人在中国境内对外国、外国人犯罪的案件，一般由犯罪地或被告人居住地的人民法院管辖。

3. 外国人在中国境外对中国、中国人犯罪

此种情况下，虽然犯罪主体不是中国人，犯罪行为也没有发生在中国域内，但外国人的行为侵害了我国国家和公民的利益，中国可以追究其责任，但应当满足两个条件：（1）该外国人所犯之罪按我国刑法规定最低刑为三年以上有期徒刑。（2）按照犯罪地的法律应当处罚。两个条件缺一不可。

4. 中国人在中国境外犯罪

中国人在中国境外犯罪时，中国法院的管辖主要基于属人管辖的原则。根据我国《刑法》第7条的规定，中华人民共和国公民在中华人民共和国领域外犯本法规定之罪的，适用本法，但是按本法规定的最高刑为三年以下有期徒刑的，可以不予追究。此外，中华人民共和国国家工作人员和军人在中华人民共和国领域外犯本法规定之罪的，也适用本法。司法实践中，对在境外的中国公民进行逮捕或审判时通常需要与犯罪地所在的国家或地区进行司法协助，包括引渡、调查取证、送达法律文书等。如果犯罪发生地所在的国家或地区与中国没有签订引渡条约或司法协助协议，那么中国法院可能无法直接对犯罪的中国公民进行管辖。

二、涉外刑事诉讼的一审级别管辖

1. 基层法院管辖

过去涉外刑事案件的一审通常是由中级人民法院负责，此为基于刑事诉讼法对级别管辖的原则规定。然而，随着全球化的发展和涉外刑事案件的复杂性增加，一审案件的管辖规定也出现了变革。现在，涉外刑事案件的一审管辖法院可能会根据案件的具体情况、涉案金额、社会影响等因素综合确定，基层人民法院审理涉外刑事案件的一审，中级人民法院需对基层法院的审理进行监督。在司法实践中，情节轻微的涉外刑事诉讼都优先考虑由基层人民法院管辖。

2. 指定管辖

在涉外刑事诉讼中的指定管辖主要分两种情况：

（1）中级人民法院可以指定辖区内若干基层人民法院集中管辖第一审涉外刑事案件。《最高人民法院、最高人民检察院、公安部、国家安全部、司法部等关于外国人犯罪案件管辖问题的通知》规定：外国人犯罪案件较多的地区，中级人民法院可以指定辖区内一个或者几个基层人民法院集中管辖第一审外国人犯罪案件；外国人犯罪案件较少的地区，中级人民法院可以依照刑事诉讼法第23条的规定，审理基层人民法院管辖的第一审外国人犯罪案件。并且如果中级人民法院要指定基层人民法院集中管辖，必须遵守一定的程序。辖区内集中管辖第一审外国人犯罪案件的基层人民法院，应当

由中级人民法院商同级人民检察院、公安局、国家安全局、司法局，综合考虑办案质量、效率、工作衔接配合等因素提出，分别报高级人民法院、省级人民检察院、公安厅（局）、国家安全厅（局）、司法厅（局）同意后确定，并报最高人民法院、最高人民检察院、公安部、国家安全部、司法部备案。

（2）上级人民法院可以指定下级人民法院管辖涉外案件。上级人民法院可以指定下级人民法院管辖涉外案件时，一般是出现管辖区域界限不明或行政区划发生变动等情况使管辖权不明的问题。有管辖权的人民法院由于特殊原因不能行使管辖权，此时由上级人民法院指定管辖。如果管辖权发生争议，双方应首先尝试协议解决，如果协商不成，将报请其共同上级人民法院进行指定管辖。

三、本案评析

上海市第一中级人民法院对本案具有管辖权。关于本案的刑事管辖权，在审理过程中存在三种观点：第一种观点认为，桥某乙伪造桥某甲签名骗取离婚的行为发生于国外，桥某乙与陈某丙在中国缔结的结婚符合中国法律，日本国法院判决离婚无效致桥某甲恢复与桥某乙夫妻关系，桥某乙户籍登记中有两位妻子即构成重婚的事实也发生于国外，犯罪行为地和结果地均在国外，中国法院不具有刑事管辖权。第二种观点认为，重婚行为一经实施，重婚罪即告既遂，其后的非法婚姻状态是不法状态的继续，而非犯罪行为的继续，桥某乙与陈某丙在中国重庆登记结婚，在其领取结婚证时已构成重婚罪既遂，其在上海租房工作和生活仅是重婚犯罪行为所产生的不法状态的继续，故应由婚姻缔结地重庆有关法院行使刑事管辖权。第三种观点认为，重婚罪从犯罪形态上属于继续犯，重婚犯罪行为在一定时间内处于继续状态，但期间内可能会发生犯罪地的移动和变化，外国籍被告人在中国经常居住地的人民法院具有刑事管辖权。桥某乙与陈某丙在上海租房工作和生活已满一年，上海法院具有刑事管辖权。

最终法院采取了第三种观点，认为上海市第一中级人民法院对本案有管辖权。法院认为第一种观点仅片面强调桥某乙伪造签名骗取离婚后登记陈某丙于其户籍的行为涉嫌重婚犯罪，忽视了桥某乙与陈某丙在中国登记结婚的行为根据中国法律亦构成重婚罪。犯罪行为发生于中国，根据刑法的规定，犯罪的行为或者结果有一项发生在中华人民共和国领域内的，就认为是在中华人民共和国领域内犯罪，中国法院具有刑事管辖权。第二种观点将重婚罪仅局限于婚姻登记行为，然而以夫妻名义非法同居行为的实质仍在侵犯一夫一妻的婚姻家庭关系，仍是犯罪行为，故该观点有失偏颇。

【实操分析】

一、外国法院的民商事判决在中国刑事审判中的审查认定

外国法院判决的承认与执行一般限于民商事领域，因为刑事判决和行政法方面的判决具有惩罚性或较强的公法性质，不能在他法域内生效，因此，判决的民商事性质是承认与执行的前提。中国内地法院承认与执行外国民商事法院判决的案例并不多见，多是对外国离婚判决的承认。中国与日本国之间没有缔结或者参加相互承认和执行法

院判决、裁定的国际条约，亦未建立相应的互惠关系，因此，中国对于日本国法院判决可以不予承认和执行。本案中，认定桥某乙伪造桥某甲署名离婚无效、桥某甲恢复与桥某乙夫妻关系致桥某乙构成重婚的重要依据是日本国京都家庭裁判所、大阪高等裁判所的一审、二审民事判决，该判决并非要求中国承认和执行，中国刑事审判对于外国法院此类民商事判决如何审查认定，实践中尚未见相关案例。在涉外司法实践中，出于本国审判的需要，对于并非承认身份关系、无给付内容或者不需要执行的外国法院民商事判决，适用公证认证程序证明其真实性，可视正在审理的案件具体情况，作为证据中的书证，其所查明的事实在我国刑事判决中予以确认。

二、域外证据的审核与采信

在刑事审判中，对于来自日本的证据，如居民票、离婚登记文书、裁判所判决书等，法院需进行审核与采信。尽管我国法律对域外证据的审核采信程序没有明确规定，但参照民事、行政审判实践，法院采取了更为灵活的处理方式。如《最高人民法院第二次全国涉外商事海事审判工作会议纪要》《最高人民法院涉外商事海事审判实务问题解答》等规范性文件为法院提供了指导。这些规范性文件规定，证据是否需公证认证应根据种类不同来决定，且应当考虑证据的真实性和关联性。对于书证，尤其是公文书，如外国法院判决，一般要求公证认证，但其他证据则视具体情况而定，不进行强制要求。

第九章
涉外刑事诉讼的复审程序

本章知识要点

（1）涉外刑事诉讼中外国籍或者无国籍犯罪嫌疑人、被告人享有上诉权；（2）人民法院审理第二审涉外刑事案件，适用第一审程序中有关通知外国驻华使领馆、委托辩护、探视、宣判、送达等事宜的规定；（3）涉外刑事案件审判监督程序的开启条件包括案件事实认定错误和适用法律错误。

第一节 涉外刑事诉讼的第二审程序

为防止司法错误，保障当事人的合法权益，维护法律的正确适用，各国刑事诉讼法均设立了第二审程序。刑事诉讼的第二审程序主要职责在于审查第一审判决，纠正一审裁判中可能存在的事实和法律适用错误，保障被告人和其他当事人的合法权益，有效预防了冤假错案的发生。同时，第二审程序也使司法公信力得到增强，被告人和公众对司法过程的信任度和裁判接受度都得以提升。第二审程序并非强制性程序，如果被告人、自诉人及其法定代理人以及提起公诉的检察机关对第一审程序作出的判决、裁定均未提出上诉或抗诉，则无须启动第二审程序。

案例一 罗某走私毒品案[①]

【基本案情】

2014年11月，罗某企图将净重222.035千克的222包冰毒自大连走私到澳大利亚，察觉事情有变后，罗某在大连周水子机场登机，打算逃往泰国曼谷。飞机中途在广州白云机场停靠时，罗某被中国警方逮捕。罗某最初辩称自己是被陷害的无辜游客。

---

① 澎湃新闻网. 伙同他人走私甲基苯丙胺222克，加拿大籍毒贩二审维持死刑［EB/OL］.（2024-05-10）. https://www.thepaper.cn/newsDetail_forward_13978980.

2016年3月15日，辽宁省大连市中级人民法院对加拿大籍被告人罗某走私毒品一案依法进行公开开庭审理。2018年11月20日，辽宁省大连市中级人民法院一审以走私毒品罪判处罗某有期徒刑十五年，并处没收个人财产人民币十五万元，驱逐出境。宣判后，罗某对判决结果不服，提出上诉。

2018年12月29日，辽宁省高级人民法院依法公开开庭审理罗某走私毒品罪一案，对事实、证据和被告人上诉理由等进行审查，充分听取了被告人及其辩护人、检察机关意见。辽宁省人民检察院出庭检察员当庭提出，正在查证的线索显示，被告人罗某极有可能参与了有组织的国际贩毒活动，在走私毒品犯罪过程中起重要作用，一审法院认定其为从犯和犯罪未遂并从轻处罚明显不当，建议发回重新审判，根据新线索查证情况，依法惩处。案件发回重审后，大连市中级人民法院依法另行组成合议庭，对此案公开开庭审理。案件审理期间，大连市人民检察院补充起诉了新的犯罪事实，人民法院依法保障了被告人在诉讼过程中应当享有的辩护、翻译等各项权利。开庭前，人民法院依照相关规定通知了加拿大驻华使馆，该馆官员到庭旁听。各界群众、部分中外媒体记者旁听了庭审。

2019年1月14日，辽宁省大连市中级人民法院公开开庭审理，辽宁省大连市人民检察院指控加拿大籍被告人罗某犯走私毒品罪一案。大连市中级人民法院认定，被告人罗某参与有组织的国际贩毒活动，伙同他人走私冰毒222.035千克，其行为构成走私毒品罪。公诉机关指控的犯罪事实清楚，证据确实、充分，指控罪名成立，罗某系主犯，且系犯罪既遂。2019年1月14日，辽宁省大连市中级人民法院对被告人罗某依法进行一审公开开庭审理并当庭宣判，以走私毒品罪判处被告人罗某死刑，并处没收个人全部财产。审判长在宣告判决时，当庭告知被告人如不服本判决，有权在接到判决书第二日起十日内向辽宁省高级人民法院提出上诉。罗某对判决不服，提出上诉。

2019年5月9日，辽宁省高级人民法院对上诉人罗某走私毒品上诉一案依法进行二审公开开庭审理。辽宁省高级人民法院在开庭前依照相关规定通知了加拿大驻华大使馆，案件审理过程中，依法保障了上诉人罗某的各项诉讼权利。2021年8月10日，辽宁省高级人民法院对加拿大籍被告人罗某走私毒品上诉一案，依法进行二审。辽宁省高级人民法院依法组成合议庭，公开开庭审理此案，认为一审认定的事实清楚，证据确实、充分，定罪准确，量刑适当，审判程序合法裁定驳回上诉，维持原判，并依法报请最高人民法院核准。

【主要法律问题】

(1) 本案中，罗某是否有权提出上诉？
(2) 本案发回重审后，加重了被告人的定罪量刑，是否违反上诉不加刑原则？
(3) 二审案件审理结束后的处理方式有几种？

第九章　涉外刑事诉讼的复审程序

【主要法律依据】

《中华人民共和国刑事诉讼法》（2018 年 10 月施行）

第 227 条　被告人、自诉人和他们的法定代理人，不服地方各级人民法院第一审的判决、裁定，有权用书状或者口头向上一级人民法院上诉。被告人的辩护人和近亲属，经被告人同意，可以提出上诉。

附带民事诉讼的当事人和他们的法定代理人，可以对地方各级人民法院第一审的判决、裁定中的附带民事诉讼部分，提出上诉。

对被告人的上诉权，不得以任何借口加以剥夺。

第 228 条　地方各级人民检察院认为本级人民法院第一审的判决、裁定确有错误的时候，应当向上一级人民法院提出抗诉。

第 229 条　被害人及其法定代理人不服地方各级人民法院第一审的判决的，自收到判决书后五日以内，有权请求人民检察院提出抗诉。人民检察院自收到被害人及其法定代理人的请求后五日以内，应当作出是否抗诉的决定并且答复请求人。

第 230 条　不服判决的上诉和抗诉的期限为十日，不服裁定的上诉和抗诉的期限为五日，从接到判决书、裁定书的第二日起算。

第 236 条　第二审人民法院对不服第一审判决的上诉、抗诉案件，经过审理后，应当按照下列情形分别处理：

（一）原判决认定事实和适用法律正确、量刑适当的，应当裁定驳回上诉或者抗诉，维持原判；

（二）原判决认定事实没有错误，但适用法律有错误，或者量刑不当的，应当改判；

（三）原判决事实不清楚或者证据不足的，可以在查清事实后改判；也可以裁定撤销原判，发回原审人民法院重新审判。

原审人民法院对于依照前款第三项规定发回重新审判的案件作出判决后，被告人提出上诉或者人民检察院提出抗诉的，第二审人民法院应当依法作出判决或者裁定，不得再发回原审人民法院重新审判。

第 237 条　第二审人民法院审理被告人或者他的法定代理人、辩护人、近亲属上诉的案件，不得加重被告人的刑罚。第二审人民法院发回原审人民法院重新审判的案件，除有新的犯罪事实，人民检察院补充起诉的以外，原审人民法院也不得加重被告人的刑罚。

人民检察院提出抗诉或者自诉人提出上诉的，不受前款规定的限制。

《最高人民法院关于适用〈中华人民共和国刑事诉讼法〉的解释》（2021 年 3 月 1 日起施行）

第 479 条　涉外刑事案件审判期间，人民法院应当将下列事项及时通报同级人民政府外事主管部门，并依照有关规定通知有关国家驻华使领馆：

（一）人民法院决定对外国籍被告人采取强制措施的情况，包括外国籍当事人的姓名（包括译名）、性别、入境时间、护照或者证件号码、采取的强制措施及法律依据、羁押地点等；

（二）开庭的时间、地点、是否公开审理等事项；

（三）宣判的时间、地点。

涉外刑事案件宣判后，应当将处理结果及时通报同级人民政府外事主管部门。

对外国籍被告人执行死刑的，死刑裁决下达后执行前，应当通知其国籍国驻华使领馆。

外国籍被告人在案件审理中死亡的，应当及时通报同级人民政府外事主管部门，并通知有关国家驻华使领馆。

【理论分析】

一、涉外上诉的主体

涉外上诉是外国籍或者无国籍被告人、自诉人和他们的法定代理人，不服第一审人民法院作出的判决或裁定，在法定期限内提请上一级人民法院对案件重新审判的诉讼活动。对于被告人而言，上诉权是极为重要的诉讼权利，因此，《刑事诉讼法》明确规定，对被告人的上诉权，不得以任何借口加以剥夺。有权提出上诉的主体包括：

1. 自诉人及其法定代理人

自诉人是刑事诉讼中的当事人，与案件处理结果有直接利害关系。如果不服一审法院的判决、裁定，自诉人及其法定代理人有权提出上诉。

2. 被告人及其法定代理人

被告人是被追究刑事责任的对象，是案件处理结果的直接承担者。被告人如果不服一审人民法院的判决、裁定有权上诉。为了有效地维护未成年被告人或者其他不具有诉讼行为能力的人的合法权益，未成年被告人或者其他不具有诉讼行为能力的人的法定代理人，可以在刑事诉讼和附带民事诉讼中作为诉讼参与人参加诉讼，并有权为被代理人的合法权益提出上诉。凡是对地方各级人民法院的第一审判决、裁定享有上诉权的当事人的法定代理人，如果不服第一审判决、裁定，有权独立提出上诉，不受被代理人意志的约束。

3. 经被告人同意的辩护人和近亲属

为维护被告人的合法权益，法律允许被告人的辩护人和近亲属代为提出上诉。然而，鉴于案件处理结果与被告人利益密切相关，且被告人在法律上具备诉讼行为能力，是否上诉的最终决定取决于被告人。若要提出上诉，必须事先获得被告人的同意，并以被告人作为上诉人。若被告人不同意上诉，辩护人和近亲属则不能擅自提出上诉，即辩护人和被告人的近亲属无独立的上诉权。这样的规定既有利于被告人充分行使上诉权，同时避免了在被告人已承认罪行并接受判决的情况下，辩护人或亲属违背被告人意愿擅自上诉，引起无谓纷争。

4. 附带民事诉讼的当事人及其法定代理人

附带民事诉讼的当事人及其法定代理人，只有权对一审判决、裁定中的附带民事诉讼部分提出上诉，因为只有这一部分与他们有直接利害关系；对于判决、裁定的刑事部分，他们无权上诉。附带民事诉讼的当事人如果同时也是刑事诉讼当事人中的被告人、自诉人，则他们既可以对附带民事诉讼部分提起上诉，也可以对刑事诉讼部分提起上诉。如果对刑事部分没有人提出上诉，人民检察院也没有提出抗诉，附带民事诉讼当事人及其法定代理人的上诉，不影响判决、裁定刑事部分的生效。

需要注意的是，公诉案件中的被害人虽为当事人，但其并无上诉权利。法律未赋予被害人上诉权，主要基于两方面考量：一是鉴于司法资源的有限，二是为保证诉讼效率的需求。但法律也为被害人提供了相应的救济机制，被害人及其法定代理人不服地方各级人民法院第一审判决的，自收到判决书后五日以内，有权请求提起公诉的人民检察院提出抗诉。人民检察院自收到被害人及其法定代理人的请求后五日以内，应当作出是否抗诉的决定并且答复请求人。

二、涉外上诉中不加刑原则的适用

上诉不加刑是指第二审人民法院审判仅有被告人一方上诉的案件时，第二审人民法院审理后不得以任何理由改判重于原判决所判刑罚的审判原则。

1. 上诉不加刑的具体要求

第一，第二审人民法院对于被告人一方提出上诉的案件，经审理后，需要撤销原判并作出改判的，改判后不得加重原判刑罚。上诉不加刑原则只在第二审程序中适用，在死刑复核程序和生效裁判再审程序中不适用该原则。第二审人民法院发回原审人民法院重新审判的案件也不适用该原则，除非有新的犯罪事实、人民检察院补充起诉的。第二，上诉不加刑原则适用的条件是只有被告人一方上诉。人民检察院提出抗诉或者自诉人提出上诉的案件，无论被告人方面是否提出了上诉，都不适用上诉不加刑原则。第三，不得以任何理由或任何形式加重任何被告人的刑罚，核心概念是指不得使被告人处于比原判决更为不利的地位。

2. 上诉不加刑原则的意义

第一，有利于保障被告人的上诉权。上诉权是司法程序赋予被告人的合法权利，是被告人辩护权的核心组成部分。上诉是被告人依法维护合法权益的重要途径，不应该成为被告面临更严重后果的障碍。上诉不加刑原则可以使被告人消除顾虑，积极行使上诉的权利。第二，有利于及时纠正错误判决。实施上诉不加刑原则，有助于鼓励被告人在认为原判有误时勇于提出上诉，寻求二审法院的干预，为上一级法院提供及时发现并纠正错误判决的重要依据，从而确保审判公平公正。第三，有利于提高一审法院审判质量。上诉是对一审法院审判质量的一种监督，也能促使一审法院加强自身责任感，提高审判质量。

三、涉外第二审程序的审判方式

第二审人民法院对于涉外上诉与抗诉案件的审理方式包括开庭审理和不开庭审理，由第二审人民法院根据案件的具体情况进行选择适用。

1. 开庭审理

开庭审理，是指第二审人民法院在合议庭的主持下，由检察人员和诉讼参与人参加，通过法庭调查和辩论、评议、宣判的方式审理案件。开庭审理是第二审程序的审判原则之一，也是第二审案件基本的审理方式。开庭审理第二审案件，庭审程序与第一审开庭审理程序大致相同，即参照适用第一审程序的有关规定。但第二审程序又不完全等同于第一审程序，其自身还有一些特点，因而第二审人民法院在开庭审理上诉或者抗诉案件时，除参照第一审程序的规定外，还应当依照下列程序要求进行：在法庭调查阶段，审判人员宣读第一审判决书、裁定书后上诉案件由上诉人或者辩护人先宣读上诉状或者上诉理由，抗诉案件由检察员先宣读抗诉书；既有上诉又有抗诉的案件，先由检察员宣读抗诉书，再由上诉人或者辩护人宣读上诉状或者陈述上诉理由。法庭辩论阶段，上诉案件，先由上诉人、辩护人发言，后由检察员、诉讼代理人发言；抗诉案件，先由检察员、诉讼代理人发言，后由上诉人、辩护人发言。

2. 不开庭审理

不开庭审理的方式，是指第二审人民法院的合议庭根据法律规定，决定不开庭审理，在阅卷、讯问被告人及听取其他当事人、辩护人、诉讼代理人的意见的基础上，作出判决或裁定的审理方式。这种方式有利于提高第二审法院的办案效率，同时节省司法资源。开庭审理为原则，不开庭审理为例外。不开庭审理不能随意为之，此类例外仅适用于上诉案件，不包括被抗诉案件及依法应开庭审理的案件。不开庭审理通常适用于上诉人仅就法律适用问题提出异议的案件。若第一审人民法院审查后认为原判事实不清、证据不足或存在《刑事诉讼法》第238条所述违反法定诉讼程序情形，需发回重审的案件，也可不开庭审理。不开庭审理并不意味着书面审理，合议庭在审查全部诉讼材料的同时，还需进行讯问、调查等活动。合议庭阅卷、对被告人进行讯问、听取其他当事人、辩护人、诉讼代理人的意见，均为不开庭审理方式中的必备程序。

另外，人民法院审理第二审涉外刑事案件，适用第一审程序中有关通知外国驻华使领馆、委托辩护、探视、宣判、送达等事宜的规定。

四、涉外第二审程序的处理

第二审法院对不服第一审判决的上诉、抗诉案件进行审理后，应按下列情形分别作出处理：

（1）原判决认定认为原判认定事实清楚，证据确实、充分，适用法律正确、量刑适当，且不存在影响公正审判的违反法定诉讼程序的情形，应当裁定驳回上诉或抗诉，维持原判。这是二审法院对一审判决的正确性的认可和支持。

（2）原判决认定事实没有错误，但适用法律有错误或者量刑不当的，例如，在案件认定过程中，出现罪与非罪的界限模糊、犯罪性质判断错误、罪名确立失当，以及量刑严重失衡的情况，包括但不限于重罪轻判、轻罪重判，第二审法院应当予以纠正。因此撤销原审判决，重新审理。在二审判决书中，详细阐述改判的依据及理由。经审理，如果认为证据仍然不足的，可以改判无罪。

（3）原判决事实不清楚或者证据不足的，可由二审法院查清事实后改判，也可以裁定撤销原判，发回原审人民法院重新审判，以一次为限。

（4）发现一审法院有下列违反法律规定的诉讼程序的情形之一的，应当裁定撤销原判，发回原审人民法院重新审判：第一，违反法律有关公开审判的规定的；第二，违反回避制度的；第三，剥夺或者限制了当事人的法定诉讼权利，可能影响公正审判的；第四，审判组织的组成不合法的；第五，其他违反法律规定的诉讼程序，可能影响公正审判的。此类严重的程序违规行为，不仅违背了公正审判的原则，还可能对裁判结果的正确性产生负面影响。对于此类案件，采取强制撤销原判并发回重审的措施，既有助于保障被告人的合法权益，也有利于维护程序正义。

五、本案评析

1. 本案中，罗某有权提起上诉

加拿大籍被告人罗某在我国犯罪，具备属地因素，因此适用我国刑事诉讼程序。根据我国《刑事诉讼法》第227条关于上诉人范围的规定，罗某具备上诉资格。同时，根据上诉期限的要求，被告人若对一审判决不服的，应在十日内提起上诉。因此，在规定期限内，罗某可以行使上诉权。

2. 本案不违反上诉不加刑原则

依据我国《刑事诉讼法》第237条的规定，第二审人民法院发回原审人民法院重新审判的案件，除有新的犯罪事实，人民检察院补充起诉的以外，原审人民法院不得加重被告人的刑罚。本案发回重审期间，检察机关补充了新事实、新证据。因此发回重审后，本案不适用上诉不加刑原则，可以加重被告人的刑罚。

【实操分析】

一、在适用量刑方面

在刑事案件审理过程中，会出现犯罪期间发现新事实或者新证据的情形，这些新的事实和证据可能会对被告人的定罪和量刑产生影响。针对这种情况，我国检察机关有向法院申请补充侦查的权力。当检察机关发现新的证据或者事实时，可以向法院申请补充侦查，将新事实和新证据纳入案件审理过程中。补充侦查制度的设立，旨在确保案件事实清楚、证据确实充分。在实际操作中，补充侦查的申请需要遵循一定的程序。首先，检察机关应当对新的证据或者事实进行审查，确认其对案件审理具有实质性影响。其次，检察机关需向法院提交补充侦查申请，说明补充侦查的理由和目的。法院在收到申请后，应依法进行审查，并根据案件的具体情况决定是否同意补充侦查。

补充侦查的实施过程中，检察机关与法院、公安机关等相关部门沟通协调，确保补充侦查工作的顺利进行。在补充侦查结束后，检察机关将侦查结果及时提交法院，以便法院对案件进行进一步审理。

二、在国际舆论方面

一些国家已废除死刑，其涉外被告人被我国法院判处死刑，难免会引起国际社会的关注和争议。因此在处理这类案件中，首先，应当遵循国际公约和人权法规，确保不侵犯被告人的合法权益。其次，必须保证司法程序的公正和透明。从侦查、起诉到审判，各个环节都应严格依法进行。再次，加强对死刑问题的宣传教育，让公众了解死刑的合理性和必要性，同时也要认识到死刑问题的复杂性和敏感性。通过正确的舆论引导，可以减少社会对死刑问题的误解和偏见。最后，对于被判死刑的被告人，应在法律允许的范围内，给予适当的人道主义关怀。

【思考题】

（1）涉外刑事诉讼中第二审案件是否应当以开庭审理为原则？

（2）涉外刑事诉讼中死刑立即执行案件的复核程序是怎样规定的？

第二节 涉外刑事诉讼的审判监督程序

涉外刑事诉讼的审判监督程序是司法体系中纠正误判的特殊程序，当发现原判决确有错误的时候，可以依照这一程序加以纠正，以确保涉外刑事诉讼活动合法，裁判无误。由于涉外刑事诉讼具有特殊性和复杂性，因此，审判监督程序不仅要遵循我国刑事诉讼法的基本原则和规定，还要充分考虑涉外因素的存在，以实现司法主权的维护和国际法律义务的履行。

案例二 罗某故意伤害案[①]

【基本案情】

2015年10月4日15时许，罗某因冯某拖欠其挖掘机作业费，纠集了姚某、何某、邓某、袁某等人，前往广东省乐昌市廊田镇白平村委会付村周塘岭冯某的养殖猪场，要求冯某（加拿大国籍）支付费用。由于双方意见不合，发生了争执，罗某等人使用铁管对冯某进行了殴打，导致其左足骨折和头部、右肘部软组织挫伤。经鉴定，冯某的损伤为轻伤二级。罗某在案发后主动投案，并如实供述了自己的犯罪事实。2015年

[①] 参见广东省乐昌市人民法院（2016）粤0281刑再1号刑事判决书。

10月4日，罗某因涉嫌故意伤害被乐昌市公安局行政拘留十五日并罚款人民币一千元，同年12月3日被取保候审，2016年5月25日再次被取保候审。

2016年8月19日，乐昌市中级人民法院对乐昌市人民检察院指控罗某犯故意伤害罪一案进行了审理并作出判决。法院认为，罗某因纠纷未采取正当途径解决，而是纠集多人持械故意伤害他人身体，致一人轻伤，其行为已构成故意伤害罪。鉴于其主动投案并如实供述犯罪事实，构成自首，依法可从轻或减轻处罚。因此，判决罗某犯故意伤害罪，判处有期徒刑九个月，缓刑一年六个月。

该刑事判决发生法律效力后，乐昌市中级人民法院于2016年12月30日决定对本案刑事部分进行再审。法院依法另行组成合议庭，公开开庭进行了审理。再审期间，罗某对原公诉机关指控的犯罪事实和罪名无异议，并请求给予缓刑判决。原公诉机关乐昌市人民检察院认为，罗某故意伤害他人身体致轻伤，构成故意伤害罪，但有自首情节，请求法院依法认定。

2017年3月13日，罗某与被害人冯某达成调解协议，一次性赔偿冯某经济损失35000元，赔偿款已同日付清。鉴于冯某为加拿大国籍，本案属于涉外刑事案件。虽然原判认定了冯某的外国人身份，但在审理过程中未按照法律规定的涉外刑事案件程序进行，未将开庭时间、地点、是否公开审理等事项以及宣判的时间、地点通报同级人民政府外事主管部门，并通知有关国家驻华使、领馆。在案件宣判后，也未将处理结果通报同级人民政府外事主管部门。

在本案再审开庭前，乐昌市中级人民法院依法将原审被告人罗某故意伤害一案的开庭时间、地点、公开审理等事项及时通报乐昌市人民政府外事主管部门（乐昌市外事侨务局），并通知有关国家驻华使、领馆。乐昌市中级人民法院认为，罗某的行为已构成故意伤害罪。鉴于其能主动投案并如实供述犯罪事实，构成自首，依法可从轻或减轻处罚。原判认定事实清楚，证据充分，定罪准确，量刑适当。但由于本案属于涉外刑事案件，原判违反了涉外刑事案件审判程序。为此，在再审时已依法予以纠正。而鉴于罗某有自首情节且与被害人达成赔偿协议，有悔罪表现，依法可以从轻处罚并适用缓刑。因此，维持原判决第一项，即被告人罗某犯故意伤害罪，判处有期徒刑九个月，缓刑一年六个月。

【主要法律问题】

（1）提起本案审判监督程序的主体是否合理？
（2）本案被提起审判监督程序的原因是什么？

【主要法律依据】

《中华人民共和国刑事诉讼法》（2018年10月修正）

第254条　各级人民法院院长对本院已经发生法律效力的判决和裁定，如果发现在认定事实上或者在适用法律上确有错误，必须提交审判委员会处理。

最高人民法院对各级人民法院已经发生法律效力的判决和裁定，上级人民法院对下级人民法院已经发生法律效力的判决和裁定，如果发现确有错误，有权提审或者指令下级人民法院再审。

最高人民检察院对各级人民法院已经发生法律效力的判决和裁定，上级人民检察院对下级人民法院已经发生法律效力的判决和裁定，如果发现确有错误，有权按照审判监督程序向同级人民法院提出抗诉。

人民检察院抗诉的案件，接受抗诉的人民法院应当组成合议庭重新审理，对于原判决事实不清楚或者证据不足的，可以指令下级人民法院再审。

第 256 条　人民法院按照审判监督程序重新审判的案件，由原审人民法院审理的，应当另行组成合议庭进行。如果原来是第一审案件，应当依照第一审程序进行审判，所作的判决、裁定，可以上诉、抗诉；如果原来是第二审案件，或者是上级人民法院提审的案件，应当依照第二审程序进行审判，所作的判决、裁定，是终审的判决、裁定。

《最高人民法院关于适用〈中华人民共和国刑事诉讼法〉的解释》（2021 年 3 月 1 日起施行）

第 466 条　原审人民法院审理依照审判监督程序重新审判的案件，应当另行组成合议庭。

原来是第一审案件，应当依照第一审程序进行审判，所作的判决、裁定可以上诉、抗诉；原来是第二审案件，或者是上级人民法院提审的案件，应当依照第二审程序进行审判，所作的判决、裁定是终审的判决、裁定。

第 469 条　除人民检察院抗诉的以外，再审一般不得加重原审被告人的刑罚。再审决定书或者抗诉书只针对部分原审被告人的，不得加重其他同案原审被告人的刑罚。

第 480 条　需要向有关国家驻华使领馆通知有关事项的，应当层报高级人民法院，由高级人民法院按照下列规定通知：

（一）外国籍当事人国籍国与我国签订有双边领事条约的，根据条约规定办理；未与我国签订双边领事条约，但参加《维也纳领事关系公约》的，根据公约规定办理；未与我国签订领事条约，也未参加《维也纳领事关系公约》，但与我国有外交关系的，可以根据外事主管部门的意见，按照互惠原则，根据有关规定和国际惯例办理；

（二）在外国驻华领馆领区内发生的涉外刑事案件，通知有关外国驻该地区的领馆；在外国领馆领区外发生的涉外刑事案件，通知有关外国驻华使馆；与我国有外交关系，但未设使领馆的国家，可以通知其代管国家驻华使领馆；无代管国家、代管国家不明的，可以不通知；

（三）双边领事条约规定通知时限的，应当在规定的期限内通知；没有规定（原为"无双边领事条约规定"）的，应当根据或者参照《维也纳领事关系公约》和国际惯例尽快通知，至迟不得超过 7 日；

（四）双边领事条约没有规定必须通知，外国籍当事人要求不通知其国籍国驻华使领馆的，可以不通知，但应当由其本人出具书面声明。

高级人民法院向外国驻华使领馆通知有关事项，必要时，可以请人民政府外事主管部门协助。

【理论分析】

一、提起审判监督程序的主体

审判监督程序是指人民法院、人民检察院对已经发生法律效力的判决和裁定发现认定事实或适用法律确有错误，依法提起或者决定重新审判，以及进行重新审判所应遵循的特别程序。有时也称审判监督程序为"再审程序"。

有权提起审判监督程序的主体，限于下列机关、人员和组织。

1. 各级法院院长和审判委员会

各级法院院长和审判委员会提起再审的对象，只能是本院的生效裁判。这里的"本院的生效裁判"，包括本院的一审生效裁判、二审终审裁判和核准的裁判。如果原一审属于本院，后来又经过二审终审的案件，一审法院发现确有错误，则一审法院院长及审判委员会无权提交和决定再审，只能向二审法院提出意见，由二审法院决定是否提起再审。如果二审法院经依法提交和讨论，决定提起再审的，既可以由本院重新审判，也可以发回原审法院重新审判。

2. 最高人民法院和上级人民法院

具体来说，最高人民法院和上级人民法院有权提起审判监督程序。最高人民法院和上级人民法院对下级法院生效裁判提起审判监督程序的两种方式是提审和指令下级人民法院再审。提审，指最高人民法院或上级人民法院将案件提至本院进行审判的一种方式。当原判决、裁定在事实认定上正确但法律适用上存在错误，或案件具有疑难、复杂、重大的特性，又或存在不宜由原审人民法院审理的情形时，可采用提审方式。指令再审，是指最高人民法院或上级法院指示原审或本级法院的其他下级法院重新审判的方式。当上级人民法院发现下级人民法院已经发生法律效力的判决、裁定存在明显错误时，可指令下级人民法院进行再审。

3. 最高人民检察院和上级人民检察院

具体而言，最高人民检察院有权对最高人民法院和地方各级人民法院的生效错判案件依照审判监督程序提出抗诉。地方各级人民检察院发现同级人民法院或下级人民检察院发现上级人民法院的判决、裁定确有错误，无权提出抗诉，只能提出《提请抗诉报告书》，请求上级人民检察院向同级人民法院提出抗诉，是否提出抗诉，由接到请求的人民检察院决定。对人民检察院依照审判监督程序提出抗诉的案件，人民法院应当在收到抗诉书后一个月内立案。但是，有下列情形之一的，应当区别情况予以处理：（1）对不属于本院管辖的，应当将案件退回人民检察院；（2）按照抗诉书提供的住址无法向被抗诉的原审被告人送达抗诉书的，应当通知人民检察院在三日内重新提供原审被告人的住址；逾期未提供的，将案件退回人民检察院；（3）以有新的证据为由提出抗诉，但未附相关证据材料或者有关证据不是指向原起诉事实的，应当通知人民检察院在三日内补送相关材料；逾期未补送的，将案件退回人民检察院。决定退回的抗诉案件，人民检察院经补充相关材料后再次抗诉，经审查符合受理条件的，人民法院应当受理。

对人民检察院依照审判监督程序提出抗诉的案件，接受抗诉的人民法院应当组成合议庭审理。对原判事实不清、证据不足，包括有新的证据证明原判可能有错误，需要指令下级人民法院再审的，应当在立案之日起一个月内作出决定，并将指令再审决定书送达抗诉的人民检察院。

二、提起审判监督程序的条件

提起审判监督程序的条件，也称提起审判监督程序的理由，已经发生法律效力的判决和裁定，如果发现在认定事实上或者在适用法律上确有错误的可以提起审判监督程序，对于"确有错误"具体包括认定事实上的错误和适用法律上的错误。

1. 原裁判在认定事实上的错误

原裁判在认定事实上的错误包括事实不清和证据不确实、充分两个方面。所谓事实不清，是指原裁判所认定的主要犯罪事实不清或罪与非罪不清，或此罪彼罪不明，或影响定罪量刑的重大情节不清楚或者一罪数罪不清及共同犯罪中各被告人的罪责相混淆等；所谓证据不确实、充分，是指认定案件事实的证据被错误认定为真实，或者证据与案件事实之间被错误认定为有关联性，或者证据之间有矛盾且矛盾不能得以合理排除，或者所得的结论不唯一，不能排除其他可能等，上述情形只要具备其中之一者，均属于原裁判在认定事实上确有错误。

2. 原裁判在适用法律上的错误

适用法律上的错误，首先，是指适用实体法的错误。由于适用法条有误致使定性不准，混淆了罪与非罪的界限，或者将此罪定为彼罪、轻罪定为重罪、重罪定为轻罪，从而造成量刑畸轻畸重。其次，是适用程序法的错误，主要是指原审人民法院严重违反刑事诉讼程序。即我国《刑事诉讼法》第238条规定的，违反公开审判、回避制度、审判组织不合法及剥夺或限制当事人的法定权利可能影响公正审判等情形。对此，该条规定第二审人民法院发现第一审人民法院的审理有下列违反法律规定的诉讼程序的情形之一的，应当裁定撤销原判，发回原审人民法院重新审判。既然第二审人民法院"应当"据此撤销原判，发回原审人民法院重新审判。那么，在裁判生效后发现有上述情形之一的，当然也应当理解为适用法律上确有错误，作为提起审判监督程序的理由或条件。

三、审判监督程序对案件的处理

1. 再审不加刑原则

禁止人民法院主动提起不利于被告人的审判监督程序，被告人申诉开启审判监督程序的，不能对被告人加重刑罚，该原则确保了人民法院不会主动发起可能对被告人不利的再审程序。除非检察机关提出再审请求，无论是人民法院主动提起的再审还是被告人申诉引发的再审，均不得对原审被告人施加更严厉的刑罚。最高人民法院在制定这一规定时，在一定程度上借鉴了西方法律体系中的"禁止不利变更"原则。

2. 再审审理后对于案件的具体处理

再审案件经过重新审理后，应当按照下列情形分别处理：（1）原判决、裁定认定事实和适用法律正确、量刑适当的，应当裁定驳回申诉或者抗诉，维持原判决、裁定；（2）原判决、裁定定罪准确、量刑适当，但在认定事实、适用法律等方面有瑕疵的，应当裁定纠正并维持原判决、裁定；（3）原判决、裁定认定事实没有错误，但适用法律错误，或者量刑不当的，应当撤销原判决、裁定，依法改判；（4）依照第二审程序审理的案件，原判决、裁定事实不清或者证据不足的，可以在查清事实后改判，也可以裁定撤销原判，发回原审人民法院重新审判。另外，原判决、裁定事实不清或者证据不足，经审理事实已经查清的，应当根据查清的事实依法裁判；事实仍无法查清，证据不足，不能认定被告人有罪的，应当撤销原判决、裁定，判决宣告被告人无罪。根据《最高人民法院关于适用〈中华人民共和国刑事诉讼法〉的解释》第473条的规定，原判决、裁定认定被告人姓名等身份信息有误，但认定事实和适用法律正确、量刑适当的，作出生效判决、裁定的人民法院可以通过裁定对有关信息予以更正。第474条规定，对再审改判宣告无罪并依法享有申请国家赔偿权利的当事人，人民法院宣判时，应当告知其在判决发生法律效力后可以依法申请国家赔偿。

四、本案评析

1. 本案开启刑事审判监督程序的主体是原审法院

本案中乐昌市中级人民法院发现原审审理过程中存在程序违法行为，主动开启审判监督程序进行纠正，符合我国《刑事诉讼法》第254条中关于审判监督程序的启动主体的相关规定。各级人民法院院长对本院已经发生法律效力的判决和裁定，如果发现在认定事实上或者在适用法律上确有错误的，可以提起审判监督程序，但必须提交审判委员会处理。

2. 本案因原审适用法律确有错误，原审法院开启审判监督程序再次审理

本案属于我国公民对外国、外国人犯罪的涉外案件，原审虽然认定了被害人冯某的外国籍身份，但是审理过程中，并未按照刑事诉讼程序要求，在受理涉外刑事案件后，将开庭时间、地点、是否公开审理等事项以及宣判的时间、地点通报同级人民政府外事主管部门，并通知有关国家驻华使、领馆。在案件宣判后，也未将处理结果通报同级人民政府外事主管部门。这属于适用程序法有误的情形，符合提起审判监督程序的理由。

【实操分析】

涉外刑事案件是指属人或属地具有涉外因素，以及属于普遍管辖的案件。不仅包括外国人在我国领域内犯罪的案件，还包括我国公民对外国、外国人犯罪的案件。对于被害人是外国人的涉外刑事案件，也不应忽略将涉外案件信息通知相关部门的义务。

刑事诉讼程序是动态的过程，在再审阶段如有新事实或新证据出现，应结合这些新情况对原审判决作出改判。在本案中，再审期间，被告罗某对被害人冯某进行了赔偿，并达成赔偿协议。据此，法院在再审时认定罗某具备悔罪表现，对其改判适用缓刑。

【思考题】

（1）涉外刑事案件中被告人是外国人和被害人是外国人的通报、通知程序是否不同？

（2）涉外刑事案件中被害人是否可以开启审判监督程序？

第三节　涉外刑事诉讼的死刑复核程序

死刑复核程序是指法院对判处死刑的案件进行审核的特别审判程序。与一般审判程序相比，死刑复核程序更加严谨，要求更高。这是因为死刑案件涉及被告人的生命权，必须确保司法公正和准确无误。参与死刑复核的法官和工作人员必须保持严谨的态度，对待每一个案件都要认真负责，体现我国法治的严肃性和权威性。死刑复核程序注重保障人权，确保司法公正。在死刑复核过程中，法院会对案件进行全面审查，对可能存在的冤假错案进行纠正，这有助于维护社会公平正义，保障人民群众的切身利益。

案例三　秦某故意杀人案[1]

【基本案情】

广西壮族自治区北海市中级人民法院审理广西壮族自治区北海市人民检察院指控被告人秦某犯故意杀人罪、原审附带民事诉讼原告人卢某提起附带民事诉讼一案，于2016年5月12日作出刑事附带民事裁定，准许附带民事诉讼原告人卢某撤回起诉，并于同月23日作出刑事判决，认定被告人秦某犯故意杀人罪，判处死刑，缓期二年执

---

[1] 参见广西壮族自治区高级人民法院（2016）桂刑核82066233号刑事判决书。

行,剥夺政治权利终身。本案在法定期限内没有上诉、抗诉。广西壮族自治区北海市中级人民法院依法报送自治区高级人民法院核准。

该院依法组成合议庭对本案进行了复核。该院认为,本案属于我国公民侵犯外国人合法权利的涉外刑事案件,原审违反涉外刑事案件审理的法定诉讼程序,可能影响公正审判。依照我国相关法律规定,裁定不核准被告人秦某犯故意杀人罪,判处死刑,缓期二年执行,剥夺政治权利终身的刑事判决。

【主要法律问题】

(1) 本案中进行死刑复核程序的司法机关分别是哪几个?
(2) 本案死刑缓期二年执行的判决为何不被核准?

【主要法律依据】

《中华人民共和国刑事诉讼法》(2018年10月修正)

第246条 死刑由最高人民法院核准。

第247条 中级人民法院判处死刑的第一审案件,被告人不上诉的,应当由高级人民法院复核后,报请最高人民法院核准。高级人民法院不同意判处死刑的,可以提审或者发回重新审判。

高级人民法院判处死刑的第一审案件被告人不上诉的,和判处死刑的第二审案件,都应当报请最高人民法院核准。

第248条 中级人民法院判处死刑缓期二年执行的案件,由高级人民法院核准。

第249条 最高人民法院复核死刑案件,高级人民法院复核死刑缓期执行的案件,应当由审判员三人组成合议庭进行。

第250条 最高人民法院复核死刑案件,应当作出核准或者不核准死刑的裁定。对于不核准死刑的,最高人民法院可以发回重新审判或者予以改判。

第251条 最高人民法院复核死刑案件,应当讯问被告人,辩护律师提出要求的,应当听取辩护律师的意见。

在复核死刑案件过程中,最高人民检察院可以向最高人民法院提出意见。最高人民法院应当将死刑复核结果通报最高人民检察院。

《最高人民法院关于适用〈中华人民共和国刑事诉讼法〉的解释》(2021年3月1日起施行)

第428条 高级人民法院复核死刑缓期执行案件,应当按照下列情形分别处理:

(一) 原判认定事实和适用法律正确、量刑适当、诉讼程序合法的,应当裁定核准;

(二) 原判认定的某一具体事实或者引用的法律条款等存在瑕疵,但判处被告人死刑缓期执行并无不当的,可以在纠正后作出核准的判决、裁定;

(三) 原判认定事实正确,但适用法律有错误,或者量刑过重的,应当改判;

（四）原判事实不清、证据不足的，可以裁定不予核准，并撤销原判，发回重新审判，或者依法改判；

（五）复核期间出现新的影响定罪量刑的事实、证据的，可以裁定不予核准，并撤销原判，发回重新审判，或者依照本解释第271条的规定审理后依法改判；

（六）原审违反法定诉讼程序，可能影响公正审判的，应当裁定不予核准，并撤销原判，发回重新审判。

复核死刑缓期执行案件，不得加重被告人的刑罚。

第429条 最高人民法院复核死刑案件，应当按照下列情形分别处理：

（一）原判认定事实和适用法律正确、量刑适当、诉讼程序合法的，应当裁定核准；

（二）原判认定的某一具体事实或者引用的法律条款等存在瑕疵，但判处被告人死刑并无不当的，可以在纠正后作出核准的判决、裁定；

（三）原判事实不清、证据不足的，应当裁定不予核准，并撤销原判，发回重新审判；

（四）复核期间出现新的影响定罪量刑的事实、证据的，应当裁定不予核准，并撤销原判，发回重新审判；

（五）原判认定事实正确、证据充分，但依法不应当判处死刑的，应当裁定不予核准，并撤销原判，发回重新审判；根据案件情况，必要时，也可以依法改判；

（六）原审违反法定诉讼程序，可能影响公正审判的，应当裁定不予核准，并撤销原判，发回重新审判。

【理论分析】

一、涉外案件死刑复核程序的特点

死刑复核程序作为我国刑事诉讼中的一项重要特殊程序，其独特性主要体现在以下几个方面：其一，该程序仅针对被判处死刑立即执行或死刑缓期二年执行的案件，具有严格的适用范围；其二，对于此类案件，不遵循常规的两审终审制度。即便案件经过第二审程序，其裁判结果也不具备法律效力，只有经过死刑复核程序之后，方可产生法律效力（最高人民法院作出的裁判除外）；其三，死刑复核程序的启动是自动进行的，无须当事人主动推动，亦无须人民检察院提出抗诉；其四，死刑复核权的行使主体为最高人民法院，确保了复核程序的权威性和公正性。

死刑核准权，是指特定的法院对死刑判决、裁定进行审核与批准的权限。这一权力关系到生命的赋予与剥夺，在行使这一权力时，必须格外谨慎。为确保该权力不被滥用，要求权力的归属明确，即行使该权力的机关要特定化；行使该权力的机关的行政级别应较高，避免随意下放权力，确保死刑适用标准统一，防止实体或程序上的不公正。根据法律规定，死刑立即执行案件由最高人民法院进行核准，死刑缓期二年执行案件由高级人民法院核准。

而对于涉外案件来说，由于很多国家已经废止了死刑，而我国保留有死刑，对于外国籍或者无国籍被告人在适用死刑上可以有所谦抑，在死刑复核当中应当格外谨慎，充分保障被告人的合法诉讼权利，并有效履行国际条约和国内立法所确立的领事通知和领事探视等制度。

二、死刑立即执行案件报请核准的具体要求

第一，中级人民法院判处死刑的第一审案件，被告人不上诉、人民检察院不抗诉的，在上诉、抗诉期满后十日以内报请高级人民法院复核。高级人民法院同意判处死刑的，依法作出裁定，并应当在作出裁定后十日内报请最高人民法院核准；高级人民法院不同意判处死刑的，应当依照第二审程序提审或者发回重新审判。

第二，中级人民法院判处死刑的第一审案件，被告人上诉或者人民检察院抗诉，高级人民法院终审裁定维持死刑判决的，应当在作出裁定十日内报请最高人民法院核准。

第三，高级人民法院判处死刑的第一审案件，被告人未上诉、人民检察院未抗诉的，应当在上诉、抗诉期满后十日内报请最高人民法院核准。

第四，依法应当由最高人民法院核准的死刑案件，判处死刑缓期二年执行的罪犯，在死刑缓期执行期间，如果故意犯罪，查证属实，应当执行死刑的，由高级人民法院报请最高人民法院核准。

对于中级人民法院判处死刑缓期二年执行的案件，由高级人民法院核准，即死刑缓期二年执行案件的核准权归属于高级人民法院。这类案件报请核准，具体要求如下：

第一，中级人民法院判处死刑缓期二年执行的案件，被告人未上诉，人民检察院未抗诉的，应当报请高级人民法院核准。高级人民法院同意判处死刑缓期二年执行的，应当裁定予以核准；如果认为事实不清、证据不足的，应当裁定发回原审法院重新审判，重新审判所作的判决、裁定，被告人可以提出上诉，人民检察院可以提出抗诉；如果认为原判量刑过重的，高级人民法院应当依法改判。

第二，中级人民法院判处死刑缓期二年执行的案件，被告人提出上诉或者人民检察院提出抗诉的，高级人民法院经过第二审程序，同意判处死刑缓期二年执行的，作出维持原判并核准死刑缓期二年执行的裁定；不同意判处死刑缓期二年执行的，应当作出不核准的裁定。如果认为原判量刑过重，应当依法改判；如果认为事实不清、证据不足的，应当裁定发回重新审判。

第三，高级人民法院核准死刑缓期二年执行的案件，应当作出核准或者不核准的裁定，不得加重被告人的刑罚，也不得以提高审级等方式变相加重被告人的刑罚。

第四，高级人民法院判处死刑缓期二年执行的一审案件，被告人不上诉、人民检察院不抗诉的，即应作出核准死刑缓期二年执行的裁定。

无论是中级人民法院报请核准，还是高级人民法院判决并核准的死刑缓期二年执行的案件，以及直接改判的案件，均是发生法律效力的案件，这些裁判应当立即交付执行。

三、本案评析

本案中，被告人被原审法院判处死刑缓期执行，应由广西壮族自治区高级人民法院进行复核。依据是《刑事诉讼法》第246条，即死刑由最高人民法院核准。该法第247条规定："中级人民法院判处死刑的第一审案件，被告人不上诉的，应当由高级人民法院复核后，报请最高人民法院核准。高级人民法院不同意判处死刑的，可以提审或者发回重新审判。"

本案属于我国公民侵犯外国人合法权利的涉外刑事案件，原审违反涉外刑事案件审理的法定诉讼程序，可能影响公正审判。依据《最高人民法院关于适用〈中华人民共和国刑事诉讼法〉的解释》第428条，高级人民法院复核死刑缓期执行案件，原审违反法定诉讼程序，可能影响公正审判的，应当裁定不予核准，并撤销原判，发回重新审判。

【实操分析】

一、在涉外刑事诉讼中，办理死刑案件要坚持重证据、不轻信口供的原则

只有被告人供述，没有其他证据的，不能认定被告人有罪；没有被告人供述，其他证据确实充分的，可以认定被告人有罪。对刑讯逼供取得的犯罪嫌疑人供述、被告人供述和以暴力、威胁等非法方法收集的被害人陈述、证人证言，不能作为定案的根据。对被告人作出有罪判决的案件，必须严格按照《刑事诉讼法》第162条的规定，做到"事实清楚，证据确实、充分"。证据不足，不能认定被告人有罪的，应当作出证据不足、指控的犯罪不能成立的无罪判决。

二、在涉外刑事诉讼中，要做好判处被告人死刑后的社会稳定工作

要提高对死刑判决或非死刑判决而引发的缠诉、上访和群体性过激事件的重视程度。深入倾听来访者的诉求，并迅速采取有效措施进行疏导、安抚和制止，以防止事态进一步升级。建立死刑案件上访闹访应急处置工作机制，确保上下级法院之间的信息畅通，及时沟通情况。尽量将问题解决在当地，以切实维护司法权威，确保社会的和谐稳定。

【思考题】

涉外刑事案件中死刑复核程序是否需要通报、通知程序？

第十章

涉外刑事司法协助

本章知识要点

（1）司法协助是国家间根据某一国当局的请求而履行的司法方面的国家协助行为。（2）我国的涉外刑事司法协助，是指中华人民共和国和外国在刑事案件调查、侦查、起诉、审判和执行等活动中相互提供协助，包括送达文书，调查取证，安排证人作证或者协助调查，查封、扣押、冻结涉案财物，没收、返还违法所得及其他涉案财物，移管被判刑人以及其他协助。（3）涉外刑事司法协助具有跨国性、程序性、互惠性的特点。

第一节 涉外刑事司法协助的界定

涉外刑事司法协助通常涉及不同国家之间在刑事司法领域的合作与协调，包含跨国犯罪的调查、引渡、证据收集等方面。近年来，全国各级司法机关办理涉外案件数量日益增多，出现了大量典型案例。这些典型案例不仅为司法实践提供了宝贵经验，维护了国际司法秩序，也促进了国际社会在涉外刑事司法领域的合作与发展。

案例一 黄某金故意杀人案[1]

【基本案情】

2004年1月，被告人黄某金与妻子持旅游签证赴日投靠朋友孟某平，一同居住。2004年7月19日中午，因被告人黄某金未陪同被害人孟某平外出购物，二人发生争执，孟某平要求黄某金立即搬出其住所，随后发生肢体冲突。黄某金持刀追刺孟某平至公寓门前的道路，追上后持刀连续刺入孟某平的胸部及背部等处。经鉴定，孟某平

---

[1] 参见上海市杨浦区人民法院（2016）沪0110刑初449号刑事判决书。

系因前胸部心脏刺创导致的瞬间大量失血而死亡,该前胸部心脏刺创系致命伤。

2004年12月17日,东京地方法院以被告人黄某金犯故意杀人罪、非法滞留罪,合并判处其有期徒刑十一年。被害人孟某平家属认为日本法院判罚过轻,坚持要求我国司法机关追究被告人黄某金的刑事责任。2014年12月2日,黄某金在日本被假释。同年12月12日,上海市公安局在虹桥国际机场将被日本遣返回国的黄某金抓获,以涉嫌故意杀人罪对黄某金刑事拘留,羁押于上海市看守所。黄某金在接受上海市公安局侦查员讯问时,辩称日本司法机关伪造证据、制造假案,且情绪激动,但黄某金在日本法院接受审判时认罪态度较好,且从移送的证据材料看,黄某金所谓日方制造假案的辩解没有任何依据。对此,上海市公安局认为有必要对其进行精神病鉴定,于2014年12月17日至2016年1月4日,申请并委托复旦大学医学院司法鉴定中心对犯罪嫌疑人黄某金进行精神病司法鉴定,鉴定结论为:黄某金目前无精神病、具有受审能力。

2015年1月28日,上海市公安局根据《中华人民共和国和日本国关于刑事司法协助的条约》(以下简称《中日刑事司法协助条约》),通过公安部向日本法务省提出刑事司法协助请求,拟与上海市人民检察院第二分院共同组成工作小组赴日调取黄某金故意杀人案的证据材料。赴日前,检察机关针对案件事实提出调查核实建议,会同公安机关拟定了《黄某金故意杀人案赴日工作提纲》,先行将该工作提纲提供给日方,拟从提取物证、现场调查、询问证人、询问鉴定人、了解黄某金假释情况等方面开展调查,并专门和工作组主检法医商定了询问司法解剖执刀医生的方案。2015年12月7日至12月12日,上海市公安局刑侦部门与上海市人民检察院第二分院侦查监督部门组成联合工作组,赴日本调查核实证据。在日期间,日本警方根据联合工作组的要求,对担任本案司法解剖的执刀医生、鉴定书制作人以及侦查人员进行询问,赴案发现场再次勘查周边地形环境、被害人被害位置以及目击证人案发时所处位置,并出具相应的答复书、报告书。上述材料以及日本转递的东京地方法院判决认定的相关证据均依照《中日刑事司法协助条约》规定的方式获取,并由日本法务省盖章确认,具备了相应的证据资格。

2016年1月12日,上海市人民检察院第二分院批准逮捕黄某金。2016年5月24日,上海市杨浦区人民检察院以被告人黄某金犯故意杀人罪向上海市杨浦区人民法院提起公诉。2017年4月6日,上海市杨浦区人民法院经审理认为,被告人黄某金持刀故意非法剥夺他人生命,符合我国《刑法》关于故意杀人罪的规定,公诉机关指控的罪名成立,鉴于被告人黄某金已在外国受过刑罚处罚,以故意杀人罪判处黄某金有期徒刑八年。黄某金不服一审判决,提出上诉。2017年6月7日,上海市第二中级人民法院裁定驳回上诉,维持原判。

【主要法律问题】

(1) 本案中刑事司法协助的程序是什么?
(2) 本案中所获得的境外证据是否可以作为定案依据?

【主要法律依据】

《中华人民共和国和日本国关于刑事司法协助的条约》（2007年12月1日签署）

第1条 一、一方应另一方请求，应当根据本条约的规定，在侦查、起诉和其他刑事诉讼程序方面提供最广泛的司法协助（以下称"协助"）。

二、协助应当包括：

（一）获取包括证言、陈述、文件、记录和物品在内的证据；

（二）执行搜查和扣押；

（三）进行专家鉴定以及对人员、场所、文件、记录或者物品进行检查和勘验；

（四）查找或者辨认人员、场所、文件、记录或物品；

（五）提供被请求方立法、行政或者司法机关及地方机关持有的文件、记录或者物品；

（六）邀请有关人员前往请求方作证或者在侦查、起诉或者其他诉讼程序中提供协助；

（七）移送在押人员以便作证或者在侦查、起诉或者其他诉讼程序中提供协助；

（八）送达刑事诉讼文书；

（九）为有关没收犯罪所得或者犯罪工具的程序以及其他有关措施提供协助；

（十）提供犯罪记录；

（十一）被请求方法律许可并由双方中央机关商定的其他协助。

第2条 一、双方应当指定中央机关，履行本条约规定的职能。在中华人民共和国方面，中央机关为司法部或者公安部。在日本国方面，中央机关为法务大臣或者国家公安委员会或者由他们指定的人。

二、本条约规定的协助请求应当由请求方中央机关向被请求方中央机关提出。

三、为本条约的目的，双方中央机关应当直接相互联系。

四、对中央机关指定的变更可以由双方通过外交途径书面商定，无须修正本条约。

第4条 一、请求方中央机关应当以书面方式提出请求，并由请求方中央机关签名或者盖章。经被请求方中央机关认为适当，请求方中央机关也可以通过其他可靠联系方式提出请求。在此情形下，除非双方中央机关另行商定，请求方中央机关应当随后迅速以书面形式确认该请求。请求书应当附有被请求方文字的译文或者在紧急情况下附有英文译文，除非双方中央机关另行约定。

二、请求书应当包括以下内容：

（一）负责进行侦查、起诉或者其他诉讼程序的主管机关的名称；

（二）侦查、起诉或者其他诉讼程序所涉案件的事实；侦查、起诉或者其他诉讼程序的性质和阶段；请求方的有关法律文本；

（三）关于请求提供的协助的说明；

（四）关于请求提供协助的目的的说明。

三、在必要和可能的范围内，请求还应当包括以下内容：

（一）关于被调取证据的人员的身份和所在地的资料；

（二）获取或者记录证据的方式；

（三）向被调取证据的人员询问的问题单；

（四）关于被搜查的人员或者场所以及查找的文件、记录或者物品的准确说明；

（五）关于被检查的人员、场所、文件、记录或者物品的资料；

（六）关于对人员、场所、文件、记录或者物品进行检查或者对上述检查予以记录的方式的说明，包括关于检查的任何书面记录格式；

（七）关于被查找或者辨认的人员、场所、文件、记录或者物品的资料；

（八）关于受送达人的身份和地址、该人与诉讼的关系及送达方式的情况；

（九）关于认为犯罪所得或者犯罪工具可能位于被请求方境内的理由的说明；

（十）关于执行请求时希望遵循的特别程序及其理由的说明；

（十一）关于被邀请前往请求方境内作证或者为调查、起诉或者其他诉讼程序提供协助的人员有权得到的津贴和费用的说明；

（十二）关于对请求予以保密的理由的说明；

（十三）关于希望请求得以执行的时限的说明；

（十四）其他应当提请被请求方注意或者有助于执行请求的信息。

四、被请求方如果认为请求中包括的内容未能满足本条约规定的使该请求得以执行的条件，被请求方中央机关可以要求提供补充资料。

第 9 条 一、被请求方应当调取证据。如果有必要采取强制措施，并且请求中包含表明根据被请求方法律有理由采取这些措施的信息，被请求方应当采取包括搜查和扣押在内的强制措施。

二、被请求方应当在不违背本国法律的范围内，尽最大努力允许请求中指明的调取证据的人员在执行请求时到场，并且允许这些人员询问被调取证据的人。如果不允许直接询问，这些人员可以向被调取证据的人书面提问。

三、为第二款的目的，被请求方中央机关应当根据请求，将执行请求的日期和地点提前通知请求方中央机关。

四、（一）如果根据本条被调取证据的人员，根据请求方法律主张豁免、无行为能力或者特权，仍然应当调取证据。

（二）如果根据第（一）项调取证据，这些证据应当连同该项中提及的主张一并向请求方中央机关提供，由请求方主管机关解决该主张。

五、当请求涉及移交文件或者记录时，被请求方可以移交经证明无误的副本或者影印件。但是，当请求方明确要求移交原件时，被请求方应当尽可能满足该要求。

【理论分析】

一、涉外刑事司法协助的概念

涉外刑事司法协助,是指在跨国犯罪案件中,不同国家的司法机关基于国际条约、协议、互惠原则或其他法律依据,跨国界相互提供支持和协作,完成对犯罪行为的调查、证据收集、犯罪嫌疑人缉捕、审判、执行刑罚等刑事司法任务的过程,涵盖了国家在打击犯罪、维护法治秩序和保护公民权益方面的合作。作为一种国际法律合作机制,刑事司法协助旨在克服地域界限带来的困难,强化各国司法机关在打击跨国犯罪中的协作能力,确保刑事司法的有效性和公正性。它既是国际社会应对全球犯罪挑战的重要手段,也是现代法治国家司法主权在国际层面的延伸与互动。

因为犯罪行为、犯罪后果、犯罪嫌疑人、受害者、证据或相关法律程序具有跨国界的特性,涉外刑事司法协助涉及两个或多个国家的司法机关。参与协助的主体主要是各国的司法机关,包括但不限于警察机构、检察机关、审判机关和执行机关,有时也可能涉及其他相关政府部门如国家安全部门、外交部,或国际组织,如国际刑警组织、欧洲刑警组织等。

二、涉外刑事司法协助的特点

涉外刑事司法协助主要有跨国性、程序性、互惠性三个特点。

1. 跨国性

涉外刑事司法协助涉及不同国家之间的司法合作,具有明显的跨国性。由于各国法律制度、司法程序、证据规则等方面存在差异,这种合作需要在尊重各国主权、遵循各自国内法的前提下,协调处理法律冲突与法律适用问题。

2. 程序性

由于涉及国家间司法权力的行使,涉外刑事司法协助对程序要求极为严格,通常包括正式的书面请求、指定的中央机关转递、审查请求的合法性和合理性、执行协助行动、反馈结果等多个环节。此外,为保证证据的合法性和可采性,可能还需要履行公证、认证、翻译等手续,整个过程较为复杂。

3. 互惠性

尽管有明确的请求与被请求关系,但涉外刑事司法协助实质上是基于国际合作打击犯罪的共同目标,遵循互惠原则。一国在提供协助的同时,期待他国在其需要时得到同等程度的协助。互惠原则已成为一项国际惯例,是指双方之间依照对等条件给予对方相应的协助,包括法律上的互惠和无条约情况下的互惠。法律上的互惠是指一国(或地区)对互惠原则有明确的法律规定。无条约情况下的互惠,也就是通常意义上的互惠原则,是指国家间在没有公约或是条约义务之下,通过郑重承诺,表明在将来遇到相同情况下会给予刑事司法协助。由此可见,在国家(地区)间没有条约约束的情况下，可以按照互惠原则来进行国际刑事司法协助。因而，互惠原则可以看作条约义务的补充。

三、本案评析

1. 本案有效利用司法协助机制提高了办案质量

本案中的刑事司法协助的程序主要是：（1）提出司法协助请求。2015年1月28日，上海市公安局根据中日刑事司法协助条约，通过公安部向日本法务省正式提出了刑事司法协助请求。（2）制订工作计划。赴日调查前，检察机关与公安机关共同制定了详细的调查方案，即《黄某金故意杀人案赴日工作提纲》。该提纲包括了调查的具体内容，如提取物证、现场勘查、询问证人和鉴定人以及了解黄某金在日本的假释情况等，并预先将此提纲提供给了日方，确保合作顺畅。（3）组建联合工作组。2015年12月7日至12月12日，上海市公安局刑侦部门与上海市人民检察院第二分院侦查监督部门成立了联合工作组，共同前往日本执行调查任务。（4）实施调查。在日本期间，联合工作组协同日本警方进行了一系列的调查活动。这些调查活动包括：对司法解剖的执刀医生进行询问，向鉴定书的制作人了解鉴定过程和结论，调查并询问相关侦查人员，再次勘查案发现场，复查周边地形、被害人的遇害地点以及目击证人在案发时的位置。（5）证据收集与确认。调查结束后，日本警方根据联合工作组的要求提供了相应的答复书和报告书。所有收集到的证据材料，连同东京地方法院判决中认定的证据，均按照中日刑事司法协助条约的规定方式获取，并得到了日本法务省的盖章确认，确保这些证据在中国具有合法的证据资格。

2. 本案中所获得的境外证据可以作为定案依据

我国侦查机关对外互助合作调取的境外证据，已经由司法解释确认，可以作为定案依据。2021年3月1日起施行《最高人民法院关于适用〈中华人民共和国刑事诉讼法〉的解释》第77条规定："对来自境外的证据材料，人民检察院应当随案移送有关材料来源、提供人、提取人、提取时间等情况的说明。经人民法院审查，相关证据材料能够证明案件事实且符合刑事诉讼法规定的，可以作为证据使用，但提供人或者我国与有关国家签订的双边条约对材料的使用范围有明确限制的除外；材料来源不明或者真实性无法确认的，不得作为定案的根据。当事人及其辩护人、诉讼代理人提供来自境外的证据材料的，该证据材料应当经所在国公证机关证明，所在国中央外交主管机关或者其授权机关认证，并经中华人民共和国驻该国使领馆认证，或者履行中华人民共和国与该所在国订立的有关条约中规定的证明手续，但我国与该国之间有互免认证协定的除外。"本案中，公安机关和检察机关组成的联合工作组在日方协助下，以条约规定的程序和方式获取了相关证据材料。条约规定的日方中央机关（法务省）盖章确认证据材料的真实性，对其提供的材料也没有做不能用于中方刑事诉讼的限制，为案件成功办理奠定了基础。本案中的境外证据材料来源明确，真实性也可以确认，因此可以作为定案的根据。

【实操分析】

一、中国与外国有刑事司法协助条约的，双方依条约开展刑事司法协助

侦查机关和检察机关与外国执法、司法机关开展刑事司法合作，双方签订了刑事司法协助条约的，应依照条约规定的途径和程序进行。本案侦查机关依照中日刑事司法协助条约第一条、第二条、第四条等相关规定，通过条约指定的中方对外联系机关（公安部），以书面形式向日方提出了刑事司法协助请求。公安机关和检察机关组成的联合工作组在日方协助下，以条约规定的程序和方式获取了相关证据材料。中日刑事司法协助条约规定的日方中央机关（法务省）盖章确认证据材料的真实性，对其提供的材料也没有做不能用于中方刑事诉讼的限制，为案件成功办理奠定了基础。

二、检察机关在境外取证中积极发挥引导侦查取证作用

当案件关键证据位于境外，侦查机关赴境外取证时，检察机关可介入侦查，必要时可以随同并引导侦查机关赴境外取证。本案中，检察机关与公安机关组成联合工作组，在案件侦查阶段共同赴日取证。赴日取证前，检察机关针对案件事实提出调查核实建议，并会同公安机关拟定了《黄某金故意杀人案赴日工作提纲》，为全面调取证据做了充分准备；赴日取证期间，检察机关依照我国法律及相关司法解释，借助日本警方询问外方执法人员、实地勘查等方式，对证据来源、证据材料真实性进行了核实，在对境外证据审查方面发挥了积极作用。

【思考题】

涉外刑事司法协助有哪些特点？

第二节 涉外刑事司法协助的原则和依据

案例二 李某贪污案[①]

【基本案情】

2006年10月至2010年12月，李某利用担任财政局经济建设股股长管理该县基本建设专项资金的职务便利，伙同该股副股长张某、鄱阳县农村信用联社城区信用社主任徐某等人，采取套用以往审批手续、私自开具转账支票并加盖假印鉴、制作

---

① 参见高检发办字（2020）44号检例第74号刑事判决书。

假银行对账单等手段，骗取鄱阳县财政局基建专项资金共计人民币 9400 万元。除李某与徐某赌博挥霍及同案犯分得部分赃款外，其余赃款被李某占有。李某用上述赃款中的人民币 240 余万元为其本人及家人办理了移民新加坡的手续及在新加坡购置房产；将上述赃款中的人民币 2700 余万元通过新加坡中央人民币汇款服务私人有限公司兑换成新加坡元，转入本人及妻子在新加坡大华银行的个人账户内。后李某夫妇使用转入个人账户内的新加坡元购买房产及投资，除用于项目投资的 150 万新加坡元外，其余均被新加坡警方查封扣押，合计 540 余万新加坡元（折合人民币约 2600 余万元）。

2011 年 1 月 29 日，李某逃往新加坡。2011 年 2 月 13 日，鄱阳县人民检察院以涉嫌贪污罪对李某立案侦查，同月 16 日，上饶市人民检察院以涉嫌贪污罪对李某决定逮捕。中新两国未签订双边引渡和刑事司法协助条约，经有关部门充分沟通协商，决定依据两国共同批准加入的《联合国反腐败公约》和司法协助互惠原则，务实开展该案的国际司法合作。为有效开展工作，中央追逃办先后多次组织召开案件协调会，由监察、检察、外交、公安、审判和司法行政以及地方执法部门组成联合工作组先后 8 次赴新加坡开展工作。因中新两国最高检察机关均被本国指定为实施《联合国反腐败公约》司法协助的中央机关，其中 6 次由最高人民检察院牵头组团与新方进行工作磋商，拟定李某贪污案国际司法合作方案，相互配合，分步骤组织实施。

2011 年 2 月 23 日，公安部向国际刑警组织请求对李某发布红色通报，并向新加坡国际刑警发出协查函。2011 年 3 月初，新加坡警方拘捕李某。随后新加坡法院发出冻结令，冻结李某夫妇转移到新加坡的涉案财产。2012 年 9 月，新加坡总检察署以三项"不诚实盗取赃物罪"指控李某。2013 年 8 月 15 日，新加坡法院一审判决认定对李某的所有指控罪名成立，判处其 15 个月监禁。

为追使李某回国投案，中方依法吊销李某全家四人中国护照并通知新方。2015 年 1 月，新加坡移民局作出取消李某全家四人新加坡永久居留权的决定。2015 年 2 月 2 日，李某主动写信要求回国投案自首。2015 年 5 月 9 日，李某被遣返回国，同日被执行逮捕。2015 年 12 月 30 日，上饶市人民检察院以李某犯贪污罪，向上饶市中级人民法院提起公诉。2017 年 1 月 23 日，上饶市中级人民法院以贪污罪判处李某无期徒刑，剥夺政治权利终身，并处没收个人全部财产。扣除同案犯徐某等人已被追缴的赃款以及依照违法所得没收程序裁定没收的赃款，剩余赃款继续予以追缴。

【主要法律问题】

本案中，在中新两国未签订刑事司法协助条约的情况下如何开展跨国资产追缴？

第十章　涉外刑事司法协助

【主要法律依据】

《联合国反腐败公约》（2005年12月14日起施行）
第46条　司法协助
一、缔约国应当在对本公约所涵盖的犯罪进行的侦查、起诉和审判程序中相互提供最广泛的司法协助。

【理论分析】

一、涉外刑事司法协助的依据

涉外刑事司法协助的依据主要包括国际公约、国内法律规定和国际习惯法与一般法律原则三个方面。

1. 国际公约

国际社会为加强刑事司法合作，制定了一系列多边国际公约，这些公约成为各国进行刑事司法协助的重要法律基础，例如《联合国反腐败公约》《联合国打击跨国有组织犯罪公约》《关于向国外送达民事或商事司法文书和司法外文书公约》（尽管该公约主要针对民商事案件，但部分条款可能适用于某些刑事司法协助情形）。另外，两个国家之间签订的专门针对刑事司法协助的双边条约或协定也是刑事司法协助的重要法律依据，双边条约明确规定了双方在刑事事务中相互提供协助的具体方式、程序和范围。

2. 国内法律规定

各国在其国内立法中通常设专门章节或条款，规范本国司法机关对外提供和接受刑事司法协助的行为。这些法律规定了请求与执行协助的程序、主管机关、拒绝协助的情形、证据的使用规则等内容。如《国际刑事司法协助法》，是我国制定的专门法律，明确了国际刑事司法协助的原则、主体、程序、拒绝协助的情形等，为我国与外国进行刑事司法协助提供了全面的国内法依据。

3. 国际习惯法与一般法律原则

在某些情况下，国际习惯法和公认的法律原则（如公正、公平、善意、尊重人权等）也可以作为涉外刑事司法协助的补充依据，特别是在新兴的、未被国际公约或双边条约明确涵盖的合作领域，或者在处理特殊案件时，国际习惯法和一般法律原则可以提供指导和解释。

二、涉外刑事司法协助的原则

涉外刑事司法协助的原则是指在不同国家间进行刑事司法合作时必须遵循的一系列基本准则，它们构成国际合作的基石，确保协助活动的合法性、公正性和有效性。

1. 主权原则

国家主权是国际法的基础，各国在提供或接受刑事司法协助时必须尊重彼此的主权。这意味着请求和执行协助的行动不能侵犯他国的领土完整、政治独立、司法管辖权或法律秩序。在具体操作中可体现为尊重被请求国的司法程序和证据规则、不干涉被请求国的内部事务、遵守被请求国关于不得执行有损其主权的协助请求的规定。

2. 平等互惠原则

平等互惠原则要求各国在提供和接受刑事司法协助时地位平等，相互给予同等程度的帮助。这意味着请求国在请求他国协助的同时，也应愿意在适当时候为他国提供类似的协助。这一原则有助于建立稳定、可持续的国际合作关系，防止出现单方面的援助义务或援助滥用。

3. 遵守国际法与国际条约原则

参与刑事司法协助的各方应遵守国际法，特别是与刑事司法协助相关的国际公约、双边或多边条约。这些国际法律文件规定了协助的具体内容、程序、条件和例外情况，是国际合作的直接法律依据。同时，各国还应遵守其已签署并批准的国际人权公约，确保在提供或接受协助过程中尊重和保护人权，避免协助措施导致对个人权利的不当侵犯。

4. 双重犯罪原则

双重犯罪原则要求请求协助的事项在请求国和被请求国均被视为犯罪行为。这意味着只有当某一行为在两国法律中都被认定为犯罪时，才会对涉及该行为的刑事司法协助请求给予响应。这一原则旨在防止一国利用刑事司法协助机制对在另一国并不构成犯罪的行为进行追诉，从而维护被请求国的法律秩序。

5. 禁止政治犯罪例外原则

许多国际公约和双边条约规定，对于被认为是政治犯罪、军事犯罪或与之相关的普通犯罪，或者纯粹出于政治动机提出的刑事司法协助请求，被请求国有权拒绝提供协助。此原则旨在防止司法协助被用于政治迫害或干涉他国内政的目的，保障国家间关系的正常发展。

6. 保密原则

提供和接受刑事司法协助的各方应对协助过程中获取的信息、证据材料以及合作细节予以保密，除非得到提供方的明确同意，否则不得泄露给第三方或用于非协助目的。保密原则有助于保护敏感信息、维护调查秘密、确保相关人员的安全，同时也是建立互信、维持良好合作关系的关键。

7. 公正、高效原则

刑事司法协助应以追求公正、及时、有效的刑事司法为目标，各国应积极履行协助义务，避免无故拖延，确保刑事诉讼程序的顺利进行。这一原则旨在确保跨境犯罪能够得到及时、有效的惩处，保护受害者权益，维护社会公共安全。

三、本案评析

尽管中新两国之间没有直接的双边引渡条约和刑事司法协助协议，但两国都是《联合国反腐败公约》的缔约国。在这种情况下，两国依据公约的相关规定以及国际法上的司法协助互惠原则，建立了临时性的合作框架，成功实现了对李某的跨国追逃与资产追缴。首先，《联合国反腐败公约》为成员国提供了跨国打击腐败犯罪的法律基础和合作机制。两国根据该公约中关于引渡、司法协助、资产追回等条款，明确了在李某案中可以采取的合作方式与程序。其次，双方基于国际法中的互惠原则达成共识，同意在个案基础上相互提供必要的支持。中方成立了由监察、检察、外交、公安、审判和司法行政等部门组成的联合工作组，多次赴新加坡与当地执法机构进行面对面的工作磋商，协调行动步骤，确保追逃追赃工作的顺利进行。公安部通过国际刑警组织发布红色通报，请求全球范围内的协助以追踪和抓捕李某，并向新加坡国际刑警发出协查函，借助国际警务合作网络加速案件进展。新加坡方面根据其国内法对李某提起诉讼，以"不诚实盗取赃物罪"指控并定罪，确保即使无法直接引渡，也能在新加坡境内追究其刑事责任，实现对其有效惩治。新加坡法院根据提供的证据材料，及时发出冻结令，冻结了李某夫妇在新加坡的涉案财产，防止其进一步转移或挥霍。

通过以上措施，两国在没有双边条约的基础上，灵活运用国际公约和互惠原则，成功构建了跨国司法合作的桥梁，完成了对李某的追逃和部分涉案资产的追缴。

中新两国司法机关对李某转移至新加坡的涉案财产实现冻结、扣押和追缴，遵循了以下法律程序：

（1）启动司法协助请求。中国司法机关根据已掌握的证据，向新加坡方面提出正式的司法协助请求，要求对李某在新加坡的涉案财产进行冻结和扣押。

（2）新加坡法院发布冻结令。新加坡法院收到中方请求后，审查相关证据材料，认为符合法定条件，遂依据其国内法和《联合国反腐败公约》相关规定，迅速发布冻结令，对李某及其家人的相关银行账户、房产等资产实施冻结。

（3）资产调查与确认。新加坡执法机构和司法机关对被冻结资产进行详细调查，核实其所有权、来源、价值等信息，确保所冻结资产确系李某犯罪所得。

（4）资产扣押与保全。在确认资产性质后，新加坡法院进一步作出扣押决定，确保涉案财产在诉讼期间不会被转移、隐匿或损毁，为后续可能的追缴或返还做准备。

（5）刑事审判与财产没收。新加坡法院对李某以"不诚实盗取赃物罪"进行审判并定罪，根据其国内法关于犯罪收益的没收规定，对已被冻结和扣押的资产作出没收裁决。

（6）资产返还。根据《联合国反腐败公约》关于资产返还或分享的规定，中新两国就已没收资产的处置进行协商。通常，被没收的资产应返还受害国（中国），或者在考虑追缴成本、两国贡献等因素后，进行一定比例的分享。另外，实现跨境资产冻结、扣押和追缴还涉及一系列技术性操作，如银行账户查询、资金流向追踪、房产登记调查、跨境法律文书送达、资产估值与变现等，这些工作需要两国相关部门密切配合，运用现代信息技术手段和国际金融监管网络进行高效执行。

【实操分析】

一、案件侦查与追逃策略

（1）快速响应与立案侦查。李某潜逃新加坡后，中国司法机关迅速反应，鄱阳县人民检察院于 2011 年 2 月 13 日对其立案侦查，上饶市人民检察院于同月 16 日决定逮捕。这种快速响应确保了对犯罪行为的法律追责不因犯罪嫌疑人逃离国境而中断，为后续的国际追逃打下坚实基础。

（2）国际合作机制启动。鉴于中新两国未签订双边引渡条约，中国以两国共同加入的《联合国反腐败公约》作为合作框架，启动了国际司法协助程序。中央追逃办组织多部门联合工作组，与新加坡方面展开密集磋商，展现了灵活运用国际法律工具解决实际问题的能力。

（3）国际刑警组织介入。公安部通过国际刑警组织发布红色通报，向全球发出对李某的通缉令，并向新加坡国际刑警发出协查函。这种国际警务合作机制的高效运用，有助于迅速锁定犯罪嫌疑人位置，促使新加坡警方短时间内将其拘捕。

二、资产追缴与冻结策略

（1）跨国资产追踪。中国司法机关对李某及其家人在新加坡的资产进行了细致追踪，查明了其移民费用、购置房产及投资的资金来源，均为犯罪所得。这种精准的资产追踪能力，为后续的资产冻结与追缴提供了关键证据。

（2）司法协助请求与执行。中国向新加坡提出司法协助请求，要求冻结李某夫妇在新加坡的涉案财产。新加坡法院及时响应，发布冻结令，有效防止了赃款进一步转移或消耗。两国司法机关在此环节的高效对接与执行，确保了资产保全的成功。

（3）新加坡国内法适用与审判。新加坡总检察署以"不诚实盗取赃物罪"对李某提起诉讼，法院一审判决认定所有指控罪名成立，判处其 15 个月监禁，并对已查明的涉案财产进行了扣押。新加坡司法系统对外国犯罪所得的积极处置，为后续资产追回创造了有利条件。

三、迫使归国受审与后续追赃策略

为促使李某自愿回国投案，中国依法吊销其全家四人中国护照，并通过外交途径促使新加坡取消其全家的新加坡永久居留权。这些强制措施削弱了李某在国外的生存基础，加大了其滞留国外的风险，迫使他选择回国自首。李某被遣返回国后立即被执行逮捕，上饶市人民检察院以贪污罪提起公诉，上饶市中级人民法院判处其无期徒刑，剥夺政治权利终身，并处没收个人全部财产。这一系列司法程序的无缝衔接，确保了对李某的严厉惩处。法院在判决中明确，扣除已追缴和裁定没收的部分，剩余赃款继续追缴。这表明中国司法机关对追赃工作的持续关注，即使在主犯服刑后，仍将持续追踪剩余赃款，力求最大限度挽回国家损失。

【思考题】

如何理解涉外刑事司法协助中的双重犯罪原则？

第三节 涉外刑事司法协助中的"或引渡或起诉"

案例三 李某南故意杀人案[①]

【基本案情】

被告人李某南与被害人邵某2011年在北京相识，2012年两人赴美国留学，双方发展为恋爱关系。2014年9月5日（美国当地时间，下同），两人入住美国爱荷华州爱荷华市一旅馆，当晚因感情问题发生争执，后李某南通过同学预定回国的单程机票。次日，李某南趁邵某回学校之际，到超市购买一个行李箱和两只哑铃，放置于其驾驶的丰田凯美瑞轿车后备箱内。9月7日凌晨，被告人李某南在旅馆内再次与邵某发生争执，遂将其扼颈致死，将尸体装入行李箱藏于其驾驶的轿车后备箱内并放入哑铃欲沉尸河中，后放弃沉尸，将车停放在其租住的公寓附近。9月8日，李某南乘坐事先订好的航班潜逃回国。

案发后，我国驻芝加哥总领事馆向国内通报了相关情况，公安部指定温州市公安局立案侦查。2015年5月13日，李某南主动向温州市公安局投案。由于犯罪嫌疑人已逃回中国，我国通过外交途径向美国司法部提出刑事司法协助请求，请美方将相关记录和证据材料等移交我方，美方表示同意。

温州市人民检察院与公安机关多次召开案件讨论会，模拟还原案发现场，就案件可能涉及的证据材料进行评估分析，积极引导侦查机关境外取证，制定调查取证提纲，商定赴境外取证方案。

2015年5月31日，温州市人民检察院与公安机关共同组成中方工作组，前往美国开展调查取证工作。在美期间，温州市人民检察院检察官认真听取美方侦查人员对案件侦破情况的详细介绍、美方法医对死因的具体分析，并赴案发旅馆、抛尸现场及犯罪嫌疑人、被害人就读的学校等地进行了现场查看，对美方提取的皮箱、哑铃、被害人衣物等相关物证及提取程序逐一进行确认。因美方提取的相关证据十分庞杂，检察官指导我方侦查人员围绕庭审所需的证据进行了有针对性的挑选。特别是言词证据方面，因美国警方移交的访谈报告是以警方为第一人称的形式，未经被访谈人签字确认，温州市人民检察院检察官对重要证人进行逐一谈话，确保美方侦查人员访谈报告内容

[①] 参见温州市中级人民法院（2016）浙刑终337号刑事判决书。

的真实性。

2015年6月20日，李某南被批准逮捕。同年12月27日，温州市人民检察院以李某南涉嫌故意杀人罪向温州市中级人民法院提起公诉。2016年3月23日，温州市中级人民法院公开审理了本案。2016年6月14日，温州市中级人民法院作出一审判决，以故意杀人罪，依法判处被告人李某南无期徒刑，剥夺政治权利终身。被告人李某南以量刑过重为由提出上诉。2016年11月14日，浙江省高级人民法院二审裁定驳回上诉，维持原判。

【主要法律问题】

（1）本案中包含了哪些刑事司法协助行为？
（2）我国是如何通过外交途径向美国司法部提出刑事司法协助请求的？

【主要法律依据】

《中华人民共和国引渡法》（2000年12月28日起施行）

第8条 外国向中华人民共和国提出的引渡请求，有下列情形之一的，应当拒绝引渡：

（一）根据中华人民共和国法律，被请求引渡人具有中华人民共和国国籍的；

……

《制止非法劫持航空器的海牙公约》（1980年10月10日起对中国生效）

第7条 在其境内发现被指称的罪犯的缔约国，如不将此人引渡，则不论罪行是否在其境内发生，应无例外地将此案件提交其主管当局以便起诉。该当局应按照本国法律以对待任何严重性质的普通罪行案件的同样方式作出决定。

《中华人民共和国政府和美利坚合众国政府关于刑事司法协助的协定》（2000年6月19日签署施行）

第2条 中央机关

一、双方应各自指定一个中央机关，负责依照本协定提出和接收请求。

第21条 其他合作基础

本协定规定的协助和程序不妨碍任何一方通过其他可适用的国际协议中的条款或通过本国法律的条款向另一方提供协助。双方也可根据任何其他可适用的安排、协助或惯例提供协助。

【理论分析】

一、或引渡或起诉原则

或引渡或起诉原则是国际法中的一项重要原则，主要适用于跨国犯罪或具有国际影响的严重犯罪案件。这一原则要求一个国家在面对在其境内发现的、被控犯有特定国际犯罪的外国嫌疑人时，要么将其引渡给有管辖权的其他国家进行审判，要么在本国国内法院对其进行起诉。该国不能对这类犯罪嫌疑人置之不理,必须选择采取引渡或起诉的方式,确保其不因庇护而逃避法律制裁。

1. 适用范围

该原则主要适用于国际社会普遍关注并已达成共识的严重犯罪,如战争罪、反人类罪、种族灭绝罪、恐怖主义犯罪、跨国贩毒、跨国有组织犯罪、腐败等。

2. 选择义务

当一国境内发现涉嫌上述犯罪的外国籍人士时,该国负有法律义务,必须在"引渡"和"起诉"两者之间作出选择,即要么将犯罪嫌疑人引渡给对该犯罪有管辖权的其他国家(通常基于双边或多边引渡条约或国际公约),要么在国内法院启动刑事诉讼程序,对其进行公正审判。

3. 国际法渊源

这一原则在多项国际公约和决议中得到体现,如《国际刑事法院罗马规约》《制止恐怖主义爆炸的国际公约》《联合国反腐败公约》等,并逐渐成为国际习惯法的一部分。

或引渡或起诉原则强调国际司法合作,鼓励各国通过引渡、证据交换、法律互助等方式,共同打击跨国犯罪。该原则旨在防止犯罪者利用不同国家间的法律差异或庇护政策逃避法律责任,确保国际社会对重大犯罪行为的有效打击和惩治,维护全球法治与正义。

二、本案评析

在本案中,我国在犯罪嫌疑人李某南已逃回中国的情况下,通过外交途径向美国司法部提出了刑事司法协助请求。具体请求的内容包括要求美方将与案件相关的全部记录和证据材料移交给中方。这些材料可能涵盖了案件侦查过程中形成的各类文书、物证、鉴定意见、现场勘查报告、监控视频、证人证言记录等,旨在全面收集有助于证实李某南犯罪事实和犯罪情节的证据,为后续在国内进行的起诉、审判提供必要的法律依据。

本案包含了如下刑事司法协助行为:

(1)发起刑事司法协助请求。案件发生后,中国驻芝加哥总领事馆向国内相关部门通报了案件情况。因犯罪嫌疑人在境内,中国通过外交途径向美国司法部提出刑事司法协助请求,要求美方提供相关记录和证据材料,美国方面同意了这一请求。

(2)赴美调查取证。温州市人民检察院与公安机关多次召开会议,模拟案发现场,评估分析可能的证据材料,制订详细的调查取证计划,并安排赴美取证的方案。2015年5月31日,温州市人民检察院与公安机关组成联合工作组赴美。在美国,工作组与当地执法机构紧密合作,听取案件侦破情况介绍,访问案发现场、学校等地,验证并确认了美方提供的物证,如行李箱、哑铃和衣物等。由于美方提供的证据繁多,检察官指导中方侦查人员有针对性地挑选庭审所需证据,并对未签字的言词证据进行核实,通过直接访谈重要证人来确认其真实性。

【实操分析】

一、正确理解刑事司法协助条约内容，灵活适用开展国际刑事司法协助的多种渠道

《中华人民共和国政府和美利坚合众国政府关于刑事司法协助的协定》第2条规定，双方应各自指定一个中央机关，负责依照本协定提出和接收请求。同时，该协定第21条规定，本协定规定的协助和程序不妨碍任何一方通过其他可适用的国际协议中的条款或通过本国法律的条款向另一方提供协助。双方也可根据任何其他可适用的安排、协助或惯例提供协助。本案中美双方开展司法协助所使用的外交途径、警务合作途径等，均符合该协定规定。

二、按照国内刑事诉讼标准审查境外取得的证据

对境外取得的证据，检察机关应针对证据的不同特点，按照国内刑事诉讼标准严格进行审查。对于言词证据，如条件允许，检察机关可引导侦查机关在外方配合下，重新对言词证据提供人进行询问或讯问并制作笔录。如无法再次询问或讯问，可请言词证据提供人在相关谈话记录上签名确认，甚至对该过程进行录音录像。同时，通过其他方式对其所谈内容进行核实。对于客观性证据，检察机关应在证据来源、证据内容以及移交方式等方面严格审查，确保证据的合法有效。本案中，检察机关提前介入侦查，对境外取证工作做了充分的准备，并按照国内刑事诉讼标准对境外取得的言词证据和客观性证据进行了严格审查、核实和补充，保障了境外取得的证据的效力。

三、正确理解适用或引渡或起诉原则追诉犯罪

根据我国《刑法》第7条属人管辖原则，我国司法机关对本案具有管辖权；美国司法执法机关根据其"属地管辖"原则，亦具有管辖权。本案犯罪嫌疑人在美国犯罪后逃回中国，依据我国《引渡法》第8条的规定，中国不能将本国公民引渡给他国，美国司法机关对本案实际上已无法行使管辖权。在此情况下，中国司法机关请求美国将该案移交给中国进行追诉，属于国际刑事司法协助中的国际刑事诉讼转移。依据国际法或引渡或起诉原则以及本国公民不引渡原则，一国有义务对在外国犯罪的本国公民进行追诉，刑事诉讼随之发生转移。关于刑事诉讼转移，中美刑事司法条约没有涉及，但我国与其他一些国家签订的双边刑事司法条约有专门规定，如《中华人民共和国和土耳其共和国关于民事、商事和刑事司法协助的协定》第39条。

【思考题】

如何适用或引渡或起诉原则？

第四节　涉外刑事司法协助中的办案机关及证据交换

案例四　席某瓦掩饰、隐瞒犯罪所得案[①]

【基本案情】

2018年8月1日14时前后，席某瓦（格鲁吉亚人）的同国籍朋友班某亚在西安市雁塔区某小区物业收费处，使用假枪抢走该小区物业部收取的物业费人民币67682元。事后，班某亚分两次将20000元现金交给席某瓦，并告知这是其抢劫小区物业部的物业费，让其帮助购买回国机票。席某瓦从该20000元中支出4255元用于帮班某亚购买回国机票。班某亚后又将47000余元藏在席某瓦家中的鞋盒里。

2018年8月2日，班某亚潜逃回格鲁吉亚，在席某瓦送班某亚去机场的路上，班某亚再次告知这笔钱是其抢劫小区物业部的钱。2018年8月4日、8月11日、8月13日，席某瓦通过其本国朋友分三次将该笔赃款中的20795元转账给已回格鲁吉亚的班某亚；剩余赃款除在席某瓦的中国银行借记卡中查扣的14033.87元、在其家中查扣的6082元外，被席某瓦用于日常花销、偿还自身债务及支付房屋租金。

2018年8月1日，西安市公安局雁塔分局接被害人报案后以抢劫罪立案侦查。后在侦查过程中发现涉案相关赃款存入了席某瓦的个人账户，于2018年8月24日将席某瓦抓获归案。公安机关在讯问犯罪嫌疑人席某瓦时，因时间紧迫没有聘请到格鲁吉亚语翻译，所以采取了通过英语翻译与犯罪嫌疑人交流的方式，并为其翻译笔录内容。

2018年9月26日，席某瓦被西安市雁塔区人民检察院以掩饰、隐瞒犯罪所得罪批准逮捕。2018年12月29日，西安市人民检察院指定西安市碑林区人民检察院管辖。2019年1月23日，因部分事实不清、证据不足，检察机关将案件退回公安机关补充侦查。2019年2月18日，公安机关补充侦查完毕后重新移送检察机关审查起诉。经审查，检察机关认为案件关键证据缺乏，一是无法确定上游犯罪是由谁实施的，不属于上游犯罪已经查证属实；二是本案犯罪嫌疑人席某瓦是否属于抢劫罪的共犯，在班某亚未到案的情况下，无法确定；三是本案犯罪嫌疑人席某瓦供述的将部分赃款通过朋友转给已经回国的班某亚一事，因未找到该朋友，未调取到相关的转账记录，也无法证实。2019年3月18日，检察机关第二次将案件退回公安机关补充侦查，建议公安机关重点查证上游犯罪的具体情况以及本案犯罪嫌疑人席某瓦是否参与了抢劫。审查起诉阶段，被告人对语言问题提出异议，检察机关通过专业的翻译公司联系到外地的格

[①] 参见最高人民检察院发布第一批5件国际刑事司法协助典型案例之案例三。

鲁吉亚语翻译人员,通过翻译告知被告人诉讼权利义务的内容,解释相关罪名、法律术语的含义及司法文书的内容,被告人对此表示认可。

根据检察机关的建议,2019年12月14日,西安市公安局雁塔分局工作组赴格鲁吉亚开展调查取证工作。在我国驻格鲁吉亚使馆的协助下,工作组与格鲁吉亚哥里市地方检察院办案人员及内务部调查人员进行了沟通,并通过当地警方对班某亚进行了询问,同时也对班某亚及其律师的提问作了回答。工作组还提取了班某亚的笔迹,并请求格方执法机关提取班某亚的DNA信息后尽快将上述证据移送给我方。

格鲁吉亚总检察院在与中方工作组会面期间表示,希望中方将班某亚的犯罪证据材料通过外交途径提供给格方,格鲁吉亚总检察院将进行研判,拟提请法院对班某亚进行审判,并将在第一时间告知中方对班某亚的处理结果。根据格方请求,工作组在回国前通过我国驻格鲁吉亚使馆将侦查中取得的相关证据移交给了格方。

2019年5月31日,西安市碑林区人民检察院将案件起诉至西安市碑林区人民法院(起诉书翻译成格鲁吉亚语文本);因调取证据问题,分别于2019年9月9日和2019年12月2日两次申请延期审理;2020年1月2日,申请恢复庭审。西安市碑林区人民法院开庭审理本案,并聘请英语翻译参与庭审,现场告知了被告人权利义务,并询问被告人是否同意使用英语翻译,被告人表示同意。2020年6月23日,西安市碑林区人民法院判决席某瓦犯掩饰、隐瞒犯罪所得罪,判处有期徒刑一年又十一个月(自2018年9月17日至2020年8月2日止),并处罚金人民币5万元,附加驱逐出境。席某瓦于2020年8月28日被驱逐出境。

【主要法律问题】

(1)在涉外刑事诉讼过程中,被告人或犯罪嫌疑人对翻译人员提出异议时应当如何处理?

(2)通过司法协助获取的境外证据应当如何运用?

【主要法律依据】

《中华人民共和国国际刑事司法协助法》(2018年10月26日起施行)

第5条 中华人民共和国和外国之间开展刑事司法协助,通过对外联系机关联系。

中华人民共和国司法部等对外联系机关负责提出、接收和转递刑事司法协助请求,处理其他与国际刑事司法协助相关的事务。

中华人民共和国和外国之间没有刑事司法协助条约的,通过外交途径联系。

【理论分析】

一、办理刑事司法协助的机关

办理刑事司法协助的机关可以分为三个级别,其中包括对外联系机关、主管机关、办案机关。

1. 对外联系机关

对外联系机关，即刑事司法协助条约中约定的中央机关，是开展国际刑事司法协助的对外联系机关，由其根据相关条约规定直接联系外国的中央机关。如果两国之间没有刑事司法协助条约，外交部可通过外交途径或者根据对等原则向相关国家外交部门提出刑事司法协助要求。对外联系机关负责提出、接收和转递刑事司法协助请求。

2. 主管机关

国家监察委员会、最高人民法院、最高人民检察院、公安部、国家安全部等部门是开展国际刑事司法协助的主管机关。其按照职责分工，具体负责：（1）审查处理对外联系机关转递的外国提出的刑事司法协助请求，对于符合我国《国际刑事司法协助法》及双边协助条约约定认为可以协助的，安排有关办案机关执行；（2）审核向外国提出的刑事司法协助请求。主管机关通常都会根据自身的职责分工，制定相关具体的规则，如最高人民检察院发布的《人民检察院刑事诉讼规则》、公安部发布的《公安机关办理刑事案件程序规定》都对各自职权范围内的司法协助的具体内容作出了具体规定。

3. 办案机关

办理刑事司法协助相关案件的机关是国际刑事司法协助的办案机关。其负责：（1）执行所属主管机关交办的外国提出的刑事司法协助请求，并将执行结果或者妨碍执行的情况及时报告主管机关；（2）向所属主管机关提交需要向外国提出的刑事司法协助请求。

二、涉外刑事司法协助中的证据交换

涉外刑事司法协助中的证据交换是指在跨国刑事诉讼案件中，不同国家的司法机关为了调查犯罪事实、收集和使用证据，依据双边或多边条约、国际公约或基于互惠原则，相互之间传递和认可证据资料的过程。这一过程涉及复杂的法律程序和国际合作机制，确保证据的合法性和有效性得到双方或多方的认可。在证据交换过程中，证据材料可以是物证、书证、证人证言、鉴定意见、视听资料等多种形式，也包括电子数据等新型证据。

一国司法机关在需要从另一国获取证据时，会通过外交渠道或专门的司法协助机构向对方提出正式请求，通常需要提供详细的案件信息、所需证据的描述以及请求协助的具体事项。证据在跨境转移前，往往需要经过特定的法律程序，如公证、认证，确保其在国外法庭上的可接受性。例如，中国法律规定，某些"境外证据"需经过法定程序才可在国内刑事诉讼中使用。在证据交换过程中，考虑案件敏感性或个人隐私保护，参与方可能需要遵守特定的保密要求，有时还会对证据的使用范围和目的加以限制。

三、本案评析

在涉外刑事诉讼过程中，当外国籍犯罪嫌疑人或被告人对翻译的准确性或专业性，或者其他事项提出异议，司法机关应当重视并及时处理。司法机关可以指派其他合格的翻译人员重新翻译相关材料或现场翻译，以验证原有翻译的准确性，给予被告人机会详细说明异议的具体内容，并记录在案。如果异议成立，司法机关应当考虑更换翻译人员，确保被告人得到公正和准确的翻译服务。另外，被告人对翻译问题的异议也可能成为其后续上诉或申诉的理由之一，司法机关应当对该异议进行适当的审查，以保护被告人或犯罪嫌疑人的合法权益。

通过司法协助获取的境外证据在中国刑事诉讼中的运用，应当严格遵循一系列的法律规范，确保这些证据的合法性、关联性和真实性，即满足证据的"三性"要求。

（1）遵守国际条约与国内法。根据我国《刑事诉讼法》及相关司法解释，办理跨国网络犯罪案件或涉外案件时，应当依照我国刑事司法协助法及我国批准加入的有关刑事司法协助条约。这意味着获取和使用境外证据首先要符合国际法和国内法的双重规则。

（2）申请与接收程序。证据的获取需通过正式的刑事司法协助请求途径进行，包括向外国提出调查取证的申请，按照规定的程序接收从外国获得的证据材料。这些程序通常涉及外交渠道或专门的司法协助机构。

（3）证据审查。根据《最高人民法院关于适用〈中华人民共和国刑事诉讼法〉的解释》第405条，境外证据材料必须符合我国刑事诉讼法对证据的规定。这意味着所有境外证据均需经过严格的审查，确保其符合证据的"三性"要求，即合法性、关联性和真实性。

（4）翻译与公证认证。境外证据在提交给国内法院使用前，一般需要附带中文译本，并可能需要经过公证和认证程序，确保其在法律上的有效性和可接受性。这包括通过双边司法协助协定、外交途径或我国驻外使领馆取得的证据材料。

（5）法庭质证与采纳。在法庭审理过程中，境外证据应当经过双方当事人的质证。法官将根据质证情况及证据审查的结果，决定是否采纳该证据作为定案的依据。如果证据的收集过程违反了中国法律或国际法的基本原则，可能面临被排除的风险。

（6）特殊要求。实践中，还需关注特定类型证据的特别要求，比如电子证据的特殊认证程序，确保其完整性和未被篡改。

【实操分析】

一、适用外交途径开展国际刑事司法协助

我国《国际刑事司法协助法》第5条第3款规定，中华人民共和国和外国之间没有刑事司法协助条约的，通过外交途径联系。中国与格鲁吉亚尚未签订刑事司法协助条约，侦查机关通过层报公安部，并经公安部联系我国驻格鲁吉亚大使馆，以外交途径请求格鲁吉亚有关部门提供协助，获取案件关键证据，取得了较好的办案

效果。此外，本案通过外交途径获得和提供国际刑事司法协助的同时，促进了中格双方启动刑事司法协助条约和引渡条约的签署谈判，对中国与尚未签署双边刑事司法协助条约的"一带一路"国家今后开展执法司法合作、推进相关条约签署起到了示范作用。

二、保障外国籍犯罪嫌疑人在刑事诉讼中获得翻译的权利

检察机关在审查起诉阶段聘请格鲁吉亚语翻译与犯罪嫌疑人交流，及时、准确地回应了犯罪嫌疑人对侦查阶段因语言问题而产生的疑问，并将起诉书翻译成格鲁吉亚语，保障了犯罪嫌疑人的诉讼权利，提升了办案质效。涉外案件办理中如需要为犯罪嫌疑人、被告人提供翻译，应首先考虑提供其母语翻译，如确实不具备条件，可以考虑提供其国籍国通用语言或其本人通晓的其他语言的翻译。

三、正确处理我国《刑法》第 6 条和国际法一般原则之间的关系

根据我国《刑法》第 6 条规定的属地管辖原则，外国人在我国境内犯罪的，除法律有特别规定外，我国具有刑事管辖权。但是当外国犯罪嫌疑人已逃回其国内，按照国际法"本国公民不引渡"的一般原则，我国司法机关实际上已无法追究其刑事责任。在这种情况下，我国司法、执法机关可依据或引渡或起诉原则，通过刑事诉讼转移，实现由犯罪嫌疑人国籍国司法机关追究其刑事责任的目的，确保犯罪分子受到应有的刑事处罚。本案中，依据属地管辖原则，我国对涉案人格鲁吉亚籍公民班某亚在中国实施的抢劫行为有管辖权，但班某亚已经回国，我国执法机关将收集的班某亚犯罪证据移交格鲁吉亚当局，由格鲁吉亚相关部门追究其刑事责任，正确处理了我国《刑法》第 6 条和国际法一般原则之间的关系。

【思考题】

涉外刑事司法协助中如何开展证据交换？

第五节　涉外刑事移管

对被判刑人的移管是一种国际司法合作的形式，指当一个外国公民在他国触犯法律并被判处自由刑时，该国可以将其移交给该外国公民的国籍国或惯常住所地国，以便其在更为熟悉的环境中服刑并接受改造。被移管的被判刑人需要具备如下条件：被判刑人是申请国国民；被判刑人的行为根据申请国法律也构成犯罪；移管必须取得请求国、被请求国和被判刑人三方同意。另外，国内法院必须作出"刑罚转换裁定"，且转换后的刑罚在性质上或者刑期上不得重于外国法院判处的刑罚。移管制度促进了被判刑人的社会再融合，同时体现了人道主义关怀和国际合作精神。

案例五　崔某某刑罚执行转换案[①]

【基本案情】

被判刑人崔某某，男，朝鲜族，黑龙江省东宁吉信集团董事长，中国籍。

2013年10月4日，俄罗斯联邦滨海边疆区符拉迪沃斯托克市佛隆京斯基区法院以行贿罪判处崔某某剥夺人身自由5年，刑期至2018年3月27日，并处罚款105172340卢布。宣判后，崔某某提出上诉。俄罗斯联邦滨海边疆区法院于2014年1月14日作出上诉裁定，驳回其上诉，维持原判。后崔某某在俄罗斯联邦滨海边疆区监狱总局第27劳教所服刑，其被判处的罚款于2014年4月28日全部缴纳。

2014年11月1日，崔某某提出回国服刑的书面申请并经外交途径报回国内。2015年7月，我国司法部依据《中华人民共和国和俄罗斯联邦关于移管被判刑人的条约》，向俄方提出移管被判刑人崔某某的请求。2016年1月11日，俄罗斯联邦滨海边疆区游击队区法院判决同意将崔某某移交我国继续服刑。2016年2月，俄罗斯联邦司法部回复我国司法部，同意移管崔某某。2016年3月25日，我国司法部同意崔某某移管回国继续执行俄罗斯联邦法院所判刑罚的剩余部分，并通知黑龙江省司法厅安排将崔某某收监羁押。2016年4月27日，俄罗斯联邦刑罚执行局将崔某某移交给黑龙江省监狱管理局。当日，崔某某被收监羁押于哈尔滨监狱。

2017年2月，最高人民检察院将被判刑人崔某某刑罚执行转换一案指定黑龙江省哈尔滨市人民检察院管辖。2017年3月，黑龙江省人民检察院成立专门工作指导组，制订了详细的工作方案，对办案主体、案件办理所需证明材料等方面作出明确规定。哈尔滨市人民检察院考虑到此案为我国首例向国内移管被判刑人刑罚执行转换案，多次与哈尔滨市中级人民法院就案件情况、办理程序等进行沟通协调，做好工作衔接。为充分保障被判刑人崔某某的诉讼权利，办案检察官当面告知崔某某有权委托律师参与刑罚执行转换案件诉讼程序，并听取了崔某某对刑罚执行转换的意见。

为准备刑罚执行转换案件所需相关材料，办案检察官先后到省监狱管理局调取移交崔某时的《交接笔录》、到公安机关调取崔某某的常住人口登记信息表、在哈尔滨监狱向崔某某调取办案所需《声明书》。同时，通过层报最高人民检察院，向司法部以及俄罗斯联邦总检察院请求调取关于同意被判刑人崔某某移管回国的意见等相关文件，共取得案件涉外证明材料12份，形成了完整的案件卷宗。

2017年5月12日，哈尔滨市人民检察院制作《黑龙江省哈尔滨市人民检察院刑罚执行转换申请书》，提请哈尔滨市中级人民法院对移管被判刑人崔某某作出刑罚执行转换裁定。

[①] 参见最高人民检察院发布第一批5件国际刑事司法协助典型案例之案例五。

2017年8月22日,哈尔滨市中级人民法院作出对移管被判刑人崔某某刑罚执行转换刑事裁定,将俄罗斯联邦滨海边疆区符拉迪沃斯托克市佛隆京斯基区法院对被判刑人崔某某判处的剥夺人身自由五年刑罚转换为我国的有期徒刑五年(刑期从裁定执行之日起计算,被判刑人崔某某在裁定执行前已被羁押的,羁押一日折抵刑期一日,即自2013年3月28日起至2018年3月27日止)。

【主要法律问题】

本案中移管被判刑人崔某某后,是否还要追诉其在国外已被审判的行为?

【主要法律依据】

《中华人民共和国国际刑事司法协助法》(2018年10月26日起施行)

第55条 外国可以向中华人民共和国请求移管外国籍被判刑人,中华人民共和国可以向外国请求移管外国籍被判刑人。

第59条 外国向中华人民共和国提出移管被判刑人的请求的,或者主管机关认为需要向外国提出移管被判刑人的请求的,主管机关应当会同相关主管部门,作出是否同意外国请求或者向外国提出请求的决定。作出同意外国移管请求的决定后,对外联系机关应当书面通知请求国和被判刑人。

第60条 移管被判刑人由主管机关指定刑罚执行机关执行。移交被判刑人的时间、地点、方式等执行事项,由主管机关与外国协商确定。

第64条 人民检察院应当制作刑罚转换申请书并附相关材料,提请刑罚执行机关所在地的中级人民法院作出刑罚转换裁定。

人民法院应当依据外国法院判决认定的事实,根据刑法规定,作出刑罚转换裁定。对于外国法院判处的刑罚性质和期限符合中华人民共和国法律规定的,按照其判处的刑罚和期限予以转换;对于外国法院判处的刑罚性质和期限不符合中华人民共和国法律规定的,按照下列原则确定刑种、刑期:

(一)转换后的刑罚应当尽可能与外国法院判处的刑罚相一致;

(二)转换后的刑罚在性质上或者刑期上不得重于外国法院判处的刑罚,也不得超过中华人民共和国刑法对同类犯罪所规定的最高刑期;

(三)不得将剥夺自由的刑罚转换为财产刑;

(四)转换后的刑罚不受中华人民共和国刑法对同类犯罪所规定的最低刑期的约束。

被判刑人回国服刑前被羁押的,羁押一日折抵转换后的刑期一日。

人民法院作出的刑罚转换裁定,是终审裁定。

《中华人民共和国和俄罗斯联邦关于移管被判刑人的条约》(2002年12月签署)

第2条 一般规定

任何一方应根据本条约的规定,向另一方移管具有该另一方国籍的被判刑人。

第 3 条　联系途径

一、为执行本条约，双方应指定各自的中央机关。

二、中央机关在中华人民共和国方面系指中华人民共和国司法部，在俄罗斯联邦方面系指俄罗斯联邦总检察院。在执行本条约时，中央机关应直接联系。

三、双方如根据本条约另行指定中央机关，应通过外交途径书面通知对方。

第 4 条　移管的请求与答复

一、判刑国应将本条约的内容通知本条约适用范围内的每一个被判刑人。

二、被判刑人、其近亲属以及其合法代理人可向判刑国或执行国的中央机关提出移管的申请，由接到该申请一方的中央机关决定是否向另一方中央机关提出移管请求。

三、任何一方中央机关均可向另一方中央机关提出移管请求。

四、被请求的中央机关应在收到所有必要文件之日起九十日内将是否同意移管的决定通知提出请求的中央机关。如拒绝请求，则应说明理由。

五、双方中央机关在作出是否移管的决定后，应书面通知在本国境内的被判刑人或其合法代理人。

第 5 条　移管的条件

一、只有符合下列条件时，方可移管被判刑人：

（一）被判刑人是执行国的国民；

（二）对被判刑人判处刑罚所针对的行为按照双方的法律均构成犯罪；

（三）被判刑人还需服刑至少一年；

（四）被判刑人书面同意移管，或者在被判刑人行为能力受限制或者无行为能力时，经其合法代理人书面同意；

（五）双方的中央机关均同意移管。

二、在特殊情况下，即使被判刑人尚需服刑的期限少于一年，双方中央机关亦可同意移管。

【理论分析】

一、涉外刑事移管的基本原则

1. 国家主权原则

人民法院依法对被移管罪犯进行刑罚转换，其活动性质仍是代表国家行使司法权，是行使国家主权的一种表现。人民法院在行使审判权过程中，仍考虑外国法院作出裁判的效力，主要体现在两个方面：

（1）对认定事实的接受。《国际刑事司法协助法》第 64 条第 2 款规定："人民法院应当依据外国法院判决认定的事实，根据刑法规定，作出刑罚转换裁定。"体现了人民法院在刑罚转换中对判刑国认定的刑事案件事实。

（2）对量刑结果的接受。《国际刑事司法协助法》第 64 条第 2 款规定："对于外国法院判处的刑罚性质和期限符合中华人民共和国法律规定的，按照其判处的刑罚和期限予以转换；对于外国法院判处的刑罚性质和期限不符合中华人民共和国法律规定的……转换后的刑罚应当尽可能与外国法院判处的刑罚相一致。"体现了无论外国法院判处的刑罚性质和期限是否符合我国规定，都应当予以尊重。

2. 双重犯罪原则

移管被判刑人制度要求行为人所犯罪行在判刑国和执行国均构成犯罪且具有可罚性，否则将罪犯移管至执行国，若继续关押可能造成执行国本国刑法秩序的混乱，若停止关押则伤害两国司法互信，且极易成为罪犯据以脱罪的手段。《国际刑事司法协助法》中移管被判刑人刑罚转换的相关规定虽未明确规定刑罚转换须坚持双重犯罪原则，但从其第64条第2款的表述上看："对于外国法院判处的刑罚性质和期限符合中华人民共和国法律规定的，按照其判处的刑罚和期限予以转换；对于外国法院判处的刑罚性质和期限不符合中华人民共和国法律规定的……"这一规定表明，在刑罚转换过程中，我国应对外国法院所判刑罚与我国刑法中的规定进行比对，这种比对当然需要基于我国刑法也认为其行为构成犯罪这一前提。

3. 有利于被判刑人原则

移管被判刑人制度的重要初衷就是保障被判刑人权利，通过移管合作使被判刑人在其国籍国服刑，促使其尽早回归社会，实现刑罚的人道主义。"有利于被判刑人原则"在《国际刑事司法协助法》中的体现有两点。一是转换后刑罚不应超过外国法院判决的刑罚，即罪犯被移管后至少不会加重其刑罚处罚；二是转换后刑罚可以低于国内法相关规定，即所受刑罚处罚可能较国内普通罪犯更轻。

二、本案评析

本案中移管被判刑人崔某某后，不需要追诉其在国外已被审判的行为。因为移管必须满足被判刑人的罪行需在两国法律体系中均构成犯罪，判决必须在原判国已生效并得到被判刑人、原判国和接收国的同意等条件，这意味着移管的前提之一是该判决已被视为有效并得到双方国家的认可。另外，移管的目的主要是使被判刑人在自己的国籍国或与自己有更紧密联系的国家服刑，以便其回归社会和与家人团聚，而不是对同一罪行进行二次审判。

实际操作中可能还涉及对案件的审查，以确认判决的合法性和公正性，以及是否满足接收国的法律要求。如果在移管过程中发现有未被处罚的其他罪行，或者接收国有其他合法理由，接收国的司法机关可能会根据本国法律进行相应的调查和处理。但这些情况并不属于对已在国外审判行为的重复追诉，而是处理新的或未决的法律问题。

【实操分析】

一、检察机关是向中国移管被判刑人刑罚执行转换的提请机关

目前，我国已先后同乌克兰、俄罗斯联邦等17个国家签署了被判刑人移管条约，其中14个双边条约已生效。自1997年以来，我国已向多国移管外国籍被判刑人，崔某某系首例从国外移管回国的被判刑人,本案为我国《国际刑事司法协助法》中关于向中国移管被判刑人部分的内容提供了宝贵的实践经验。

二、跨部门协作确保了案件从申请到执行的顺利进行

案件首先涉及中国与俄罗斯两国之间的司法合作,通过《中华人民共和国和俄罗斯联邦关于移管被判刑人的条约》,两国司法部之间的沟通协调是基础,这需要外交途径的支持和两国法律体系的对接。最高人民检察院指定黑龙江省哈尔滨市人民检察院管辖此案,体现了上级司法机关对下级司法机关的指导和支持,以及跨区域的司法协作。哈尔滨市人民检察院与哈尔滨市中级人民法院之间进行了多次沟通协调,确保案件的审理和刑罚执行转换程序符合法律规定,体现了司法系统内部的紧密合作。黑龙江省司法厅按照司法部的通知安排崔某某的收监羁押,体现了司法行政与监狱管理部门之间的协作。此外,省监狱管理局与哈尔滨监狱的配合也是确保崔某某收监后管理的重要一环。办案检察官从省监狱管理局、公安机关等多个渠道调取材料,显示了不同政府部门间的信息共享和资源调配能力,这对于构建完整案件卷宗至关重要。在保障被判刑人崔某某诉讼权利的同时,通过与崔某某的直接沟通,听取其意见,并允许其委托律师参与,体现了对程序正义的尊重和对人权的保护,这是跨部门合作中不可或缺的一部分。

【思考题】

有利于被判刑人原则与有利于被追诉人原则是何关系?

主要参考文献

一、著作

[1] 张连，张玉林. 涉外法律实务教程［M］. 北京：中国人民大学出版社，2020.

[2] 吴宏耀等. 法律援助法注释书［M］. 北京：中国政法大学出版社，2022.

[3] 陈瑞华. 刑事辩护的理念［M］. 北京：北京大学出版社，2017.

[4] 宋莉娜，刘斌，李立等. 刑事诉讼法学［M］. 北京：中国政法大学出版社，2022.

[5] 孙谦. 逮捕论［M］. 北京：法律出版社，2001.

[6] 朱文奇，李强. 国际条约法［M］. 北京：中国人民大学出版社，2008.

[7] 易延友. 刑事诉讼法［M］. 北京：法律出版社，2019.

[8] 陈卫东. 刑事诉讼法［M］. 北京：北京高等教育出版社，2019.

[9] 冯江，钟健生. 刑事诉讼法全厚细［M］. 北京：中国法制出版社，2022.

[10] 高智华. 国际法学［M］. 北京：中国人民公安大学出版社，2016.

[11] 黄风，凌岩，王秀梅. 国际刑法学［M］. 北京：中国人民大学出版社，2007.

[12] 赵秉志. 新编国际刑法学［M］. 北京：中国人民大学出版社，2004.

[13] 陆晶. 涉外警务法律基础［M］. 北京：中国人民公安大学出版社，2021.

[14] 廖兴存. 涉外案件办理教程［M］. 南京：江苏人民出版社，2018.

[15] 周建，奚敏敏. 公安涉外案件办理实用手册［M］. 北京：中国人民公安大学出版社，2018.

[16] 焦燕. 婚姻冲突法问题研究［M］. 北京：法律出版社，2007.

二、期刊

[1] 蒋剑云. 论涉外刑事执法活动中的应邀管辖［J］. 湖北警官学院学报，2021（04）.

[2] 马若兰. "一带一路"建设中基层法院涉外刑事案件审理机制的完善［J］. 湖北经济学院学报（人文社会科学版），2019（06）.

[3] 李海东. 涉外刑事案件的管辖与审理［J］. 人民司法，1987（10）.

[4] 杜开林，彭锐. 中国公民在中国领域外犯罪的管辖与审判［J］. 人民司法，2014（22）.

[5] 孙尚鸿. 内国法域外适用视域下的管辖权规则体系［J］. 社会科学辑刊，2021（04）.

[6] 陈兴良. 死刑政策之法理解读［J］. 中国人民大学学报，2013（06）.

[7] 郭镇源. 涉外民事诉讼管辖权中的适当联系原则：理论阐释与适用路径 [J]. 国际法研究, 2024（02）.

[8] 张华松. 涉外重婚犯罪的管辖及域外证据的审核与采信 [J]. 人民司法, 2011（06）.

[9] 陈光中, 唐露露. 我国死刑复核程序之完善刍议 [J]. 法学杂志, 2020（02）.

[10] 陈卫东. 中国刑事程序法治文明的新发展 [J]. 中国社会科学, 2022（12）.

[11] 顾永忠. 论"委托辩护应当优先于法援辩护"原则 [J]. 上海政法学院学报（法治论丛）, 2022（01）.

[12] 陈永生. 论委托辩护优于法律援助辩护 [J]. 比较法研究, 2022（06）.

[13] 冯俊伟. 刑事司法协助所获证据的可采性审查：原则与方法 [J]. 中国刑事法杂志, 2017（06）.

[14] 曹艳琼. 我国境外证据审查的准据法模式选择与规则重构 [J]. 法商研究, 2023（03）.

[15] 毛灵军. 刑事再审启动程序的类诉讼化改造 [J]. 江西社会科学, 2021（10）.

[16] 杨迎泽, 李政印. 检察涉外案件领事通知相关问题研究 [J]. 中国检察官, 2021（23）.

[17] 涂龙科. 刑事二审的改判理由与功能检验 [J]. 东方法学, 2022（03）.

[18] 张超. 公安机关实施刑事拘留期限状况调查报告 [J]. 中国刑事法杂志, 2010（05）.

[19] 周烨, 王强. 外国人在华犯罪案件中高逮捕率问题的对策研究 [J]. 安徽警官职业学院学报, 2018（17）.

[20] 裴炜. 个人信息大数据与刑事正当程序的冲突及其调和 [J]. 法学研究, 2018（02）.

[21] 李延舜. 刑事数据调取中网络服务提供者的角色定位及关联义务 [J]. 法学, 2023（01）.

[22] 金兴聪, 郑加佳, 余杨凡. 涉外刑事案件的侦查取证探索——以李向南留美故意杀人案为视角 [J]. 人民检察, 2016（18）.

[23] Alina Marilena Tuca, *Enforcement of the Right of Defense in the Criminal Trial*, Lex ET Scientia International Journal, vol. 27, no. 2, 2020, p174.

三、学位论文

[1] 李玉磊. 我国涉外刑事案件处置与对策 [D]. 济南：山东大学, 2012.

[2] 马雯雯. 我国涉外离婚的法律问题研究 [D]. 合肥：安徽大学, 2012.

[3] 龙友香. 论涉外离婚管辖权及涉外离婚判决的承认 [D]. 桂林：广西师范大学, 2007.

[4] 丁文婷. 境外刑事证据收集和审查判断制度研究 [D]. 北京：中国人民公安大学, 2023.

[5] 吴顺. 刑事拘留功能异化规制研究 [D]. 北京：中国人民公安大学, 2023.